TEORIAS DE APRENDIZAGEM

O GEN | Grupo Editorial Nacional – maior plataforma editorial brasileira no segmento científico, técnico e profissional – publica conteúdos nas áreas de ciências humanas, exatas, jurídicas, da saúde e sociais aplicadas, além de prover serviços direcionados à educação continuada e à preparação para concursos.

As editoras que integram o GEN, das mais respeitadas no mercado editorial, construíram catálogos inigualáveis, com obras decisivas para a formação acadêmica e o aperfeiçoamento de várias gerações de profissionais e estudantes, tendo se tornado sinônimo de qualidade e seriedade.

A missão do GEN e dos núcleos de conteúdo que o compõem é prover a melhor informação científica e distribuí-la de maneira flexível e conveniente, a preços justos, gerando benefícios e servindo a autores, docentes, livreiros, funcionários, colaboradores e acionistas.

Nosso comportamento ético incondicional e nossa responsabilidade social e ambiental são reforçados pela natureza educacional de nossa atividade e dão sustentabilidade ao crescimento contínuo e à rentabilidade do grupo.

MARCO ANTONIO MOREIRA

3ª edição

COGNITIVISMO
HUMANISMO
COMPORTAMENTALISMO

TEORIAS DE
TEORIAS
TEORIAS
TEORIAS
TEORIAS

TEORIAS DE APRENDIZAGEM

APRENDIZAGEM
APRENDIZAGEM
APRENDIZAGEM
APRENDIZAGEM
APRENDIZAGEM

AUSUBEL
BRUNER
FREIRE
GAGNÉ
GESTALT
GOWIN
GUTHRIE
HEBB
HULL
JOHNSON-LAIRD
KELLY
MOREIRA
NOVAK
PIAGET
ROGERS
SKINNER
TOLMAN
VERGNAUD
VYGOTSKY
WATSON

A Teoria Social Cognitiva de Bandura
A Teoria da Experiência de John Dewey
A Teoria da Carga Cognitiva de Sweller

LTC

- O autor deste livro e a editora empenharam seus melhores esforços para assegurar que as informações e os procedimentos apresentados no texto estejam em acordo com os padrões aceitos à época da publicação, *e todos os dados foram atualizados pelo autor até a data de fechamento do livro*. Entretanto, tendo em conta a evolução das ciências, as atualizações legislativas, as mudanças regulamentares governamentais e o constante fluxo de novas informações sobre os temas que constam do livro, recomendamos enfaticamente que os leitores consultem sempre outras fontes fidedignas de modo a se certificarem de que as informações contidas no texto estão corretas e de que não houve alterações nas recomendações ou na legislação regulamentadora.

- Data do fechamento do livro: 30/09/2021

- O autor e a editora se empenharam para citar adequadamente e dar o devido crédito a todos os detentores de direitos autorais de qualquer material utilizado neste livro, dispondo-se a possíveis acertos posteriores caso, inadvertida e involuntariamente, a identificação de algum deles tenha sido omitida.

- **Atendimento ao cliente: (11) 5080-0751 | faleconosco@grupogen.com.br**

- Direitos exclusivos para a língua portuguesa
  Copyright © 2022, 2025 (3ª impressão) by
  LTC | Livros Técnicos e Científicos Editora Ltda.
  Uma editora integrante do GEN | Grupo Editorial Nacional
  Travessa do Ouvidor, 11
  Rio de Janeiro – RJ – 20040-040
  www.grupogen.com.br

- Reservados todos os direitos. É proibida a duplicação ou reprodução deste volume, no todo ou em parte, em quaisquer formas ou por quaisquer meios (eletrônico, mecânico, gravação, fotocópia, distribuição pela Internet ou outros), sem permissão, por escrito, da LTC | Livros Técnicos e Científicos Editora Ltda.

- Capa: Christian Monnerat

- Editoração eletrônica: Oficina Editorial

- Ficha catalográfica

CIP-BRASIL. CATALOGAÇÃO NA PUBLICAÇÃO
SINDICATO NACIONAL DOS EDITORES DE LIVROS, RJ

M838t
3. ed.

    Moreira, Marco Antonio, 1942-
    Teorias de aprendizagem / Marco Antonio Moreira. - 3. ed. ampl. [3ª Reimp.]. - Rio de Janeiro : LTC, 2025.
      il. ; 23 cm.

    Inclui bibliografia
    ISBN 978-85-216-3756-1

1. Aprendizagem. 2. Aprendizagem cognitiva. 3. Ensino - Metodologia. 4. Psicologia educacional. 5. Psicologia da aprendizagem. I. Título.

21-72282	CDD: 370.1523
	CDU: 37.015.3

Camila Donis Hartmann - Bibliotecária - CRB-7/6472

Para meus pais, Darcy (in memoriam) *e Suely* (in memoriam),
pela educação que me proporcionaram.

Sobre o autor

Marco Antonio Moreira é Licenciado em Física (1965) e Mestre em Física (1972) pela Universidade Federal do Rio Grande do Sul (UFRGS)/Brasil e Doutor em Ensino de Ciências (1977) pela Cornell University/EUA. Foi professor do Instituto de Física da UFRGS de 1967 a 2012, quando aposentou-se como Professor Titular. Em 2014, recebeu o Título de Professor Emérito. Foi docente permanente do Programa de Pós-Graduação em Ensino de Física desse Instituto de 2002 a 2013. É Professor Colaborador da Universidad de Burgos/Espanha desde 1998. Integrou, como Secretário de Ensino, a Diretoria da Sociedade Brasileira de Física (SBF) em 1973 e 1974. Participou da Comissão de Educação da União Internacional de Física Pura e Aplicada (IUPAP) de 1975 a 1987. Foi Professor Visitante na Cornell University de 1986 a 1988. Integrou o Comitê de Educação do Conselho Nacional de Desenvolvimento Científico e Tecnológico (CNPq) de 1993 a 1995 e de 1999 a 2001. Foi membro da Comissão de Especialistas em Ensino de Física da Secretaria de Educação Superior do Ministério da Educação (SESu/MEC) de 1996 a 1999, presidindo-a em 1998 e 1999. Foi pesquisador 1A do CNPq, na Área de Educação, de 1989 a 2014. Presidiu a Associação Brasileira de Pesquisa em Educação em Ciências (ABRAPEC) de 1997 a 2001. Foi Representante da Área de Ensino de Ciências e Matemática na Coordenação de Aperfeiçoamento de Pessoal de Nível Superior (CAPES) de 2000 a 2007. Em 2011, recebeu o título de *Doutor Honoris Causa* pela Universidade Nacional del Centro de la Provincia de Buenos Aires/Argentina. Em 2017, foi titulado *Professor Honoris Causa* pela Universidade Tecnológica Federal do Paraná (UTFPR)/Brasil. Suas áreas de interesse são o ensino de ciências e a pesquisa em ensino de ciências, particularmente de Física. Dedica-se também a teorias de aprendizagem, especialmente a da aprendizagem significativa. Além disso, atua em filosofia da ciência, metodologia da pesquisa em educação e metodologia do ensino superior. Foi editor da *Revista Brasileira de Ensino de Física* de 1989 a 1993, da *Revista Brasileira de Pesquisa em Educação em Ciências* de 2001 a 2005, da revista *Experiências em Ensino de Ciências* de 2007 a 2011 e do periódico *Investigações em Ensino de Ciências* de 1996 a 2014. É editor da revista *Aprendizagem Significativa em Revista* desde 2011. Já publicou mais de 280 artigos em periódicos, mais de 130 trabalhos completos em anais de congressos, em torno de 50 livros e 7 capítulos de livros. Orientou 61 dissertações de mestrado e 60 teses de doutorado, coorientou 6 dissertações de mestrado e 8 teses de doutorado. Foi coordenador da Comissão de Pós-Graduação do Mestrado Nacional Profissional em Ensino de Física (MNPEF/PROFIS) de 2013 a 2019. Foi Pesquisador Sênior do CNPq de 2016 a 2021. É Docente Colaborador do Mestrado Profissional em Ensino de Ciências da Universidade Estadual de Roraima (UERR)/Brasil, desde 2012, Docente Colaborador na Rede Amazônica de Educação em Ciências e Matemática (REAMEC) desde 2015, Docente Colaborador do Programa de Pós-Graduação em Ensino (PPG Ensino) da Universidade do Vale do Taquari (UNIVATES)/Brasil desde 2016 e Docente Permanente do Doutorado Profissional em Ensino de Ciências Exatas da UNIVATES desde 2020.

Apresentação da 3ª edição

Os textos que constituem os capítulos deste livro foram originalmente escritos para meus estudantes de pós-graduação e para professores com os quais tenho trabalhado em cursos sobre teorias de aprendizagem. Alguns são antigos, mas frequentemente revisados; outros são novos. Nesses cursos, cada teoria é apresentada, explicada, exemplificada e discutida em aula. O texto correspondente é usado como material de apoio. Portanto, tais textos não foram pensados para serem autossuficientes. Eles não dispensam o papel mediador do professor. Por isso mesmo, não há em sua redação uma ênfase "didática": ao final de cada capítulo, há um mapa ou outro diagrama conceitual, mas não existe preocupação em oferecer muitos exemplos ou em usar vários esquemas, diagramas, figuras e outros recursos facilitadores na compreensão. Trata-se simplesmente de textos de apoio que podem subsidiar pesquisas em ensino e práticas docentes.

Por outro lado, eles foram concebidos para serem usados independentemente uns dos outros. Todos têm a mesma estrutura – com começo, meio e fim –, não dependendo de nenhum outro para serem usados. A ideia é que, conforme a natureza do curso, apenas alguns possam ser utilizados e os demais ignorados – ou que o leitor interessado somente em uma descrição razoavelmente detalhada de uma certa teoria de aprendizagem não tenha que "garimpá-la" em um compêndio sobre o assunto.

Outro aspecto desses textos é que os escrevi sem nenhuma pretensão de originalidade. Em alguns casos, baseei-me em livros de texto sobre teorias de aprendizagem; em outros, quase exclusivamente em obras do próprio autor em questão. Talvez, no entanto, tenha tido o mérito de saber resumir teorias – frequentemente dispersas em vários livros ou em obras volumosas – em textos curtos e, pelo conjunto deles, dar uma visão panorâmica da área desde o behaviorismo do início do século XX até o construtivismo do final desse mesmo século. Se assim for, sentir-me-ei recompensado. Ficarei também satisfeito se estes materiais forem úteis a outros docentes e outros estudantes.

Ainda a título de apresentação, faço um último – e talvez desnecessário, porque óbvio – esclarecimento: cada texto está impregnado de minha leitura e interpretação sobre a teoria do autor abordado. Não quero passar a ilusão de uma apresentação "objetiva".

Para esta terceira edição, foram revisados todos os textos das edições anteriores e preparados três novos, que abordam respectivamente a teoria da experiência de John Dewey, a teoria social cognitiva de Alberto Bandura e a teoria da carga cognitiva de John Sweller.

Porto Alegre, setembro de 2021.

O Autor

Sumário

Introdução 1

Behaviorismo, humanismo e cognitivismo (Um pseudo-organizador prévio) 1
Teorias (de aprendizagem) 2
Filosofias 3
Comportamentalismo 3
Cognitivismo 4
Humanismo 5
Um esquema conceitual 5

Capítulo 1. Teorias behavioristas antigas 9

Objetivo 9
Introdução: teorias de aprendizagem 9
Teorias conexionistas (teorias estímulo-resposta) e teorias cognitivas 10
O behaviorismo (comportamentalismo) de Watson 11
A teoria da contiguidade de Guthrie 12
O conexionismo (associacionismo) de Thorndike 14
A teoria formal de Hull 15
Alguns postulados 16
Resumo do sistema 17
Hierarquia de família de hábitos e reação antecipada fracionária ao objetivo 18
Bibliografia 20

Capítulo 2. Teorias cognitivas antigas 23

Objetivo 23
Introdução – O cognitivismo 23
O modelo neuropsicológico de Hebb 24
Pensamento e aprendizagem segundo Hebb 26
Atitude (*set*), atenção e motivação: conceitos hebbianos relevantes para o ensino 27
O behaviorismo intencional de Tolman 28
Evidências experimentais 29
A teoria da Gestalt 30
Insight 31
Leis de percepção/aprendizagem 32
Teoria do campo de Lewin 32
Bibliografia 33

XII Teorias de Aprendizagem

Capítulo 3. A teoria behaviorista de Skinner 35

Objetivo 35
Introdução 35
O behaviorismo de Skinner 36
Teoria do reforço: definições 37
O comportamento é controlado por suas consequências 37
Reforço positivo ou negativo 37
Condicionamento 37
Condicionamento operante e respondente 38
Extinção e esquecimento 39
Termos 40
Modelagem ou método de aproximações sucessivas 40
Modelagem e diferenciação de respostas 40
Discriminação 41
Generalização 42
Esmaecimento (*Fading*) 42
Termos 42
O processo instrucional segundo a abordagem skinneriana 43
Exemplos de aplicação da abordagem skinneriana: Instrução Programada, método
   Keller, objetivos operacionais (comportamentais) 43
Instrução Programada 43
Método Keller 44
Objetivos operacionais 45
Bibliografia 46

Capítulo 4. A teoria das hierarquias de aprendizagem de Gagné 49

Objetivo 49
Introdução 49
A aprendizagem segundo Gagné 50
Eventos da aprendizagem 51
Resultados de aprendizagem 52
Habilidades intelectuais 53
Hierarquias de aprendizagem 55
Estratégias cognitivas 57
A instrução e o papel do professor segundo Gagné 58
Bibliografia 59

Capítulo 5. A teoria de ensino de Bruner 63

Objetivo 63
Introdução 63
Desenvolvimento intelectual 64
Características de uma teoria de ensino 66
Predisposições 67
Estrutura e forma de conhecimento 68

Sequência e suas aplicações...69
Forma e distribuição do reforço..69
A instrução e o papel do professor segundo Bruner.............................70
Bibliografia..73

Capítulo 6. A teoria do desenvolvimento cognitivo de Piaget 75

Objetivo...75
Introdução...75
Períodos de desenvolvimento mental..76
Assimilação, acomodação e equilibração...79
Ações..80
Aprendizagem segundo Piaget..80
Algumas implicações da teoria de Piaget para o ensino.......................80
Bibliografia..84

Capítulo 7. A teoria da mediação de Vygotsky 87

Objetivo...87
Introdução...87
Instrumentos e signos...88
Interação social...89
Significados...90
A fala...91
Zona de desenvolvimento proximal..92
O método experimental de Vygotsky..93
Formação de conceitos..93
Aprendizagem e ensino..95
Bibliografia..97

Capítulo 8. A psicologia dos construtos pessoais de Kelly............99

Objetivo...99
Introdução...99
O homem-cientista...100
O universo de Kelly..100
Construtos...101
Teorias...102
Postulado fundamental..103
Corolário da construção...104
Corolário da individualidade...104
Corolário da organização..105
Corolário da dicotomia...105
Corolário da escolha..106
Corolário do âmbito..107
Corolário da experiência...107
Corolário da modulação..107
Corolário da fragmentação..108

Corolário da comunalidade (*Commonality*) 108
Corolário da sociabilidade 109
Aprendizagem e ensino 109
Bibliografia 111

Capítulo 9. A teoria da aprendizagem significante de Rogers 113

Objetivo 113
Introdução 113
A psicologia rogeriana 114
A aprendizagem segundo Rogers 115
O ensino na perspectiva de Rogers 117
Bibliografia 121

Capítulo 10. As pedagogias de Paulo Freire 123

Objetivo 123
A pedagogia do oprimido 123
A educação bancária 124
A educação dialógica, problematizadora 125
O estudar, o conhecer e o perguntar 126
Educação permanente, amor e consciência crítica 127
A pedagogia da autonomia 127
Aprendizagem e ensino 128
Bibliografia 129

Capítulo 11. A teoria da experiência de John Dewey 131

Objetivo 131
Introdução 131
Educação progressiva 131
Educação e democracia 132
Pragmatismo 133
Experiência 134
Interesse 134
Pensamento reflexivo 136
Ensino 136
Bibliografia 137

Capítulo 12. A teoria da aprendizagem significativa de Ausubel 139

Objetivo 139
Introdução 139
Aprendizagem significativa 140
De onde vêm os subsunçores? 141
Condições para ocorrência da aprendizagem significativa 142
Evidência da aprendizagem significativa 143
Tipos de aprendizagem significativa 143

Assimilação..144
Aprendizagem subordinada, superordenada e combinatória..................................145
Diferenciação progressiva e reconciliação integrativa..146
O processo instrucional segundo uma abordagem ausubeliana.............................147
Bibliografia..150

Capítulo 13. A teoria de educação de Novak e o modelo de ensino-aprendizagem de Gowin 153

Objetivo..153
A teoria de educação de Novak 153
O modelo de Gowin...160
Bibliografia..163

Capítulo 14. A teoria social cognitiva de Bandura 165

Objetivo..165
Introdução 165
Aprendizagem social 165
Modelos e modelação social...166
Autoeficácia..168
Autorregulação 169
Autorreflexão 170
Ensino 170
Bibliografia...171

Capítulo 15. A teoria dos modelos mentais de Johnson-Laird........................175

Objetivo..175
Introdução – Representações mentais...175
A teoria de Johnson-Laird...177
Modelos mentais..178
Proposições e modelos mentais..178
Imagens e modelos mentais..179
Imagens, proposições e modelos mentais..180
A natureza dos modelos mentais (1983, p. 396-446)..181
Tipologia dos modelos mentais...183
Bibliografia...186

Capítulo 16. A teoria dos campos conceituais de Vergnaud 189

Objetivo..189
Introdução 189
Campos conceituais...191
Conceitos..193
Situações..193
Esquemas...194
Invariantes operatórios 197

A teoria dos campos conceituais: um resumo...200
Bibliografia 201

Capítulo 17. A teoria da aprendizagem significativa crítica de Moreira........205

Objetivo..205
Introdução 205
Aprendizagem significativa...207
Aprendizagem significativa crítica 208
A facilitação da aprendizagem significativa crítica...208
Bibliografia 220

Capítulo 18. A teoria da carga cognitiva de Sweller 223

Objetivo..223
Introdução 223
Memória de trabalho...224
Carga cognitiva 225
O conhecimento prévio..226
Memória de longo prazo..226
Implicações para o ensino 227
Bibliografia 229

Introdução

TEORIAS DE APRENDIZAGEM

Behaviorismo, humanismo e cognitivismo (Um pseudo-organizador prévio)

David P. Ausubel, o autor enfocado no décimo segundo (capítulo) texto do conjunto que constitui este livro, é hoje bastante conhecido por ter cunhado o termo *aprendizagem significativa*. Mas, quando divulgou sua teoria na década de 1960, seu nome esteve mais associado ao conceito de *organizador prévio* do que ao de aprendizagem significativa. Isso porque ele propôs a estratégia dos organizadores prévios como a principal estratégia instrucional para deliberadamente manipular a estrutura cognitiva do aprendiz a fim de facilitar a aprendizagem significativa.

Organizadores prévios são materiais introdutórios apresentados antes do material de aprendizagem em si. Diferentemente de resumos e sumários – que geralmente são feitos no mesmo nível de abstração, generalidade e abrangência, simplesmente destacando certos aspectos do assunto –, organizadores prévios são introduzidos em um nível mais alto de abstração, generalidade e inclusividade.

Rigorosamente falando, organizadores prévios são materiais instrucionais que se destinam a facilitar a aprendizagem significativa de tópicos específicos ou série de ideias estreitamente relacionadas. Os materiais introdutórios que pretendem facilitar a aprendizagem de vários tópicos denominam-se *pseudo-organizadores prévios*.

É o caso desta introdução: trata-se de um texto inicial, com algumas ideias gerais e um esquema conceitual, que pretende facilitar a aprendizagem significativa das teorias de aprendizagem enfocadas nos textos. Na medida em que almeja facilitar a aprendizagem de vários tópicos, é um pseudo-organizador prévio.

A grande quantidade de pesquisas já realizadas em torno dos organizadores (ou pseudo-organizadores) prévios sugere que eles não são tão facilitadores como pensava Ausubel. A estratégia dos organizadores tem um efeito na aprendizagem, mas pequeno. Se o aprendiz não tem algum conhecimento prévio relevante e/ou não apresenta uma predisposição para aprender, não há organizador que supra tais condições para uma aprendizagem significativa.

Os textos que constituem este livro foram escritos para estudantes de pós-graduação na área de ensino-aprendizagem e para professores, os quais seguramente têm conhecimentos prévios relevantes nesta área. Além disso, se estão interessados neste tema e neste livro, é porque têm uma predisposição para aprender sobre teorias de aprendizagem e ensino. Nestas condições, esta introdução poderá funcionar como pseudo-organizador e ter um efeito facilitador, embora pequeno, na aprendizagem significativa das várias teorias enfocadas neste livro.

Teorias (de aprendizagem)

De um modo geral, uma teoria é uma tentativa humana de sistematizar uma área de conhecimento, uma maneira particular de ver as coisas, de explicar e prever observações, de resolver problemas.

Uma teoria de aprendizagem é, então, uma construção humana para interpretar sistematicamente a área do conhecimento que chamamos aprendizagem. Ela representa o ponto de vista de um autor/pesquisador sobre como interpretar o tema aprendizagem e quais são as variáveis independentes, dependentes e intervenientes, tentando explicar o que é aprendizagem, porque ela funciona e como funciona.

Na prática, o termo teoria de aprendizagem é usado sem muito rigor. Por exemplo, a teoria de Piaget (Capítulo 6) é uma teoria do desenvolvimento cognitivo na qual a aprendizagem não é um conceito central, mas esta teoria tem tantas implicações para a aprendizagem que é muitas vezes rotulada, sem maiores objeções, como teoria de aprendizagem.

Há também teorias psicológicas, como a teoria dos construtos pessoais de George Kelly (Capítulo 8), que acabam entrando no rol das teorias de aprendizagem. Tempos atrás, livros sobre teorias de aprendizagem tratavam quase que exclusivamente de teorias de estímulo e resposta. Nos tempos atuais, a tônica é o construtivismo, como se fosse uma teoria de aprendizagem.

Neste conjunto de textos, o uso do termo teoria de aprendizagem também não é tomado ao pé da letra. Cada um enfoca uma "teoria de aprendizagem", embora alguns não se ocupem diretamente desta temática.

Aliás, não faz muito sentido ser rigoroso em relação ao uso do conceito de teoria de aprendizagem se o próprio conceito de aprendizagem também tem vários significados não compartilhados. Alguns exemplos do que tem sido considerado como definidor de aprendizagem incluem: condicionamento, aquisição de informação (aumento do conhecimento), mudança comportamental estável, uso do conhecimento na resolução de problemas, construção de novos significados, construção de novas estruturas cognitivas e revisão de modelos mentais.

De modo geral, todas essas "definições" de aprendizagem se referem à aprendizagem cognitiva, aquela que resulta no armazenamento organizado de informações e conhecimentos na memória do ser que aprende, e esse complexo organizado é conhecido como estrutura cognitiva. Costuma-se distingui-la das aprendizagens afetiva e psicomotora, embora algumas experiências afetivas sempre acompanhem aprendizagens cognitivas, e estas geralmente estejam envolvidas na aquisição de habilidades motoras. Quer dizer, a distinção é mais uma questão de foco: a aprendizagem cognitiva é a que focaliza a cognição, o ato de conhecer; a aprendizagem afetiva é a que trata mais de experiências como prazer e dor, satisfação ou descontentamento, alegria ou ansiedade; a aprendizagem psicomotora se ocupa mais de respostas musculares adquiridas por meio de treino e prática. A maioria das teorias de aprendizagem abordadas nos textos que seguem trata da aprendizagem cognitiva. Apenas três – as de Rogers (Capítulo 9), Freire (Capítulo 10) e Novak (Capítulo 13) – enfatizam componentes afetivos da aprendizagem, e somente algumas teorias behavioristas antigas (Capítulo 1) destacam aspectos psicomotores.

Filosofias

As teorias que o ser humano constrói para sistematizar seu conhecimento, para explicar e prever eventos são constituídas de conceitos e princípios. Conceitos são signos que apontam regularidades em objetos ou eventos, os quais são usados para pensar e dar respostas rotineiras e estáveis ao fluxo de eventos. Princípios são relações significativas entre conceitos. Teorias também expressam relações entre conceitos, porém são mais abrangentes, envolvendo muitos conceitos e princípios. Subjacentes às teorias estão sistemas de valores, que podem ser chamados de filosofias ou visões de mundo.

No caso das teorias de aprendizagem, são três as filosofias subjacentes – *a comportamentalista* (behaviorismo), a *humanista* e a *cognitivista* (construtivismo) –, embora nem sempre se possa enquadrar claramente determinada teoria de aprendizagem em apenas uma corrente filosófica.

Comportamentalismo

A tônica da visão de mundo behaviorista está nos comportamentos observáveis e mensuráveis do sujeito, ou seja, nas respostas que dá aos estímulos externos. Está também naquilo que acontece após a emissão das respostas, ou seja, na consequência. Tanto é que uma ideia básica do behaviorismo mais recente é a de que *o comportamento é controlado pelas consequências:* se a consequência for boa para o sujeito, haverá uma tendência de aumento na frequência da conduta e, ao contrário, se for desagradável, a frequência de resposta tenderá a diminuir. Isso significa que, manipulando principalmente eventos posteriores à exibição de comportamento, se pode, em princípio, controlá-los – e tudo isso sem necessidade de recorrer a nenhuma hipótese sobre quaisquer atividades mentais entre o estímulo e a resposta dada. Aliás, o behaviorismo surgiu no início do século, principalmente nos Estados Unidos, como uma reação ao mentalismo que dominava a psicologia na Europa. Esta ideia fundamentou todo um enfoque tecnológico à instrução que durante muito tempo – particularmente nas décadas de 1960 e 1970 – dominou as atividades didáticas em qualquer matéria de ensino. Grande parte da ação docente consistia em apresentar estímulos e, sobretudo, reforços positivos (consequências boas para os alunos) na quantidade e no momento corretos a fim de aumentar ou diminuir a frequência de certos comportamentos dos alunos.

As aprendizagens desejadas – *i.e.*, aquilo que alunos deveriam aprender – eram expressas em termos de comportamentos observáveis. Os objetivos comportamentais definiam, da maneira mais clara possível, aquilo que alunos deveriam ser capazes de fazer – em quanto tempo e sob que condições – após a instrução. A avaliação consistia em verificar se as condutas definidas nos objetivos comportamentais eram, de fato, apresentadas ao final da instrução. Se isso acontecia, admitia-se implicitamente que havia ocorrido aprendizagem.

Cognitivismo

A filosofia cognitivista, por sua vez, enfatiza exatamente aquilo que é ignorado pela visão behaviorista: a cognição, o ato de conhecer, como o ser humano conhece o mundo.

É interessante notar que o surgimento do cognitivismo se dá praticamente na mesma época do nascimento do behaviorismo, em contraposição a ele, mas também como uma reação ao mentalismo da época, que basicamente se ocupava em estudar o que as pessoas pensavam e sentiam. Para os behavioristas, a psicologia deveria ocupar-se daquilo que as pessoas *fazem*, omitindo, por irrelevante, qualquer discussão sobre a mente. Para os cognitivistas, o foco deveria estar nas chamadas variáveis intervenientes entre estímulos e respostas, nas cognições, nos processos mentais superiores (percepção, resolução de problemas, tomada de decisões, processamento de informação, compreensão) – quer dizer, na mente, mas de maneira objetiva, científica, não especulativa.

A filosofia cognitivista trata, então, principalmente dos processos mentais: ela se ocupa da atribuição de significados e da compreensão, transformação, armazenamento e uso da informação envolvida na cognição. Na medida em que se admite, nessa perspectiva, que a cognição se dá por construção, chega-se ao *construtivismo*, tão apregoado nos anos noventa.

O construtivismo é uma posição filosófica cognitivista interpretacionista: cognitivista porque se ocupa da cognição, de como o indivíduo conhece, de como constrói sua estrutura cognitiva; interpretacionista porque supõe que os eventos e objetos do universo são interpretados pelo sujeito cognoscente. O ser humano tem a capacidade criativa de interpretar e representar o mundo e não somente de responder a ele.

Na sala de aula, o construtivismo tem sido confundido com "método construtivista" ou com "aprendizagem por descoberta" – ou ainda, o que é pior, com simples atividades manipulativas (crê-se, ingenuamente, que só por estar manipulando coisas o aluno está "construindo"). Construtivismo não é isso. Não existe um método construtivista. Existem, isso sim, teorias construtivistas (das quais a de Piaget, Capítulo 6, é a primeira e a mais conhecida) e metodologias construtivistas, todas consistentes com a postura filosófica construtivista. No ensino, essa postura implica deixar de ver o aluno como um receptor de conhecimentos, não importando como os armazena e organiza em sua mente. Ele passa a ser considerado agente de uma construção que é sua própria estrutura cognitiva. Essa construção não é arbitrária, e é exatamente aí que entram as teorias construtivistas, procurando sistematizar o que se sabe sobre a construção cognitiva, explicar e prever observações nessa área – e nenhuma dessas teorias implica necessariamente descoberta ou mera manipulação.

Humanismo

A filosofia humanista vê o ser que aprende, primordialmente, como pessoa. O importante é a autorrealização da pessoa, seu crescimento pessoal. O aprendiz é visto como um todo – sentimentos, pensamentos e ações –, não só como intelecto. Nesse enfoque, a aprendizagem não se limita a um aumento de conhecimentos: ela é penetrante, visceral, e influi nas escolhas e atitudes do indivíduo. Pensamentos, sentimentos e ações estão integrados para bem ou para mal. Não tem sentido falar do comportamento ou da cognição sem considerar o domínio afetivo, os sentimentos do aprendiz: é pessoa, e as pessoas pensam, sentem e fazem coisas integradamente.

Esta orientação, muito bem exemplificada pela aplicação da psicologia de Carl Rogers (Capítulo 9) na escola, originou o chamado "ensino centrado no aluno" e as "escolas abertas", bastante conhecidas na década de 1970, principalmente nos Estados Unidos, nas quais os alunos tinham ampla liberdade de escolha, inclusive sobre o que estudar. Hoje, escolas desse tipo são provavelmente raras, mas a ideia de um ensino centrado no aluno está sempre presente no discurso pedagógico, assim como o aprender a aprender.

Em tempos mais recentes, Joseph Novak (Capítulo 13) tem defendido um humanismo mais viável para a sala de aula: é a *aprendizagem significativa,* que subjaz a integração construtiva de pensar, sentir e agir, engrandecendo o ser humano. Quer dizer, o aprendiz é visto como um ser que pensa, sente e age de maneira integrada, mas é a aprendizagem significativa que torna positiva esta integração de modo a levá-lo à autorrealização, ao crescimento pessoal.

A pedagogia da libertação e a pedagogia da autonomia de Paulo Freire (Capítulo 10) – defendendo uma educação dialógica e problematizadora ao invés de uma educação bancária que estimula a memorização mecânica de conteúdos – propõem uma educação que estimula a criticidade e a autonomia do aprendiz, uma educação que não existe sem o amor: é também um belo exemplo da filosofia humanista.

Um esquema conceitual

Na Figura 1, é apresentado um esquema conceitual (não exatamente um mapa conceitual), destacando os principais enfoques teóricos à aprendizagem e ao ensino (pelo menos no século XX), alguns conceitos e ideias-chave desses enfoques e alguns autores de "teorias de aprendizagem" que mais ou menos se enquadram nessas abordagens. Trata-se de um "esquema didático", parte do pseudo-organizador prévio que pretende ser esta introdução. Não deve, portanto, ser considerado com muito rigor.

No topo deste esquema aparece o conceito de enfoques teóricos; logo abaixo, aparecem os três principais enfoques, com alguns de seus conceitos básicos e ideias-chave. Finalmente, na parte inferior do esquema, aparecem os nomes dos autores destacados nos capítulos que formam este livro. Em alguns casos, a "afiliação" de um ou outro autor a uma das "filosofias" é duvidosa. Watson, Pavlov, Guthrie e Thorndike são claramente as primeiras teorias behavioristas e são tema do primeiro capítulo. Já no segundo – no qual as teorias de Hebb, Hull, Tolman e da Gestalt são classificadas como as primeiras teorias cognitivistas –, não há tanta clareza, pois elas podem ter ainda fortes traços behavioristas. A teoria de Skinner, objeto do terceiro capítulo, é a melhor representante e a mais influente teoria behaviorista contemporânea. O quarto capítulo trata da teoria de Gagné, uma teoria de processamento da informação, mas que também se ocupa de estímulos e respostas, uma espécie de neobehaviorismo. Por isso, fica em uma situação intermediária entre comportamentalismo e cognitivismo. A teoria de Bruner, objetivo do quinto capítulo, é de inspiração piagetiana e, portanto, cognitivista, mas ainda se percebe nela a influência behaviorista quando trata da natureza dos "prêmios e estímulos". Piaget, Vygotsky, Kelly, Ausubel e Vergnaud – abordados nos capítulos de números seis, sete, oito, doze e dezesseis respectivamente – são, sem dúvida, cognitivistas/construtivistas. Johnson-Laird, com sua teoria de modelos mentais descrita no Capítulo 15, apresenta também uma perspectiva cognitivista construtivista, porém desde a moderna psicologia cognitiva. A teoria de Rogers é o protótipo da teoria humanística e está focalizada no nono capítulo. Novak é ausubeliano e praticamente coautor da teoria da aprendizagem significativa, mas aborda-a de uma maneira que o aproxima muito do humanismo. Trata-se de outro caso intermediário, assim como Gowin com sua ênfase na congruência de significados. As teorias de Novak e Gowin estão discutidas no Capítulo 13. As teorias de Dewey, Bandura e Sweller que foram incorporadas nesta terceira edição foram incluídas no esquema apresentado na Figura 1, tentativamente na zona entre construtivismo e humanismo. Além desse esquema geral, introdutório, ao final de cada capítulo – descrevendo uma teoria específica – é incluído um mapa ou um esquema conceitual correspondendo à teoria abordada.

Observação: nesta Introdução e em todos os capítulos, os termos *aluno, aprendiz, estudante, professor, autor, pesquisador, leitor* e *sujeito* são usados sem nenhuma alusão a gênero.

Introdução 7

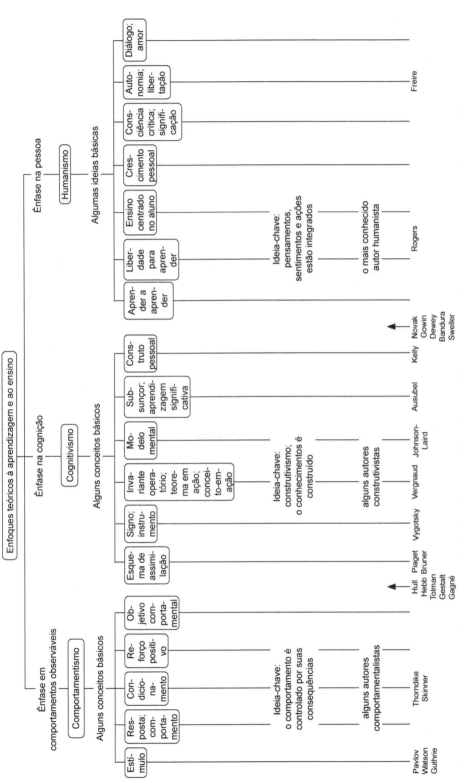

Figura 1 Um esquema tentativo para os principais enfoques teóricos à aprendizagem e ao ensino e alguns de seus mais conhecidos representantes (M. A. Moreira, 1997, revisado em 2009 e em 2021).

Capítulo 1

Teorias behavioristas antigas[1]

Objetivo

A finalidade deste capítulo inicial é a de apresentar, superficialmente, algumas teorias comportamentalistas anteriores à de Skinner, que é bem mais recente e que teve enorme influência no processo ensino/aprendizagem em sala de aula. Naturalmente, em face desse caráter superficial do texto, para se ter uma melhor compreensão das teorias aqui abordadas, é necessário recorrer à bibliografia pertinente.

Introdução: teorias de aprendizagem

De um modo geral, uma teoria é uma interpretação sistemática de uma área de conhecimento (Hill, 1990). Pode-se dizer que o termo teoria é usado para significar uma maneira particular de ver as coisas, de explicar observações ou de resolver problemas (Lefrançois, 1982).

Teorias de aprendizagem são, portanto, tentativas de interpretar sistematicamente, de organizar, de fazer previsões sobre conhecimentos relativos à aprendizagem. Uma teoria de aprendizagem tem, geralmente, três aspectos muito relacionados (Hill, 1990):

1. representa o ponto de vista de um autor/pesquisador sobre como abordar o assunto aprendizagem, quais as variáveis independentes, dependentes e intervenientes[2], que são relevantes e valem a pena ser investigadas e estudadas, quais os fenômenos importantes e quais as perguntas mais significativas;

---

1. MOREIRA, M. A. (1995). Monografia n. 1 da *Série Enfoques Teóricos*. Porto Alegre, Instituto de Física da UFRGS. Revisada em 2009.

2. Variáveis intervenientes são elos de ligação entre variáveis independentes e dependentes, servindo para explicar, teoricamente, como as variáveis independentes produzem mudanças nas dependentes. São estados, ou condições do aprendiz. Hábitos, crenças e motivações são variáveis desse tipo (Hill, 1990).

2. procura resumir uma grande quantidade de conhecimentos sobre aprendizagem em uma formulação bastante compacta;

3. tenta, de maneira criativa, explicar o que é aprendizagem e porque funciona da maneira como parece funcionar.

Em resumo, teorias de aprendizagem são construções humanas e representam nossos melhores esforços, em uma dada época, para interpretar, de maneira sistemática, a área de conhecimentos a qual chamamos aprendizagem.

Sem dúvida, para definir melhor o que é uma teoria de aprendizagem seria necessário, primeiramente, conceituar aprendizagem. Mas aí os significados são diversos. Para muitos, aprendizagem é aquisição de informação ou de habilidades; para outros, aprendizagem é mudança, relativamente permanente, de comportamento em razão da experiência. Frequentemente, distingue-se entre aprendizagens cognitivas, afetivas e psicomotoras. Alguns autores introduzem construtos particulares em suas teorias como, por exemplo, aprendizagem significativa, aprendizagem significante, aprendizagem por descoberta. Quer dizer, as próprias teorias têm conceitos de aprendizagem que não são compartilhados por outras teorias. Por essa razão, não é o caso de buscar-se uma definição geral de aprendizagem, antes de empreender um estudo sobre teorias de aprendizagem.

Teorias conexionistas (teorias estímulo-resposta) e teorias cognitivas

Embora atualmente se fale também em teorias humanistas de aprendizagem, é muito comum encontrar na literatura as teorias de aprendizagem divididas apenas entre conexionistas[3] (ou estímulo-resposta) e cognitivistas.

Teorias conexionistas tratam a aprendizagem como uma questão de conexões entre estímulos e respostas. Por isso, são também chamadas teorias estímulo-resposta (E-R). Tipicamente, supõem que todas as respostas (comportamentos) são eliciadas por estímulos (condições que levam aos comportamentos). Contudo, as conexões estímulo-resposta são variáveis intervenientes. As teorias E-R sempre focalizam muito mais comportamentos (variáveis dependentes) observáveis e os estímulos (variáveis independentes) que os eliciam. A teoria de Skinner, por exemplo, dispensa completamente as variáveis intervenientes e propõe uma análise funcional de relações entre estímulos e respostas (comportamentos observáveis).

Teorias cognitivas tratam da cognição, de como o indivíduo "conhece", isto é, processa a informação, compreende, dá significados. As variáveis intervenientes nesse caso são mais complicadas como, por exemplo, atitudes ou crenças.

Dentre as teorias cognitivas de aprendizagem mais antigas, destacam-se a de Tolman, a da Gestalt e a de Lewin, as quais são objeto da segunda monografia desta série. Essa segunda monografia inclui também a teoria neuropsicológica de Hebb, como uma

---

3   A rigor, deveríamos falar aqui de teorias conexionistas antigas ou teorias associacionistas, pois o conexionismo moderno está mais próximo do cognitivismo do que do behaviorismo.

transição entre behaviorismo e cognitivismo. As teorias cognitivas mais recentes e de bastante influência no processo instrucional são as de Bruner, Piaget, Vygotsky e Ausubel, que estão focalizadas em outros trabalhos desta série (Capítulos 5, 6, 7 e 12 respectivamente).

Quanto às teorias E-R (S-R, em inglês), a de Skinner foi, seguramente, a que mais influência teve na instrução e encontra-se apresentada, com algum detalhe, no Capítulo 3.

No presente capítulo, aborda-se, de maneira bem superficial, apenas para dar uma ideia dos primeiros enfoques conexionistas E-R, as teorias de Watson, Guthrie, Thorndike e Hull. (O condicionamento clássico de Pavlov é apresentado junto com o condicionamento operante de Skinner no Capítulo 3.)

O behaviorismo (comportamentalismo) de Watson

John B. Watson (1878-1958), norte-americano, é considerado o fundador do behaviorismo no mundo ocidental. Ele cunhou o termo behaviorismo para deixar claro que sua preocupação era com os aspectos observáveis do comportamento. O behaviorismo supõe que o comportamento inclui respostas que podem ser observadas e relacionadas com eventos que as precedem (estímulos) e as sucedem (consequências). O objetivo maior do enfoque behaviorista é chegar a leis que relacionam estímulos, respostas e consequências (boas, más ou neutras). O behaviorismo surgiu como uma reação à psicologia de até então, a qual se ocupava em estudar o que as pessoas pensavam e sentiam: a ideia era ocupar-se do que as pessoas fazem, omitindo, por desnecessária, qualquer discussão sobre a consciência (Hill, 1990).

O behaviorismo de Watson focalizava muito mais os estímulos do que as consequências e estava bastante influenciado pelo condicionamento clássico do russo Ivan Pavlov (1849-1936). A teoria de Pavlov, até hoje aceita, refere-se à aprendizagem como substituição de estímulo: o estímulo condicionado, depois de ter sido emparelhado um número suficiente de vezes com o estímulo incondicionado, passa a eliciar a mesma resposta, podendo substituí-lo. Esse tipo de condicionamento é também chamado de aprendizagem de sinal, uma vez que o estímulo condicionado serve como sinal para a ocorrência da resposta incondicionada.

Para Watson, comportamento significava, em última análise, movimento muscular. A fala, por exemplo, resultava de movimentos de músculos da garganta. O pensamento era uma fala subvocal, uma conversação silenciosa consigo mesmo. Sentimentos e emoções decorriam de movimentos das entranhas. Watson simplesmente descartou o mentalismo em favor de uma ciência puramente objetiva do comportamento. Watson fez experimentos com animais e seres humanos. Ele supunha que toda a aprendizagem era condicionamento clássico. Seres humanos nascem com certas conexões de estímulo-resposta chamadas reflexos. Por exemplo, espirrar como resposta a uma irritação no nariz, ou contrair a pupila em resposta a uma luz muito forte, são reflexos com os quais nascemos. Contudo, é possível construir uma multiplicidade de novas conexões de estímulo-resposta mediante o condicionamento clássico pavloviano. Quer dizer, esse processo possibilita que cada resposta do repertório original de reflexos, com o qual nascem os seres humanos, seja eliciada por uma grande variedade de outros estímulos. É assim, segundo Watson, que se aprende a responder a novas situações (Hill, 1990).

Naturalmente, é preciso aprender não só a dar respostas conhecidas a novas situações, mas também a dar novas respostas. Para Watson, isso pode ser feito construindo uma cadeia de reflexos. Caminhar, por exemplo, é o resultado de uma sequência de respostas na qual cada uma delas produz sensações musculares que funcionam como estímulo para a próxima. Novos e complexos comportamentos podem ser adquiridos por meio de uma combinação serial de reflexos simples.

Watson não se interessava pelo reforço ou pela punição (consequências) como causas da aprendizagem. Ele considerava tais conceitos muito subjetivos para uma teoria objetiva do comportamento. Em vez disso, ele argumentava que aprendemos a conectar um estímulo e uma resposta simplesmente porque os dois ocorrem juntos, em contiguidade, ou seja, ele supunha que a contiguidade sozinha, sem reforço, era suficiente para produzir aprendizagem.

Para explicar certas aprendizagens, Watson utilizava dois princípios: o da *frequência* e da *recentidade*. O princípio da frequência diz que, quanto mais frequentemente associamos uma dada resposta a um dado estímulo, mais provavelmente os associaremos outra vez. O princípio da recentidade diz que, quanto mais recentemente associamos uma dada resposta a um dado estímulo, mais provavelmente os associaremos outra vez.

As emoções humanas eram também explicadas por Watson em termos de respostas condicionadas e incondicionadas. O medo, por exemplo, podia ser condicionado emparelhando uma situação que normalmente causasse medo com outra que originalmente não o causasse. Depois do condicionamento, a nova situação sozinha provocaria o medo.

A aquisição de conhecimento também era explicada por meio do condicionamento clássico, uma vez que para Watson, se tratava do processo de aprender a dar a sequência apropriada de palavras a uma pergunta, ou outro estímulo condicionado.

Todo nosso comportamento, segundo Watson, tende a envolver todo o corpo. Quando falamos, por exemplo, usamos tanto expressões faciais e gestos quanto palavras. Não podemos distinguir se nossas emoções são respostas das entranhas ou se o pensamento é constituído de respostas orais, porque, embora dominantes, não são o único tipo de respostas envolvidas nesses comportamentos. "Tudo o que pensamos, sentimos, dizemos ou fazemos envolve, em graus variáveis, a atividade de todo o corpo. Este é provavelmente o credo mais fundamental do behaviorismo." (Hill, 1990, p. 37).

Watson não organizou suas propostas em uma teoria clara e consistente, mas a influência do behaviorismo por ele criado, rejeitando a distinção corpo e mente, descartando o mentalismo em favor do comportamentalismo objetivo, teve enorme influência na psicologia e na instrução. O legado de Watson, aumentado consideravelmente por outras teorias behavioristas, está conosco até hoje, quase um século depois.

A teoria da contiguidade de Guthrie

O behaviorismo de Edwin Guthrie (norte-americano; 1886-1959) é muito semelhante ao de Watson e profundamente influenciado pelo seu condicionamento clássico. Contudo, o princípio básico de aprendizagem de Guthrie é ainda mais geral do que o de

Watson (condicionamento). Se uma combinação de estímulos que acompanhou um movimento ocorrer outra vez, tenderá a ser seguida por este movimento. Em outras palavras, se alguma coisa for feita em uma dada situação, provavelmente será feita de novo frente à mesma situação.

Este princípio é mais geral porque não fala em estímulo incondicionado. Diz apenas que, se uma resposta acompanha um estímulo, tenderá a acompanhá-lo outra vez. Para Guthrie, não importa se a resposta foi eliciada durante um procedimento de condicionamento clássico ou não, basta que o estímulo e a resposta ocorram juntos.

A aprendizagem de Guthrie é, portanto, do tipo "um tiro só", ou "tiro e queda". Para ele, a intensidade total de uma ligação E-R (Estímulo-Resposta), que ele chama "hábito", é atingida na ocasião do primeiro pareamento e não será enfraquecida nem reforçada pela prática. Aparentemente, então, ele não aceita o princípio da frequência de Watson, ou a ideia de que a prática melhora o desempenho. No entanto, é preciso ter em conta que ele usa o termo "movimento": a aquisição de certas habilidades, ou certas aprendizagens complexas, pode implicar aprendizagem de uma enorme quantidade de conexões de estímulo-movimento. Para isso, é preciso o que comumente se chama de prática, mas que para Guthrie são repetições necessárias a fim de, cada vez, fazer novas conexões do tipo estímulo-movimento, as quais ocorrem sempre de maneira súbita.

Por outro lado, ele parece estar mais de acordo com o princípio da recentidade, pois quando um indivíduo apresenta diferentes movimentos em uma situação, é o último que será associado a determinada situação quando ela ocorrer outra vez. Quer dizer, a última coisa que ocorre em uma situação é aquela que provavelmente ocorrerá outra vez.

Guthrie ocupou-se também de outro aspecto do behaviorismo que interessa do ponto de vista do ensino: a quebra de hábitos. Ele propõe três técnicas que podem ser eficazes para susbtituir respostas indesejáveis por outras desejáveis (Lefrançois, 1982; Hilgard, 1973):

1. *Método da fadiga*: repetir o sinal até que a resposta original canse e continuar repetindo-o até que, eventualmente, uma nova resposta desejada seja dada; como esta é a mais recente, é ela que ficará associada ao estímulo.

2. *Método do limiar*: introduzir o estímulo que se deseja desconsiderar num grau tão fraco que não provoque a resposta; se ele não elicia a resposta indesejada, provavelmente eliciará outras, até que uma desejada seja dada, a qual ficará associada ao estímulo que será, então, suprimido. Não dar resposta é também um tipo de resposta, provavelmente incompatível com a indesejada e, portanto, também implicará quebra de hábito.

3. *Método do estímulo incompatível*: apresentar o estímulo quando a resposta não pode ocorrer; então, diferentes respostas provavelmente ocorrerão até que apareça uma que é desejada e, desse modo, ficará associada, por ser a mais recente ao estímulo, o qual será então retirado.

Guthrie não usava o conceito de reforço (positivo ou negativo) para explicar mudanças de comportamento (quebras de hábito). Sua teoria é uma teoria de interferência; a aprendizagem original e a aprendizagem interferente seguem os mesmos princípios; a extinção de respostas ocorre por meio da aprendizagem de uma resposta incompatível; esquecimento também é explicado por interferência entre velhas e novas aprendizagens.

Watson também não dava atenção ao conceito de reforço. Guthrie e Watson eram teóricos da contiguidade e, provavelmente, essa é a maior dificuldade com suas teorias do ponto de vista behaviorista. Coube a Thorndike introduzir a noção de reforço no behaviorismo.

O conexionismo (associacionismo) de Thorndike

Para Edward L. Thorndike (norte-americano; 1874-1949), a aprendizagem consiste na formação de ligações estímulo-resposta que assumem a forma de conexões neurais. Contudo, ele, na prática, não entrou em detalhes neuroanatômicos. Ele falava em neurônios para deixar claro que não estava se referindo à consciência ou a ideias e sim a impulsos diretos para a ação. Essas ligações fisiológicas são fortalecidas pelo uso ou pela natureza satisfatória das consequências e são enfraquecidas por desuso ou por consequências desconfortáveis. Seres humanos chegam a respostas apropriadas em grande parte por ensaio e erro, mas podem também dar determinadas respostas em razão de predeterminado *set*, atitude ou algo semelhante, culturalmente aceito.

A concepção de aprendizagem (formação de conexões E-R) está sujeita a três leis principais e cinco subsidiárias ou subordinadas:

1. *Lei do efeito*: quando uma conexão é seguida de uma consequência satisfatória ela é fortalecida, isto é, é mais provável que a mesma resposta seja dada outra vez ao mesmo estímulo; reciprocamente, se a conexão é seguida por um estado de coisas irritante, ela é enfraquecida, ou seja, é provável que a resposta não seja repetida. A lei do efeito refere-se, então, ao fortalecimento ou enfraquecimento de uma conexão como resultado de suas consequências. Está aí a ideia de reforço, positivo ou negativo.

2. *Lei do exercício*: o fortalecimento das conexões se dá com a prática (lei do uso) e o enfraquecimento ou esquecimento quando a prática sofre descontinuidade (lei do desuso). O fortalecimento é definido como aumento da probabilidade de ocorrência da resposta quando a situação se repetir (Hilgard, 1973, p. 24).

3. *Lei da prontidão*: quando uma tendência para a ação ("unidade de condução") é despertada por ajustamentos preparatórios, por *sets*, atitudes ou algo semelhante, a concretização da tendência em ação é satisfatória e sua não concretização é irritante. Prontidão significa, assim, preparação para a ação (*op. cit.*, p. 23).

Leis subordinadas (*op. cit.*, p. 27)

1. *Resposta múltipla (ou reação variada)*: quando aquele que aprende enfrenta um problema (estímulo), ele deve ser capaz de dar respostas variadas, pois só assim a resposta (solução) correta poderá ser eliciada. A fim de que uma resposta seja recompensada, ela deve ocorrer. Por ensaio e erro, o organismo vai tentando (dando respostas) até ser recompensado (quando der a resposta correta).

2. *Set ou atitude*: a aprendizagem é parcialmente função da atitude, ou *set*, definida como uma predisposição para reagir de uma certa maneira. As respostas são determinadas em parte por atitudes características dos indivíduos criados em uma dada cultura.

3. *Prepotência de elementos*: aquele que aprende é capaz de reagir seletivamente em relação a elementos preponderantes da situação problemática estimuladora. Essa capacidade de lidar com partes relevantes da situação torna possível a aprendizagem analítica e de *insight*.

4. *Resposta por analogia*: uma pessoa colocada numa situação nova pode reagir com respostas que empregaria em outra situação, com alguns elementos idênticos, ou seja, a transferência de respostas de uma situação para outra depende da similaridade entre as duas.

5. *Mudança associativa*: é possível mudar uma resposta de um estímulo para outro. Se uma resposta pode ser mantida intacta por meio de uma série de mudanças na situação estimuladora, ela pode, finalmente, ser dada a um estímulo inteiramente diferente.

Essas leis subsidiárias não estão relacionadas de maneira clara com as leis principais (efeito, prontidão e exercício) e o próprio Thorndike, às vezes, as omitia em seus trabalhos.

A principal contribuição de Thorndike ao behaviorismo e à ideia de aprendizagem nele implícita está provavelmente na Lei do Efeito ou, mais especificamente, na ênfase que ele colocou nas consequências do comportamento como determinantes das conexões ou do que é ou não é aprendido. É importante, no entanto, frisar que, para ele, a conexão era entre estímulo e resposta, não entre resposta e recompensa, como propôs Skinner. Cabe ainda registrar que Thorndike dedicou muito de seu trabalho a problemas pedagógicos que não foram aqui enfocados. Sua influência na psicologia educacional norte-americana foi enorme.

A teoria formal de Hull

Clark L. Hull (norte-americano; 1884-1952) foi o mais formal dos teóricos behavioristas. Sua teoria é um sistema dedutivo-hipotético, uma estrutura lógica de postulados, corolários e teoremas similar à estrutura da geometria euclidiana. São 17 postulados, dos quais derivam 133 teoremas e numerosos corolários. Contudo, Hull não se limitou a derivar teoremas de postulados, pois tentou verificar alguns deles em laboratório e acreditava que assim devia ser (Lefrançois, 1982).

A teoria de Hull pode ser dita do tipo E-O-R: estímulo E, que afeta o organismo O, tendo como consequência a resposta R (Hilgard, 1973). Trata-se, sem dúvida, de uma teoria behaviorista, com toda a objetividade e todo o rigorismo possível e é uma teoria do reforço. Porém, afasta-se de outras teorias comportamentalistas na medida em que admite que outras influências sobre o organismo, além do ambiente, podem ser tratadas como variáveis experimentais. Essas variáveis são chamadas intervenientes. Hull acreditava que esse tipo de variável podia ser tratado tão objetivamente como os estímulos (variáveis independentes) e as respostas (variáveis dependentes). Sua lógica era a seguinte: o que acontece no organismo, entre o estímulo e a resposta, é importante; por isso, é preciso fazer inferências e, ao fazê-las, postulam-se certas variáveis intervenientes ou construções simbólicas; se essas inferências forem firmemente ligadas a variáveis de entrada e saída, por meio de enunciados matemáticos quantitativos, nada perder-se-á em termos de objetividade e ganhar-se-á em termos de conveniência, compreensão e fertilidade na dedução de novos fenômenos (*op. cit.*, p. 151).

Pelo seu interesse pelas variáveis intervenientes, Hull pode ser considerado um neobehaviorista. Contudo, ele foi também grandemente influenciado pelo condicionamento clássico de Pavlov e pela Lei de Efeito de Thorndike: a crença de que todo comportamento consiste de conexões E-R e a influência do reforço na aprendizagem são básicos em sua teoria. O conceito central do behaviorismo é o do *hábito*, uma conexão E-R, e a condição primária para a formação do hábito é o *reforço*.

Alguns postulados

Como o objetivo dessa seção é apenas dar uma visão geral da teoria de Hull, são apresentados apenas alguns dos 17 postulados e, ainda assim, de maneira simplificada (Hilgard, 1973; Lefrançois, 1990; Hergenhahn; Olson, 1993).

- *Postulado 1*: há conexões de estímulo-resposta não aprendidas; o indivíduo nasce com elas e com o equipamento sensorial necessário para que sejam despertadas pela estimulação do ambiente.

- *Postulado 2*: os estímulos, ao atingirem um receptor, provocam impulsos neurais aferentes.

- *Postulado 4*: a força do hábito (a tendência de um estímulo evocar uma resposta associada) aumenta como uma função do número de ensaios, desde que esses sejam regularmente distribuídos e o reforço ocorra em cada ensaio.

- *Postulado 8*: o potencial de reação $_EE_R$ é determinado pela força do hábito $_EH_R$, multiplicado pelo impulso D, pelo dinamismo de intensidade do estímulo V e pela motivação do incentivo K.

$$_EE_R = D \times V \times K \times {}_EH_R$$

- *Corolário*: quanto maior o atraso no reforço, mais fraco o potencial de reação de uma resposta.

- *Postulado 13*: a evocação de uma resposta ocorre somente quando o potencial de reação momentâneo excede o limiar de reação.

- *Corolário*: quando potenciais de reação para duas ou mais respostas incompatíveis ocorrerem num organismo no mesmo instante, cada um em magnitude supralimiar, só será evocada aquela reação cujo potencial de reação momentâneo for maior.

Alguns conceitos introduzidos nesses postulados serão definidos na seção seguinte.

Resumo do sistema

As principais variáveis da teoria de Hull estão apresentadas simbolicamente na Figura 1.1. Como já foi dito, na teoria, essas variáveis são relacionadas por meio de postulados, corolários e teoremas expressos matematicamente.

Definições

- *Impulso (D, drive)*: estado temporário do organismo, produzido por privação de algo que o corpo necessita ou por estimulação dolorosa. Ex.: fome, sede, dor.

- *Condição de impulso (Cp)*: tempo (número de horas) de privação.

- *Dinamismo de intensidade do estímulo (V)*: variável interveniente que corresponde à variável de entrada S, que interage de modo multiplicativo com a força do hábito e com o impulso, para determinar a probabilidade de uma resposta.

- *Motivação do incentivo (K)*: variável interveniente que leva em conta o fato de que reforços prévios são também relevantes na determinação do comportamento.

- *Potencial de reação* $(_EE_R)$: $_EE_R = {_E}H_R \times D \times V \times K$

Como o potencial de reação é uma função multiplicativa da força do hábito, do impulso, do dinamismo de intensidade do estímulo e da motivação do incentivo, se uma dessas variáveis for nula, esse potencial também o será, ou seja, na ausência de impulso não há resposta, independente de quão intenso o estímulo, quão grande o reforço ou quão forte o hábito. Na ausência de reforço ou de um hábito (conexão), previamente adquirido, também não haverá resposta. Da mesma forma, não havendo estímulo em intensidade suficiente o indivíduo não responderá (Lefrançois, 1982, p. 81).

Como exemplo, consideremos o caso do impulso para comer: se uma pessoa que já comeu bastante for colocada frente a uma mesa com vários pratos apetitosos, ela provavelmente não comerá nada, apesar de o estímulo, o reforço e o hábito serem muito fortes; o impulso será muito pequeno. Por outro lado, se não houver comida ($K = 0$), ou se a pessoa for cega e sem olfato ($V = 0$), ou se não aprender a comer ($_EH_R = 0$), também não haverá resposta (*ibid.*).

- *Potencial inibitório agregado* $(_EI_R)$: resultado de duas variáveis de entrada – quantidade de trabalho envolvido numa resposta (W) e hábitos de não responder que podem ter sido adquiridos pelo organismo. A ideia é de que, quanto maior a energia física necessária, menor a probabilidade de responder.

- *Limiar de reação* $(_EI_R)$: valor que o potencial líquido de reação $(_EE_R {_I}E_R = {_E}E_R)$ deve exercer para que a resposta ocorra.

- *Oscilação do potencial de reação* $(_EO_R)$: variável que leva em consideração o fato de que previsões feitas a partir de informações relativamente completas sobre variáveis de entrada não são sempre acuradas. O potencial de reação varia em torno de um valor central.

- *Latência de resposta* ($_E t_R$): tempo entre a apresentação do estímulo e o aparecimento da resposta.

A Figura 1.1 pode ser resumida na seguinte condição:

$$\text{se } [_E \overset{o}{E}_R = (_E H_R \times D \times V \times K) - _E I_R > _E L_R], \text{então R.}$$

Hierarquia de família de hábitos e reação antecipada fracionária ao objetivo

Dois conceitos importantes, além dos que estão na Figura 1.1, introduzidos por Hull, são relevantes para o desenvolvimento posterior de posições cognitivistas.

Como foi dito, Hull é um teórico do reforço. O reforço é sua explicação básica para aprendizagem; é ele que reduz o impulso (drive) por consecução de uma resposta (reação ao objetivo; comportamento terminal). Reação antecipada fracionária ao objetivo é uma resposta (fração da resposta final) dada pelo organismo antes da consecução da meta (reação ao objetivo; apresentação da resposta final). Esse tipo de resposta antecipatória inclui uma variedade de reações a estímulos ambientais que o organismo pode exibir. Por exemplo, no caso de um rato em um labirinto aproximando-se da comida, as reações antecipadas fracionárias podem incluir lamber as bochechas, farejar ou dobrar uma última esquina.

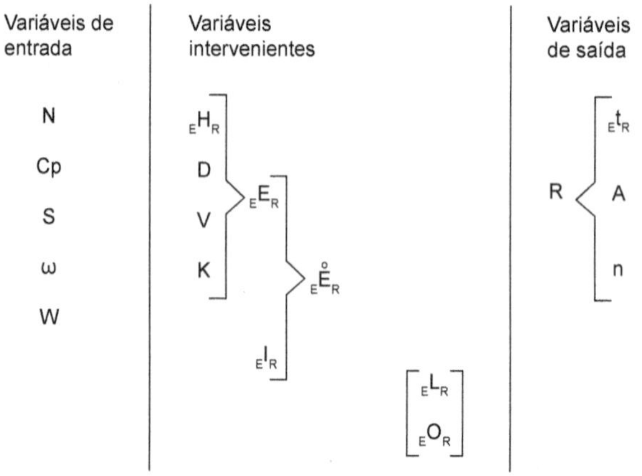

Variáveis de entrada

N
Cp
S
ω
W

Variáveis intervenientes

$_E H_R$
D
V
K

$_E E_R$

$_E \overset{o}{E}_R$

$_E I_R$

$\begin{bmatrix} _E L_R \\ _E O_R \end{bmatrix}$

Variáveis de saída

$\begin{bmatrix} _E t_R \\ A \\ n \end{bmatrix}$ R

N = número de reforços anteriores
Cp = condição de impulso
S = intensidade de estímulo
ω = quantidade (peso) de recompensa
W = trabalho exigido na resposta
$_E H_R$ = força do hábito (força da conexão E-R)
D = impulso (*drive*)
V = dinamismo de intensidade do estímulo
K = motivação do incentivo
$_E E_R$ = potencial de reação

$_E I_R$ = potencial inibitório agregado
$_E \overset{o}{E}_R$ = potencial de reação líquido (puro)
$_E L_R$ = limiar de reação
$_E O_R$ = oscilação do potencial de reação
R = ocorrência da resposta, medida em termos de $_E t_R$, A e n
$_E t_R$ = latência da reposta
n = número de respostas não forçadas para chegar à extinção
A = amplitude de resposta

Figura 1.1 Representação esquemática da teoria de Hull (Hilgard, 1973; Lefrançois, 1982).

As reações antecipadas fracionárias ao objetivo fazem a integração daquilo que Hull chama de hierarquia de família de hábitos.

Ao longo da aquisição de conexões E-R (hábitos), o indivíduo aprende a dar diferentes respostas ao mesmo estímulo, as quais, em muitos casos, levá-lo-ão ao mesmo objetivo. Tais respostas alternativas constituem uma família de hábitos organizada de maneira hierárquica. Diz-se família por causa da existência de um mecanismo integrador subjacente, que são as reações antecipadas, fracionárias ao objetivo, comuns a todas as alternativas. Diz-se hierárquica porque existem alternativas preferidas, em função de reforços ocorridos no passado. Quer dizer, se uma conexão (hábito) foi mais reforçada no passado, ela será preferida quando o estímulo ocorrer outra vez e ocupará uma posição mais alta na hierarquia. O potencial de reação associado a essa alternativa será mais alto.

O trabalho de Hull foi continuado, com alguma modificação, por Kenneth W. Spence (norte-americano; 1907-1967). Aliás, é comum encontrar-se na literatura referências ao sistema Hull-Spence. Críticos desse sistema argumentam que, apesar do impressionante aparato lógico-matemático, a teoria não é boa – não só porque está baseada em postulados (suposições não verificáveis), como porque nem sempre explica as coisas claramente ou leva facilmente a previsões úteis. De toda maneira, sua influência no desenvolvimento de teorias cognitivistas foi grande.

Conclusão

Com a apresentação resumida das teorias de Watson, Guthrie, Thorndike e Hull, este capítulo procurou dar ao leitor uma ideia das origens do behaviorismo, das teorias behavioristas antigas, uma vez que o behaviorismo mais recente teve enorme influência no ensino em sala de aula, principalmente nas décadas de 1960 e 1970.

Resumindo, Watson é considerado o criador do behaviorismo, rejeitando a introspecção, não se ocupando da consciência e enfatizando comportamentos observáveis. Ele e Guthrie foram os teóricos da contiguidade. Para eles, a aprendizagem dependia somente da contiguidade, da ocorrência simultânea do estímulo e da resposta. Por outro lado, Thorndike e Hull são teóricos do reforço. Eles não só não consideram o conceito de reforço como vago demais para uma ciência objetiva do comportamento, como julgam que esse conceito é essencial para analisar a aprendizagem. Hull foi o mais formal de todos, propondo um sistema dedutivo-hipotético.

Os quatro, mais Pavlov, foram teóricos E-R, no sentido de que estavam interessados primordialmente em descobrir e explicar regularidades que subjazem às relações entre estímulos e respostas. Suas teorias são também chamadas teorias conexionistas, porque tratam a aprendizagem como uma questão de conexões entre estímulos e respostas. Contudo, a rigor, não se ocupam da natureza das conexões em si (como faz Hebb, por exemplo), de modo que seria mais apropriado falar em teorias conexionistas antigas ou simplesmente teorias associacionistas, ou seja, de associação entre estímulos e respostas.

É verdade que tais teorias não têm muito a dizer em termos de explicações para os chamados processos mentais superiores (linguagem, pensamento, resolução de problemas, percepção e outros); porém isso não deve desmerecê-las. Ao contrário, embora muito baseadas em experimentos com animais, elas têm um imenso valor como iniciadoras de uma teoria do comportamento humano, ou de teorias psicológicas sobre o comportamento humano.

A modo de conclusão, na Figura 1.2 é apresentado um esquema de conceitos relevantes para as primeiras teorias comportamentalistas abordadas neste capítulo.

Bibliografia

HERGENHAHN, B. R.; OLSON, M. H. *An introduction to theories of learning.* 4th ed. Englewood Cliffs, N. J.: Prentice Hall, 1993. 500 p.

HILGARD, E. R. *Teorias da aprendizagem.* 4. reimp. São Paulo: E.P.U., 1973. 692 p.

HILL, W. F. *Learning:* a survey of psychological interpretations. 5th ed. New York: Harper Collins Publishers Inc., 1990. 257 p.

LEFRANÇOIS, G. R. *Psychological theories and human learning.* 2nd ed. Monterey: Cal, Brooks/ Cole Publishing Company, 1982. 348 p.

Capítulo 1 Teorias behavioristas antigas **21**

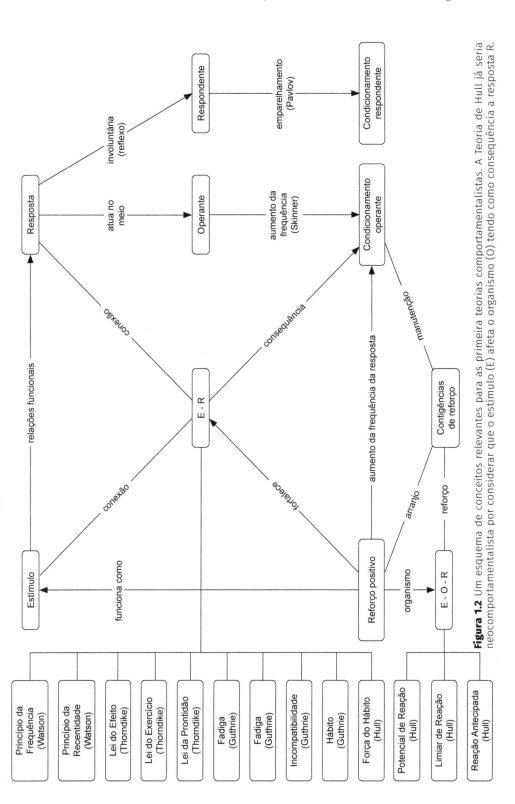

Figura 1.2 Um esquema de conceitos relevantes para as primeiras teorias comportamentalistas. A Teoria de Hull já seria neocomportamentalista por considerar que o estímulo (E) afeta o organismo (O) tendo como consequência a resposta R.

Capítulo 2

Teorias cognitivas antigas[1]

TEORIAS DE
TEORIAS
TEORIAS
TEORIAS
TEORIAS
TEORIAS DE
APRENDIZAGEM
APRENDIZAGEM
APRENDIZAGEM
APRENDIZAGEM
APRENDIZAGEM
APRENDIZAGEM

Objetivo

A intenção deste capítulo é apenas dar ao leitor uma visão resumida das primeiras teorias cognitivas de aprendizagem, propostas ainda sob uma ótica bastante behaviorista. Serão enfocadas a teoria neuropsicológica de Hebb, a teoria do behaviorismo intencional de Tolman, a teoria da Gestalt e a teoria de campo de Lewin.

Introdução – O cognitivismo

O behaviorismo surgiu no início do século XX como uma reação ao mentalismo até então vigente: a psicologia devia ocupar-se do comportamento, não da consciência; de estímulos e respostas, não de imagens e ideias. As teorias comportamentalistas clássicas compartilham pelo menos três características: 1) buscam uma objetividade impecável; 2) explicam o comportamento em termos moleculares, isto é, de associações de estímulo-resposta elementares, não de comportamentos molares, globais, talvez mais difíceis de abordar; 3) fazem poucas referências às intenções do comportamento, exceto no que se refere a necessidades e impulsos específicos. O cognitivismo, por sua vez, surge na mesma época como uma reação ao behaviorismo clássico. Destacam-se aí a teoria alemã da Gestalt e, de forma mais moderada, o behaviorismo intencional de Tolman. Trata-se de uma orientação psicológica que se ocupa muito mais de variáveis intervenientes do tipo cognições e intenções – dos chamados processos mentais superiores (percepção, resolução de problemas por *insight*, tomada de decisões, processamento de informação, compreensão) – do que de estímulos e respostas. Em todos esses processos, a cognição (qualidade ou estado de

---

1 MOREIRA, M. A. (1995). Monografia n. 2 da *Série Enfoques Teóricos*. Porto Alegre, Instituto de Física da UFRGS. Revisada em 2008.

24 Teorias de Aprendizagem

estar cônscio, ciente) tem um papel preponderante. Teorias de aprendizagem nessa linha são chamadas de cognitivistas ou centralistas – em contraposição às behavioristas, que são ditas periferalistas.

As teorias cognitivistas de aprendizagem mais conhecidas são as de Piaget (a rigor, uma teoria psicogenética), de Bruner e de Ausubel. Mas as primeiras são as da Gestalt, de Tolman e de Lewin, objeto deste capítulo, que inclui também a teoria neuropsicológica de Hebb como uma transição entre o behaviorismo clássico e o cognitivismo.

O modelo neuropsicológico de Hebb

A proposta de Donald Hebb (canadense; 1904-1985) tem a ver com processos mentais superiores, uma posição que o afasta bastante do behaviorismo tradicional. Processos mentais superiores são atividades mediadoras entre estímulo e respostas. Muitas vezes, as pessoas não reagem imediatamente a determinados estímulos; há um lapso de tempo entre a percepção do estímulo e a emissão de uma resposta. É provável, então, que alguma coisa esteja ocorrendo no cérebro da pessoa entre o estímulo e a resposta. De maneira simples, falar-se-ia em pensar ou em processo de pensamento. Hebb prefere referir-se a processos que, em si, são independentes de impulsos sensoriais de entrada, mas que interagem com tais impulsos para determinar qual, dentre as várias respostas possíveis, será dada e quando (Lefrançois, 1982, p. 107).

Seu modelo é, em grande parte, neurobiológico, ajustado ao que se sabia na época sobre neurônios, suas interconexões e seu funcionamento. Neurônios são as células constitutivas do sistema nervoso humano. Do total de aproximadamente 100 bilhões que temos, a grande maioria está no cérebro e na medula espinhal, os quais, juntos, formam o sistema nervoso central.

Neurônios são células microscópicas cujo corpo tem dois tipos de prolongamentos: o axônio e os dendritos. Os dendritos são as extensões receptoras dos neurônios, e o axônio (prolongamento mais longo) é o terminal emissor. O espaço entre as extremidades do axônio de uma célula e o corpo celular de uma célula adjacente é chamado de sinapse ou espaço sináptico (da ordem de 200 Å). A transmissão de impulsos em um neurônio se dá do corpo da célula para fora ao longo do axônio e por meio do espaço sináptico até os dendritos da próxima célula. A hipótese de que *a transmissão repetida de impulsos entre duas células leva a uma facilitação permanente da transmissão de impulsos entre essas células* é central no modelo de Hebb. Ele sugere que a estimulação repetida, em quantidade suficiente para ser duradoura, resulta no crescimento de protuberâncias sinápticas que diminuem o espaço sináptico.

Os neurônios podem ser ativados por estimulação, podem ativar uns aos outros e podem transmitir impulsos que acionam glândulas ou músculos. Depois de ter "disparado", um neurônio não pode ser reativado ("disparado" novamente) imediatamente: há um período de tempo da ordem de milissegundos durante o qual ele não pode ser ativado outra vez; logo em seguida, há um período mais longo, da ordem de décimos de segundo, no qual ele pode ser reativado por estimulação intensa. Depois disso, o neurônio volta ao seu estado fundamental. Quando um neurônio é reativado, ele pode fazer "disparar" o neurônio que o reativou. Ele pode, então, reativar o primeiro (desde que tenha passado o período refratário). O resultado dessa reativação circular é chamado de *circuito ("loop") reverberante*. É provável que circuitos reverberantes ativem uns aos outros, formando o que se chama de *aglomerados de células*, os quais incluem milhares de neurônios. É provável também que aglomerados de células ativem uns aos outros, originando uma terceira estrutura hipotética chamada *sequência de fase*. Uma sequência de fase é, então, constituída pelo despertar de uma série de aglomerados de células. Por exemplo, olhar sucessivamente para os três vértices de um triângulo desperta os aglomerados de células adequados a cada ângulo. Assim, o triângulo total pode ser percebido ao prestarmos atenção a qualquer um dos ângulos (Hilgard, 1973, p. 569).

Os conceitos de *circuito reverberante*, *aglomerado de células* e *sequência de fase* são importantes para o modelo de aprendizagem de Hebb. Contudo, além desses conceitos, duas propriedades do organismo humano são também relevantes para o modelo de Hebb (bem como para várias outras teorias de aprendizagem): reatividade e plasticidade. A primeira se refere à capacidade de o organismo reagir a estímulos externos e a segunda, à sua capacidade de mudar em função de estimulação repetida. Em termos behavioristas, reatividade corresponde à emissão de comportamentos, enquanto a plasticidade tem a ver com a mudança de comportamentos. Mas, para Hebb, plasticidade e reatividade são propriedades do sistema nervoso central que explicam os comportamentos em vez de ser de propriedades do comportamento.

A hipótese básica de Hebb é que a mediação entre o estímulo e a resposta – ou seja, o pensamento – consiste de atividade em um grupo de neurônios organizados em circuitos reverberantes, que formam um aglomerado de células ou uma série de atividades desse tipo, que originam uma sequência de fase.

Além disso, ele faz quatro hipóteses, igualmente básicas, sobre a formação do aglomerado de células (Lefrançois, 1982, p. 111-112):

- *Hipótese 1*: um aglomerado de células (ou processo mediador) resulta da apresentação repetida de um estímulo (um tipo particular de evento sensorial); portanto, os mesmos neurônios serão ativados a cada apresentação do estímulo. A repetição tem, então, um efeito facilitador na atividade neuronal, na transmissão de impulsos por meio do espaço sináptico entre os neurônios envolvidos. Por exemplo, é muito mais fácil reconhecer um objeto após tê-lo visto muitas vezes do que na segunda vez.

- *Hipótese 2*: se dois aglomerados de células forem repetidamente ativados ao mesmo tempo (por distintos estímulos), eles tenderão a ficar associados neurologicamente, ou seja, o "disparo" de um aglomerado tenderá a "disparar" o outro e vice-versa. O resultado disso será a formação de uma sequência de fase. Esta hipótese explica, na visão de Hebb, o condicionamento por contiguidade: a associação entre os aglomerados significa que a apresentação de um estímulo a um deles "lembrará" o outro do estímulo ao qual ele responde usualmente. Por exemplo, restaurantes finos sempre "lembram" contas altas; ovos de chocolate estão sempre associados à Páscoa; cheiro de fumaça, a incêndio.

Esta hipótese explica também a percepção de objetos quando faltam alguns dados sensoriais. Por exemplo: três segmentos de reta que não se tocam de modo a formar vértices, mas cujos prolongamentos formariam ângulos cuja soma seria 180º (=180 graus), são quase sempre percebidos como um triângulo. Embora incompleto, o *insight* é suficiente para despertar uma sequência de fase correspondente ao triângulo.

- *Hipótese 3*: um aglomerado que é ativado repetidas vezes ao mesmo tempo como um caminho aferente (caminho neurológico saindo do sistema nervoso central) ficará a ele associado. Em outras palavras, uma atividade motora ficará associada aos aglomerados que forem frequentemente ativados ao mesmo tempo que ela. Esta hipótese explica a formação de hábitos motores. Por exemplo, alguns cenários, sons ou cheiros podem ficar associados a determinadas atividades motoras de tal modo que, ao desenvolver tais atividades, o indivíduo "lembrará" tais cenários, sons ou cheiros. E vice-versa: aglomerados sempre ativos durante alguma atividade motora tenderão a eliciar a mesma resposta na ausência de tal atividade. Esta hipótese de Hebb explica neurologicamente o condicionamento clássico de Pavlov (*e.g.*, cão salivando em presença do som da campainha mesmo sem a presença do alimento).

- *Hipótese 4*: cada aglomerado corresponde a entradas sensoriais (estímulos) relativamente simples. Isso significa que, mesmo para perceber objetos relativamente simples, é necessário ativar um grande número de aglomerados.

Pensamento e aprendizagem segundo Hebb

Nessas quatro hipóteses, está implícito o que significam, para Hebb, pensamento e aprendizagem. *Pensamento* equivale à mediação entre estímulo e resposta. *Mediação*, por sua vez, consiste na atividade em aglomerados de neurônios, e a natureza da mediação é determinada pelos aglomerados específicos envolvidos. Para Hebb, é a área ativada do córtex que determina a experiência subjetiva, não a atividade neuronal em si. Um certo estímulo afetará sempre a mesma área do córtex; portanto, é possível "sentir" a mesma reação para o mesmo estímulo em diferentes ocasiões. A aquisição de processos mediadores aprendidos decorre da repetida apresentação do mesmo estímulo, levando à formação de associações de aglomerados. Aprendizagem, então, é a "facilitação permanente" da condução entre unidades neurológicas. Essencialmente, uma sequência de fase é uma unidade neurológica na qual a transmissão de impulsos se tornou tão fácil que a ativação de uma parte da sequência é suficiente para ativá-la toda.

Processos superiores comprometidos na aprendizagem (como resolver problemas, por exemplo) devem envolver a combinação de sequências de fase (inclusive por acaso) em unidades hierarquicamente superiores, *i.e.*, sequências de fase superordenadas.

O primeiro estágio da aprendizagem é, portanto, o estabelecimento de aglomerados de células e suas sequências de fase relacionadas (na infância, isso ocorre lentamente.) O segundo estágio, envolvendo aprendizagens mais complexas, implica a combinação de sequências de fase. A aprendizagem do adulto é essencialmente conceitual, frequentemente imediata e com *insight*. Tal aprendizagem, segundo Hebb, só é possível quando a estimulação provoca sequências de fase bem organizadas (Hilgard, 1973, p. 370).

Atitude (*set*), atenção e motivação: conceitos hebbianos relevantes para o ensino

Atitude (*set*) se refere à seletividade entre respostas e atenção à seleção entre estímulos. Por exemplo, quando nadadores se preparam para a largada, eles apresentam uma atitude – ou um *set* – para dar uma resposta, que é saltar e nadar, ou seja, eles selecionam entre possíveis respostas aquela que deve ser dada. Por outro lado, eles prestam atenção ao estímulo (geralmente um tiro) que é o sinal de largada e, provavelmente, não reagirão a outros estímulos, isto é, os sujeitos selecionam entre possíveis estímulos aquele ao qual devem responder.

Tanto a atitude como a atenção são, em grande parte, função da pré-ativação de aglomerados específicos. Tais características do comportamento humano são particularmente importantes em situação de ensino em sala de aula. A atitude envolve selecionar respostas adequadas; a atenção em selecionar a que estímulos devem ser dadas tais respostas.

Para chegar à ideia de *motivação*, Hebb distingue entre duas funções do estímulo: a função da mensagem (*cue function*) – que diz ao organismo como sentir, pensar ou reagir – e a função da excitação (*arousal function*) – que corresponde ao efeito ativador ou excitador geral do estímulo. A função mensagem envolve a ativação de aglomerados específicos ao estímulo; a função excitação, no entanto, envolve um grande número de aglomerados. A concepção de motivação de Hebb é do tipo impulso único (*single-drive*), e ele define impulso em termos de excitação generalizada, estado de alerta ou vigilância, do organismo. A excitação é função da natureza do estímulo, podendo variar de muito baixa (sonolência, modorra) até muito alta (ansiedade ou pânico). Hebb supõe que existe um nível ótimo de excitação acima e abaixo do qual a resposta não será efetiva. Ele também supõe que seres humanos se comportam de maneira a manter a excitação pelo menos próxima ao nível ótimo, o que implica na existência de uma necessidade do organismo nesse sentido. Quer dizer, o organismo necessita de um certo nível de excitação e, portanto, de estimulação sensorial. Estudos experimentais têm dado suporte a esta hipótese (Lefrançois, 1982, p. 115).

Portanto, a "teoria" de Hebb para a motivação está baseada no conceito de excitação, na hipótese de que existe um nível ótimo de excitação e que as pessoas se comportam de modo a manterem-se ou aproximarem-se desse nível.

Finalmente, cabe frisar que conceitos hebbianos como aglomerado de células, sequência de fase ou sequência supraordenada de fase são construtos teóricos, não necessariamente reais. Contudo, sua teoria é bastante coerente com o que se sabe sobre o funcionamento neurológico. Além disso, teóricos mais cognitivistas têm achado úteis e até usado – como Bruner, por exemplo – as explicações de Hebb para os processos de pensamento (mediadores). É nesse sentido que Hebb representa uma transição entre o behaviorismo tradicional e o cognitivismo.

O behaviorismo intencional de Tolman

A teoria de Edward C. Tolman (norte-americano; 1886-1959) é também uma transição entre o behaviorismo e o cognitivismo. Para ele, todo o comportamento – humano ou não – é intencional, ou seja, é dirigido, por meio de cognições, a algum objetivo. Em vez de simplesmente resultar de conexões E-R, o comportamento é mediado por cognições. Tolman pode ser considerado um teórico E-R, mas não do tipo associacionista, pois faz uso de variáveis intervenientes (cognições), e justamente isso o aproxima do cognitivismo.

O behaviorismo de Tolman é intencional e molar. Ele não estava interessado em movimentos musculares específicos (movimentos moleculares), e sim em grandes unidades comportamentais governadas por uma única meta (por exemplo, andar de bicicleta, aprender um caminho). Ele queria explicar a complexa variabilidade do comportamento molar (há várias maneiras de fazer determinadas coisas) quando opera em função de um certo objetivo (Hill, 1990). Para isso, fez uso de uma invenção teórica, que chamou de "cognição", como variável interveniente. Cognição, para Tolman, não era algo "real", algo neurológico: era uma abstração, alguma coisa que intervinha entre estímulos e respostas.

Para os behavioristas tradicionais, qualquer coisa que interviesse entre um estímulo e uma resposta era interpretado já como uma resposta em termos de movimentos musculares moleculares, rejeitando qualquer visão mentalista. Tolman, no entanto, considerava possível usar o termo cognição de maneira objetiva sem considerá-lo uma variável física diretamente mensurável. Ele definia cognição tanto em termos de estímulos como de recompensas (reforços). A experiência com certos estímulos e recompensas leva ao desenvolvimento de cognições que dirigem o comportamento. Além disso, certas necessidades produzem demandas para certos objetivos (fome, por exemplo, produz uma demanda por alimentos). Então, cognições e demandas atuam juntas para produzir respostas (*op. cit.*, p. 123).

Suposições básicas da proposta de Tolman (Lefrançois, 1982, p. 138):

1. Todo comportamento é intencional e guiado por cognições – ou expectativas e demandas. É a intenção, a meta, que dirige o comportamento, não a recompensa (reforço) em si.

2. É um behaviorismo molar, não molecular. As conexões que explicam o comportamento na teoria de Tolman não envolvem ligações entre reforços e respostas ou entre estímulos e respostas. Envolvem, isso sim, ligações entre estímulos e cognições, ou expectativas, as quais se desenvolvem como função de exposição a situações nas quais o reforço é possível.

3. O papel do reforço é primordialmente o de confirmar expectativas. Quanto mais vezes uma expectativa é confirmada, tanto mais provável que os estímulos (sinais) a ela associados ficarão ligados com tal expectativa.

4. O que é aprendido não é um comportamento específico em resposta a um estímulo ou a uma recompensa (reforço positivo), mas uma cognição – um conhecimento relacionando local físico e possibilidades de reforço. Mais especificamente, o que é aprendido é uma relação entre sinal e significado, o conhecimento de uma ligação entre estímulos

e expectativas de atingir um objetivo. Sinal é o estímulo e "significado" é a expectativa de recompensa (reforço) que resulta da aprendizagem (cognição).

As teorias de estímulo e resposta clássicas admitem implicitamente que o organismo aprende – por meio de estímulos externos e internos – sequências corretas de movimentos. O behaviorismo intencional de Tolman, também chamado "teoria de aprendizagem de sinal", supõe que o aprendiz esteja seguindo sinais de um objetivo, esteja aprendendo um caminho, seguindo uma espécie de mapa cognitivo, ou seja, não esteja aprendendo movimentos, mas significados (Hilgard, 1973, p. 238).

Evidências experimentais

Vários estudos feitos por Tolman e outros pesquisadores com animais, particularmente ratos, dão suporte experimental à sua teoria. Em um deles, ratos foram deixados em um labirinto com vários caminhos alternativos de saída até que conhecessem bem o labirinto de modo a chegar mais rapidamente ao lugar onde se encontrava a recompensa (alimento). Depois, foram introduzidas barreiras em alguns caminhos, e os mesmos ratos, agora famintos, foram novamente colocados no labirinto. Surpreendentemente, 14 dos 15 ratos usados no experimento escolheram de imediato o caminho correto, sem barreiras, embora fosse mais longo e outros caminhos mais curtos (bloqueados mais adiante) parecessem ser melhores alternativas.

Baseado em experimentos desse tipo é que Tolman argumentou que a aprendizagem envolve o desenvolvimento de *mapas cognitivos,* que são representações internas de relações entre objetivos e comportamentos, assim como conhecimento do local onde os objetivos são alcançados. Quer dizer, o organismo desenvolve uma série de expectativas em relação ao comportamento: se tal coisa for feita, tal objetivo será atingido. O conceito aí envolvido é o de *expectativa de recompensa.*

Em outro tipo de experimento, ratos foram deixados a percorrer livremente uma mesa redonda a partir de um ponto inicial, uma espécie de entrada na mesa, até encontrar uma saída, diametralmente oposta à entrada, que dava início a um caminho com várias esquinas que provavelmente conduziria o animal ao pote de alimentos (recompensa). Posteriormente, os mesmos ratos, agora famintos, foram colocados em uma mesa similar com um grande número de saídas, porém aquela diametralmente oposta estava bloqueada. Também de maneira surpreendente, um número muito maior de ratos escolheu não a saída mais próxima – aquela que haviam usado antes e que agora estava fechada –, mas aquela saída que estava na direção aproximada do pote.

A interpretação de Tolman era de que os ratos, em vez de aprenderem uma série de conexões de estímulo-resposta, aprenderam um *lugar.* Em outras palavras, eles desenvolveram um mapa cognitivo da área, junto com expectativas em relação a este lugar. Tais expectativas, intimamente ligadas ao mapa cognitivo, dirigiam o comportamento dos ratos. O conceito aí envolvido é o de *aprendizagem de lugar* (Lefrançois, 1982, p. 138).

Em um terceiro tipo de experimento, ratos eram colocados por muito tempo em um labirinto com um único caminho para sair, porém não recebiam nenhuma recompensa ao sair. Tecnicamente, do ponto de vista clássico, esses ratos não aprenderiam nada, pois seu comportamento não era reforçado. Outra vez, o resultado foi surpreendente: metade dos ratos, quando alimentados rapidamente em um pote na saída do labirinto e logo depois colocados na entrada, achou o caminho sem cometer um único erro.

Nesse caso, o argumento de Tolman era de que os ratos eram capazes de desenvolver mapas cognitivos mesmo na ausência de recompensa. Esse tipo de aprendizagem, por não se manifestar de imediato, é dito *aprendizagem latente*.

São experimentos dessa natureza – *i.e.*, sobre a expectativa de recompensa, aprendizagem de lugar e aprendizagem latente – que dão suporte à teoria de Tolman. Em todos eles, está incluído o conceito mais popular dessa teoria: *mapa cognitivo*. O organismo gradualmente desenvolve um esquema do ambiente de modo a localizar o objetivo. Tolman chama esse esquema de mapa cognitivo. Uma vez que o organismo construiu um mapa cognitivo, ele pode atingir determinado objetivo por meio de distintas alternativas.

A teoria da Gestalt

Gestalt é a palavra alemã para configuração, organização ou, em uma tradução mais livre, forma, padrão – referindo-se sempre a um todo. A psicologia da Gestalt, originalmente ocupada com o estudo da percepção, enfatiza sistemas holísticos nos quais as partes estão dinamicamente inter-relacionadas, de modo que o todo não pode ser inferido das partes separadamente (Hill, 1990, p. 96). Psicólogos gestaltistas acreditam que, embora a experiência fenomenológica resulte de experiências sensoriais, ela não pode ser entendida analisando seus componentes, ou seja, a experiência fenomenológica é diferente das partes que a compõem: o todo é diferente, é mais do que a soma de suas partes. O organismo agrega algo à experiência que não está contido nos dados sensoriais, e este algo é organização (*Gestalt*). O ser humano percebe o mundo holisticamente em todos significativos. Não percebemos estímulos isolados, mas estímulos que formam configurações significativas – ou *gestalts*. Percebemos pessoas, cadeiras, quadros, carros, árvores, casas como todos organizados: *gestalts* (Hergenhahn; Olson, 1993, p. 247).

O movimento gestaltista surgiu na Alemanha no início do século XX como forte reação ao estruturalismo vigente, que usava a introspecção a fim de analisar a estrutura da mente, buscando isolar os elementos do pensamento. Os estruturalistas tentavam analisar o pensamento consciente em termos de unidades fundamentais, como sensações, imagens e ideias, que se associavam para produzir experiências mentais complexas. Os gestaltistas se opunham ferrenhamente à visão estruturalista: para eles, dissecar a consciência destruía o que havia de mais significativo nela.

É interessante notar que o behaviorismo surge na mesma época, nos Estados Unidos, também se opondo fortemente ao estruturalismo, mas com outro enfoque: a psicologia deveria ocupar-se do comportamento, não da consciência. Watson queria discutir estímulos e respostas, não imagens e ideias. Ele queria lidar com unidades de comportamentos, não de consciência.

Max Wertheimer (1880-1943) é considerado o fundador da psicologia da Gestalt, mas desde o começo trabalhou com dois colegas, Wolfgang Köhler (1887-1967) e Kurt Koffka (1886-1941), que são cofundadores desse movimento e o divulgaram mais do que o próprio Wertheimer. Embora tenha se afastado bastante da tradição gestaltista e desenvolvido uma teoria de motivação humana em torno da teoria física de campo, Kurt Lewin (1890-1947) também trabalhou com Wertheimer. Os quatro foram os principais nomes da chamada "Escola de Berlim". Mais tarde, foram todos para os Estados Unidos.

A psicologia da *Gestalt* é, às vezes, chamada de fenomenológica, pois se ocupa do fenômeno ("o que é dado"), *i.e.*, do evento mental intacto, sem dividi-lo para fins de análise. Como foi dito antes, a *Gestalt* e o behaviorismo surgem praticamente na mesma época como uma reação ao estruturalismo. Contudo, são bastante diferentes: a *Gestalt* é holística, molar, subjetiva, nativista e cognitiva (fenomenológica); o behaviorismo é "elementístico", molecular, objetivo, empirista e comportamentalista (os gestaltistas acreditam que os poderes da mente são geneticamente determinados, daí serem ditos nativistas).

Insight

O conceito mais popular da teoria da Gestalt e o mais importante para o estudo da aprendizagem é o de *insight*. Usualmente, o *insight* é definido como a súbita percepção de relações entre elementos de uma situação problemática (Lefrançois, 1982, p. 142). Frequentemente, a aprendizagem ocorre de maneira súbita, acompanhada da sensação de que agora sim o assunto foi realmente compreendido. Diz-se que essa aprendizagem envolve *insight*. O aprendiz que tem um *insight* vê a situação de uma maneira nova, a qual inclui compreensão de relações lógicas ou percepção das conexões entre meios e fins (Hill, p. 98).

A aprendizagem por *insight* é geralmente considerada como tendo quatro características (Hergenhahn; Olson, 1993, p. 258):

1. a transição entre a pré-solução e a solução de um problema é súbita e completa;

2. o desempenho baseado em uma solução obtida por *insight* é geralmente bom e sem erros;

3. a solução obtida por *insight* é retida por muito mais tempo;

4. um princípio alcançado por *insight* é facilmente aplicado a outros problemas.

As seguintes características são apresentadas por Hilgard (1973, p. 292) como também típicas da aprendizagem por *insight,* embora não exclusivamente:

a. um organismo mais inteligente tem maior tendência a alcançar *insight,* assim como tende a ter sucesso em outras formas de aprendizagem mais complexas;

b. um organismo experimentado tende mais a alcançar soluções de *insight* do que um menos experimentado;

c. algumas situações são mais favoráveis do que outras na eliciação de *insight;*

d. o comportamento de ensaio e erro está presente (no período de pré-solução) no processo da aquisição da solução por *insight.*

A teoria da *Gestalt* explica o *insight* em termos de reorganização perceptual do campo, o que ficará mais claro quando for introduzido o conceito de campo.

Leis de percepção/aprendizagem

Na teoria da *Gestalt*, a percepção é governada por uma lei geral e quatro princípios a ela subordinados.

Lei da Pregnância ("boa forma") de Koffka: tudo o que é percebido tende a assumir a melhor forma possível; a organização psicológica será sempre tão boa quanto o permitirem as condições de contorno. Boa para Koffka significava simples, concisa, simétrica, harmônica, ou seja, cada evento psicológico tende a ser significativo, completo e simples. Uma boa figura ou uma boa percepção não podem ser tornadas mais simples ou mais ordenadas por meio de nenhum tipo de deslocamento perceptual; isto é, não há nada mais a fazer mentalmente que torne a experiência consciente mais organizada. Em resumo, a Lei da Pregnância diz que respondemos ao mundo de modo a torná-lo o mais significativo possível dentro das condições existentes. A Lei da Pregnância é uma lei de equilíbrio semelhante às leis físicas de equilíbrio.

Quatro princípios principais, dentre os muitos princípios gestaltistas, se subordinam à Lei de Pregnância (Hilgard, 1973, p. 283-285):

- *Princípio da similaridade:* itens semelhantes (por exemplo, parecidos em forma e cor) tendem a formar grupos na percepção.

- *Princípio da proximidade:* grupos perceptuais são favorecidos de acordo com a proximidade das partes. Por exemplo, se várias linhas paralelas forem traçadas em uma folha de papel, alternando-se espaçamentos grandes e pequenos entre elas, os pares com espaços pequenos entre eles serão percebidos como grupos de dois.

- *Princípio do fechamento*: áreas fechadas formam mais prontamente figuras na percepção; o fechamento é o ato de completar um padrão – ou *Gestalt* – e geralmente envolve figuras incompletas de várias formas que tendemos a perceber como completas – o mesmo se aplica a palavras faltando letras, por exemplo.

- *Princípio da continuidade:* fenômenos perceptuais tendem a ser percebidos como contínuos; a organização na percepção tende a ocorrer de tal maneira que uma linha reta parece continuar como uma linha reta, uma linha curva como uma curva e assim por diante.

Teoria do campo de Lewin

A psicologia da *Gestalt* pode ser pensada como uma tentativa de aplicar a teoria de campos da Física a problemas de psicologia (percepção). A ideia de campo tomada da Física é a de um sistema dinâmico inter-relacionado no qual cada parte influencia todas as demais. Isso é coerente com a ênfase gestáltica na totalidade, no todo, não nas partes individuais. A *Gestalt* em si pode ser pensada como um campo; o ambiente percebido também pode ser visto como um campo. As pessoas também são pensadas como um sistema dinâmico inter-relacionado: qualquer coisa que acontece com uma pessoa influencia todo o mais nessa pessoa. Originalmente, o campo consistia, na teoria da *Gestalt*, do objeto que estava sendo percebido (figura) e o ambiente, o fundo indiferenciado, que o rodeava.

Normalmente, a relação entre a figura e o fundo não é ambígua. No entanto, em alguns casos, figura e fundo se alternam de modo que o que se percebe em um dado momento é diferente do que se percebe em outro. Isso parece ocorrer por causa da nossa incapacidade de perceber ao mesmo tempo a figura e o fundo.

Kurt Lewin (1890-1947), um dos primeiros gestaltistas, modificou um pouco o conceito gestáltico de campo. Para ele, em vez de indicar simplesmente figura e fundo, campo passou a incluir as crenças, sentimentos, metas e alternativas do indivíduo que percebe. O campo de Lewin é, portanto, perceptivo e cognitivo. Em vez de falar em campo do indivíduo, ele falava em "espaço vital" do indivíduo. O espaço vital é um compósito de tudo o que é relevante para o comportamento de um indivíduo, incluindo ambiente físico, sentimentos, crenças, necessidades e o próprio indivíduo (Lefrançois, 1982, p. 149). Para Lewin, o comportamento humano, em qualquer instante, é determinado pela quantidade total de fatos psicológicos (qualquer coisa da qual a pessoa estiver consciente) experienciados nesse instante. Para ele, somente o que é conscientemente experienciado pode influenciar o comportamento. Uma mudança em qualquer fato psicológico rearranja todo o espaço vital da pessoa. A pessoa existe em um campo de influências: qualquer mudança em uma delas afeta todas as demais – bem de acordo com a tradição holística da *Gestalt*.

Conclusão

Como foi dito no início, a intenção deste capítulo é apenas a de enfocar superficialmente as primeiras teorias cognitivistas de aprendizagem. Como tal, para maior compreensão e aprofundamento, é necessário recorrer à bibliografia indicada ou a obras dos próprios autores abordados.

As teorias cognitivistas que mais influenciaram a facilitação da aprendizagem em sala de aula em tempos recentes foram – e são – as de Piaget, Bruner e Ausubel. Contudo, para ter uma ideia do que é cognitivismo, em particular o construtivismo, é conveniente dar alguma atenção às origens do cognitivismo. Precisamente para isso espera-se que este texto seja útil ao leitor. Espera-se igualmente que o diagrama apresentado na Figura 2.1 seja útil nesse sentido.

Bibliografia

LEFRANÇOIS, G. R. *Psychological theories and human learning.* 2nd ed. Monterey: Cal, Brooks/ Cole Publishing Co., 1982. 348 p.

HERGENHAHN, B. R.; OLSON, M. H. *An introduction to theories of learning.* 4th ed. Englewood Cliffs, NJ: Prentice Hall, 1993. 500 p.

HILGARD, E. R. *Teorias da aprendizagem.* 2. ed., 4. reimp. São Paulo: Editora Pedagógica e Universitária Ltda, 1973. 692 p.

HILL, W. F. *Learning* – a survey of psychological interpretations. 5th ed. New York: Harper Collins Publishers, 1990. 257 p.

34 Teorias de Aprendizagem

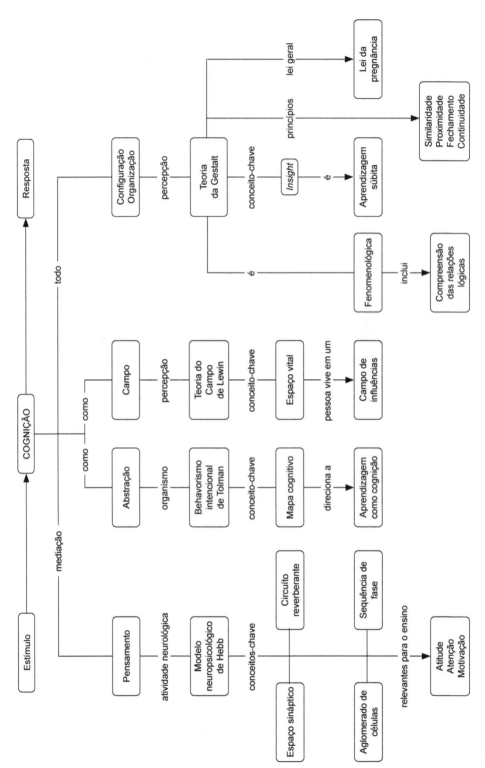

Figura 2.1 Um diagrama de conceitos relevantes para teorias cognitivas antigas.

| Capítulo 3

A teoria behaviorista de Skinner[1]

Objetivo

A finalidade deste capítulo é dar uma visão resumida do enfoque de B. F. Skinner à teoria E-R e suas implicações para o ensino e a aprendizagem.

Introdução

Existem várias abordagens à teoria E-R (estímulo-resposta), algumas datando, inclusive, de fins do século XIX ou início do século XX. Tais abordagens são chamadas *teorias conexionistas*, no sentido de que supõem que todas as respostas (comportamentos) são eliciadas por estímulos, ou seja, partem da ideia de *conexão* entre estímulo e resposta. As teorias conexionistas mais antigas estão associadas aos nomes de Ivan P. Pavlov (1849-1936), John B. Watson (1878-1958) e Edward L. Thorndike (1874-1949). Posteriormente, os principais enfoques conexionistas foram os propostos por Clark L. Hull (1884-1952), Edwin R. Guthrie (1886-1959) e B. F. Skinner (1904-1990). Destes, apenas o de Skinner será discutido neste capítulo. Trata-se de um enfoque que teve enorme influência nos procedimentos e materiais usados em sala de aula no ensino de qualquer disciplina principalmente nas décadas de 1960 e 1970. Considerando que tal abordagem será tratada resumidamente neste capítulo, recomenda-se ao leitor que, para aprofundamento, recorra à bibliografia indicada ao final. Alguns dos livros que constam na bibliografia têm edições revisadas bem mais recentes.

---

1   MOREIRA, M. A. (1995). Monografia n. 3 da *Série Enfoques Teóricos*. Porto Alegre. Instituto de Física da UFRGS. Originalmente divulgada, em 1980, na série "Melhoria do Ensino", do Programa de Apoio ao Desenvolvimento do Ensino Superior (PADES)/UFRGS, n. 11. Publicada, em 1985, no livro *Ensino e aprendizagem: enfoques teóricos*. São Paulo: Editora Moraes, p. 9-20. Revisada em 1995.

36 Teorias de Aprendizagem

Skinner nasceu em Susquehanna, Pennsylvania; graduou-se em inglês no Hamilton College, em Nova Iorque, e fez mestrado e doutorado em psicologia em Harvard, onde posteriormente foi professor por mais de 40 anos.

O behaviorismo de Skinner

A abordagem skinneriana é essencialmente periférica. Ela não leva em consideração o que ocorre na mente do indivíduo durante o processo de aprendizagem. O que interessa é o comportamento observável, isto é, Skinner não se preocupa com os processos intermediários entre o estímulo (E) e a resposta (R):

> Ele (Skinner) não está preocupado com processos, construtos intermediários, mas sim com o controle do comportamento observável por meio das respostas do indivíduo. Isso não significa negar que esses processos existam, mas que ele acredita serem eles neurológicos em sua natureza e que obedecem a certas leis. Desde que são previsíveis e obedecem a leis que podem ser identificadas, esses processos intermediários geram e mantêm *relações funcionais* entre as variáveis que o compõem, quais sejam, variáveis de *"input"* e variáveis de *"output"* (Estímulos e Respostas). (Oliveira, 1973, p. 49)

Na verdade, Skinner não se considera um teórico da aprendizagem. Ele não imaginava seu trabalho como uma teoria, e sim uma análise funcional, isto é, uma análise das relações funcionais entre estímulo e resposta. Ele simplesmente ignorava as variáveis intervenientes e concentrava-se no controle e predição das relações entre as variáveis de *input* (estímulos) e de *output* (respostas).

As principais variáveis de *input* na abordagem skinneriana são (Oliveira, 1973): *estímulo* (evento que afeta os sentidos do aprendiz); *reforço* (evento que resulta no aumento da probabilidade da ocorrência de um ato que imediatamente o precedeu); *contingências de reforço* (arranjo de uma situação para o aprendiz, na qual a ocorrência de reforço é tornada contingente à ocorrência imediatamente anterior de uma resposta a ser aprendida).

As variáveis de *output* são as *respostas* que o aprendiz dá. Para Skinner, há dois grandes tipos de respostas ou comportamentos: *operantes* e *respondentes*. De acordo Milhollan e Forisha (1978, p. 71-72), o comportamento respondente ("reflexo" ou "involuntário") compreende todas as respostas de seres humanos – e outros organismos –, que são eliciadas involuntariamente frente a determinados estímulos – por exemplo, a contração da pupila em presença de um feixe luminoso incidindo no olho, o arrepio dos pelos da pele em presença de uma lufada de ar frio. De um modo geral, todas as respostas que podem ser identificadas como "reflexos" são exemplos de comportamentos respondentes. Já o comportamento operante inclui uma gama muito mais ampla de respostas. Na realidade, a maior parte do comportamento humano é operante: o indivíduo atua (opera) sobre o meio. O comportamento operante inclui tudo o que fazemos e que tem um efeito sobre o mundo exterior ou opera nele. Enquanto os comportamentos respondentes são provocados automaticamente por determinados estímulos, o mesmo não ocorre com os operantes: estes podem ou não ser exibidos por indivíduos em presença de certos estímulos. Não se sabe *a priori* qual estímulo provocará a emissão de uma determinada resposta.

A cada um destes tipos de comportamento está associado um *condicionamento*. Assim, o comportamento respondente está associado ao *condicionamento respondente*. Skinner acreditava que o condicionamento respondente desempenha um papel pouco importante na maior parte do comportamento humano. É por meio do *condicionamento operante* que ele pensava ser adquirida a maior parte da conduta humana. A diferença entre esses dois tipos, assim como maiores detalhes sobre estímulo e reforço, encontram-se nas seções seguintes.

Teoria do reforço: definições

O comportamento é controlado por suas consequências

Recompensas e punições desempenham um papel importante na vida diária. As pessoas tendem a se comportar do modo a obter recompensas e a evitar punições. Em muitos casos, as ações das pessoas são descontinuadas ou aumentadas pelas consequências dos efeitos que produzem no indivíduo. Podem-se utilizar recompensas e situações dolorosas para modificar, implantar ou extinguir comportamentos.

Reforço positivo ou negativo

O termo *reforçador positivo* é usado aproximadamente como sinônimo do termo mais comum *recompensa*. No entanto, uma recompensa pode ou não ser reforçador positivo, ou seja, pode haver diferença de opinião, entre aquele que dá e aquele que recebe, sobre o que constitui uma recompensa. Dessa forma, *apenas* aqueles eventos ou objetos que vêm após um comportamento e, subsequentemente, aumentam a sua frequência são definidos como reforçadores positivos.

Por outro lado, pode-se dizer que um estímulo *reforçador negativo* é aquele que fortalece a resposta que o remove ou enfraquece a resposta que o produz. Assim como recompensa, punição não é um termo técnico, porque pode haver diferença entre indivíduos à diminuição da frequência da resposta.

Condicionamento

O procedimento de introduzir um reforçador positivo imediatamente após uma resposta, resultando em um aumento na frequência daquela resposta, é chamado *condicionamento*. Diz-se de uma resposta cuja frequência foi aumentada desta maneira que ela foi *condicionada*.

Existe uma diferença entre condicionamento e aprendizagem. O termo aprendizagem é razoavelmente definido como "uma mudança no comportamento produzida pela experiência". Portanto, aprendizagem é um termo muito mais amplo do que condicionamento, cobrindo a pletora de atividades e habilidades que animais e seres humanos adquirem mediante o contato com seu meio. O significado de condicionamento é muito mais específico e exato do que o de aprendizagem: é o aumento na frequência de uma resposta que foi recentemente associada com um reforçador positivo sob condições explícitas.

Condicionamento operante e respondente

Temos falado sobre um tipo geral de procedimento de condicionamento chamado *condicionamento operante*. Condicionamento operante é o processo no qual um reforçador vem imediatamente após uma resposta, sendo o reforçador definido como um evento ou objeto que aumenta a frequência de uma resposta à qual se seguiu.

Um outro tipo geral de procedimento de condicionamento é chamado *condicionamento respondente*. No condicionamento respondente, um estímulo reforçador é aquele que seguramente elicia uma dada resposta, mas não precisa aumentar a frequência da resposta à qual segue. Por exemplo, um feixe de luz incidindo sobre o olho de uma pessoa elicia uma contração da pupila. Mas esse feixe de luz provavelmente não atuará como reforçador em um procedimento de condicionamento operante. No condicionamento respondente, se um estímulo reforçador é emparelhado com um estímulo neutro, após repetidos emparelhamentos dos dois estímulos, o neutro adquire as características do reforçador e passa, então, a eliciar a resposta. Por exemplo, se uma campainha é sempre tocada imediatamente antes de o feixe de luz incidir sobre o olho, a campainha acabará eliciando a pupila independentemente do feixe.

O termo *condicionamento* foi inicialmente associado com o condicionamento respondente e, mais tarde, estendeu-se para incluir o conceito de condicionamento operante. É inapropriado que as palavras *condicionamento* e *reforçamento* sejam usadas em ambas as situações, uma vez que processos fundamentalmente diferentes podem estar envolvidos. Condicionamento foi inicialmente introduzido como um termo técnico psicológico por uma tradução errônea do trabalho do fisiólogo russo Ivan Pavlov. Ele falou de um estímulo incondicional e um estímulo condicional. O estímulo incondicional – o feixe de luz, por exemplo – era aquele que normalmente eliciava uma resposta específica. O condicional só se tornava um estímulo para a resposta de contração da pupila se fosse emparelhado com o estímulo incondicional – no caso, o feixe de luz. Condicional e incondicional foram, no entanto, erroneamente traduzidos como condicionado e incondicionado.

Examinemos o seguinte diagrama em que E refere-se ao estímulo e R, à resposta (Keller, 1972, p. 16):

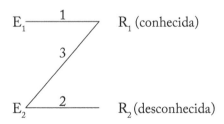

Provavelmente, deveríamos dizer que no condicionamento respondente são pareados dois reflexos, duas conexões de estímulo-resposta, em vez de dois estímulos. O condicionamento requer a formação de um terceiro reflexo, composto do estímulo *neutro* e da resposta ao estímulo *eliciador*. Pavlov reconhecia isso. O terceiro reflexo era o seu reflexo condicionado e referia-se aos dois reflexos sobre os quais se baseava como *incondicionados*. Referia-se, do mesmo modo, a estímulos condicionados e incondicionados. O som da campainha era um estímulo incondicionado para alguma outra resposta – um sobressalto, por exemplo – antes de o condicionamento ser iniciado (*ibid.*).

O condicionamento de Pavlov, como ele o formulava, aplicava-se especialmente à atividade glandular, e ele trabalhava principalmente com as glândulas salivares. Mas aplica-se igualmente bem à atividade muscular lisa, ou da espécie envolvida quando a pupila se dilata, os vasos sanguíneos se contraem ou os pelos da pele se arrepiam. Além destas, Pavlov achava que sua lei aplicava-se também às atividades *motoras* ou musculares estriadas, movimentos da cabeça, pernas, dedos etc. Acredita-se hoje, no entanto, que o condicionamento de Pavlov trata não de operantes, mas exclusivamente de respondentes.

Em termos de E e R, o *condicionamento operante* pode ser representado da seguinte maneira:

$$R \longrightarrow E$$

R é a resposta (ato comportamental); $\rightarrow$ significa "leva a", e E é o estímulo reforçador.

Extinção e esquecimento

O procedimento de *extinção* consiste na suspensão do reforço de uma resposta condicionada. Tipicamente, o comportamento em extinção mostra uma redução gradual na frequência de uma resposta como resultado do procedimento de extinção até que a resposta ocorra tão frequentemente quanto ocorria antes do condicionamento.

Esquecimento é considerado uma diminuição na probabilidade de que uma resposta ocorra como consequência de esta resposta não ter sido emitida durante muito tempo. Podemos dizer que o procedimento de esquecimento consiste em evitar que uma resposta ocorra por um período de tempo depois que foi condicionada.

A diferença entre os dois procedimentos é a seguinte: no procedimento de esquecimento, impede-se que a resposta ocorra por um período de tempo; no procedimento de extinção, permite-se que a resposta ocorra, mas o reforço não é dado. Os comportamentos de esquecimento e extinção são semelhantes no sentido de que ambos consistem em uma diminuição na frequência da resposta. Eles são diferentes no sentido de que o comportamento de esquecimento se dá em virtude da falta de oportunidade para responder, e o comportamento de extinção ocorre por causa da resposta sem esforço.

Termos

- *Condicionamento acidental:* no procedimento, associam-se inadvertidamente um reforçador positivo e uma resposta.

- *Comportamento supersticioso:* comportamento fortalecido mediante procedimento de condicionamento acidental.

- *Reforçamento diferencial:* reforçar somente um membro ou resposta de uma classe de respostas e ignorar todos os outros membros.

- *Classe de respostas:* um agrupamento de todas as respostas que têm pelo menos uma característica em comum.

- *Diferenciada:* uma resposta que foi fortalecida como resultado de reforçamento diferencial.

- *Diferenciação de resposta:* o fortalecimento de uma resposta de uma classe de respostas em razão de reforçamento positivo de uma resposta de uma classe de respostas e não reforçamento das demais.

Modelagem ou método de aproximações sucessivas

É um reforçamento positivo de respostas que, a princípio, se assemelham – só muito ligeiramente – ao comportamento terminal que o experimentador ou psicólogo deseja que o sujeito apresente. Por meio de um processo gradual, as respostas que se assemelham cada vez mais ao comportamento terminal são sucessivamente condicionadas até que o próprio comportamento terminal seja condicionado.

- *Resposta ou comportamento inicial:* o comportamento ou resposta que o experimentador escolhe para reforçar e que está relacionada ao comportamento terminal em pelo menos uma dimensão significativa. A resposta inicial deve ser apresentada pelo sujeito no começo do procedimento de modelagem.

- *Resposta ou comportamento terminal:* a resposta ou comportamento que o experimentador deseja condicionar no sujeito. O sujeito não o apresenta correntemente.

- *Respostas ou comportamentos intermediários:* são aqueles que devem ser condicionados no sujeito durante o procedimento a fim de que, por meio de aproximações sucessivas, o sujeito chegue a exibir o comportamento terminal.

Cada comportamento intermediário reforçado no método de aproximações sucessivas pode ser considerado como elo de uma cadeia que tem uma única função: a ocorrência da resposta terminal.

Modelagem e diferenciação de respostas

Outro meio de produzir mudanças no comportamento é o procedimento chamado *diferenciação de respostas*. A diferenciação de respostas é obtida mediante o reforçamento consistente de uma resposta de uma classe de respostas com a exclusão de todos os outros membros dessa classe.

A *modelagem* é uma técnica muito mais ampla do que a diferenciação de respostas. Em um procedimento de modelagem, podem estar incluídos vários exemplos isolados de diferenciação de respostas. Sob certas condições, onde se aplica o método de aproximações sucessivas, tal método pode consistir em uma série de diferenciações de respostas sucessivas. Na modelagem, a diferenciação de respostas é, em geral, um objetivo intermediário. Depois que este foi atingido, o reforço precisa ser aplicado a outra resposta cujo condicionamento aproxima ainda mais o psicólogo do comportamento terminal escolhido.

Para que ocorra diferenciação de respostas, o comportamento a ser diferenciado deve estar ocorrendo pelo menos com uma frequência mínima. A simples diferenciação de respostas não pode produzir novas respostas; para isso, deve ser usada a modelagem.

Discriminação

Procedimento de discriminação: condicionar uma resposta na presença de um estímulo e extingui-la na presença de outro.

- *Estímulo discriminativo (E^D):* o estímulo ao qual está associado o reforçamento.
- *E^Δ (E delta):* estímulo ao qual não está associado o reforçamento.
- *Comportamento de discriminação:* um aumento na frequência de resposta na presença de E^D e um decréscimo na frequência de resposta em presença de E^Δ por causa dos procedimentos usados no treino de discriminações.
- Os componentes mínimos necessários para estabelecer uma discriminação são: um E^D, um E^Δ e uma resposta. Pode-se representar uma discriminação respondente da seguinte maneira (Keller, 1972, p. 46):

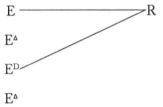

Do mesmo modo, pode-se representar uma discriminação operante da seguinte maneira (*ibid.*):

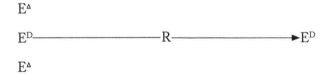

Generalização

- *Classe de estímulo (ou conceito):* conjunto de estímulos que têm pelo menos uma propriedade comum entre si.

- *Comportamento conceitual:* responder da mesma maneira a todos os estímulos de uma classe de estímulos, mas não responder dessa maneira a estímulos fora daquela classe; uma generalização dentro de um conceito ou classe de estímulos e uma discriminação entre conceitos ou classe de estímulos.

- *Generalização de estímulo:* responder de modo similar a estímulos diferentes; é o oposto da discriminação.

Geralmente, quando dois ou mais estímulos são muito semelhantes fisicamente, ocorrerá uma considerável generalização entre eles, sendo que o comportamento discriminativo é difícil de ser estabelecido. Se dois estímulos forem completamente diferentes, provavelmente haverá apenas uma pequena generalização de estímulos entre eles; por outro lado, uma boa discriminação será facilmente estabelecida.

Esmaecimento (*Fading*)

- *Técnica de esmaecimento:* dois estímulos diferentes são apresentados diferindo ao longo de duas dimensões. Uma dimensão é gradualmente modificada até que não haja mais diferença entre os dois estímulos no que se refere a essa dimensão.

- *Dimensões do estímulo:* maneiras pelas quais dois objetos podem ser considerados similares ou diferentes.

O aspecto mais relevante da técnica de esmaecimento é o de que ela envolve mudança gradual. A modelagem também envolve mudança gradual, mas, na modelagem, a própria resposta é mudada pelo reforço diferencial; na técnica de *fading*, no entanto, a resposta permanece a mesma: são os objetos, eventos ou estímulos a ser discriminados que mudam.

Por exemplo, em um tratamento clínico para levar um deficiente mental a identificar seu próprio nome escrito em um cartão, pode-se iniciar o procedimento com dois cartões de cores muito distintas, um com o nome do sujeito e o outro com algum nome qualquer. Condiciona-se, então, o sujeito a escolher o cartão certo em função da cor; feito isso, vai-se variando gradualmente a cor do cartão que está com o nome correto até que fique igual à do outro de modo que a única diferença esteja no nome.

Termos

- *Reforçador condicionado (ou secundário):* um evento ou um objeto que adquire sua propriedade reforçadora pela associação com outros reforçadores.

- *Reforçador incondicionado (ou primário):* um evento ou objeto que não requer associação anterior com outros reforçadores a fim de ter propriedades reforçadoras; relacionado com a sobrevivência do organismo.

- *Reforçador condicionado generalizado*: reforçador condicionado que adquire sua eficácia por meio da associação com uma ampla variedade de outros reforçadores.

- *Reforço social:* reforço condicionado consistindo de tipos de atenção dada por outros membros da comunidade.

- *Cadeia de estímulo e resposta:* uma sequência de estímulos discriminativos e respostas nos quais cada resposta produz uma mudança do meio, que atua como um estímulo discriminativo para a resposta seguinte.

O processo instrucional segundo a abordagem skinneriana

Para Skinner, o reforço (positivo) e as contingências de reforço têm papel preponderante na aprendizagem (Oliveira, 1973, p. 50-51):

> Skinner não enfatiza a análise de estímulos. Para ele o importante é não concentrar-se no lado dos estímulos, mas sim do lado do reforço, sobretudo nas *contingências de reforço*. Isso também significa que numa situação de aprendizagem, a partir das respostas do sujeito e a partir do reforço estabelecido para essa resposta, é que vamos analisar a probabilidade daquela resposta ocorrer novamente e, assim, controlar o comportamento. Para Skinner, aprendizagem ocorre devido ao reforço. Não é a presença do estímulo ou a presença da resposta que leva à aprendizagem, mas, sim, é a presença das contingências de reforço. O importante é saber arranjar as situações de maneira que as respostas dadas pelo sujeito sejam reforçadas e tenham sua probabilidade de ocorrência aumentada.

Na perspectiva skinneriana, o ensino se dá apenas quando o que precisa ser ensinado pode ser colocado sob controle de certas contingências de reforço. O papel do professor no processo instrucional é o de arranjar as contingências de reforço de modo a possibilitar ou aumentar a probabilidade de que o aprendiz exiba o comportamento terminal, isto é, que ele dê a resposta desejada (a ser aprendida). Portanto, a programação de contingências, mais do que a seleção de estímulos propriamente dita, é a função principal do professor. Programar contingências significa dar o reforço no momento apropriado, significa reforçar respostas que provavelmente levarão o aprendiz a exibir o comportamento terminal desejado. Estão aí implícitas as ideias de aproximações sucessivas e modelagem.

Exemplos de aplicação da abordagem skinneriana: Instrução Programada, método Keller, objetivos operacionais (comportamentais)

Instrução Programada

A Instrução Programada é uma aplicação direta do enfoque skinneriano, cujos princípios básicos são:

1. *Pequenas etapas:* A informação é apresentada por meio de um grande número de pequenas e fáceis etapas. O uso de pequenas etapas facilita a emissão de respostas a serem reforçadas e diminui a probabilidade de cometer erros (segundo Skinner, o erro cometido é aprendido e, portanto, os erros devem ser minimizados e os acertos, maximizados).

2. *Resposta ativa:* O aluno aprende melhor se participa ativamente da aprendizagem.

3. *Verificação imediata:* O aluno aprende melhor quando verifica sua resposta imediatamente.

4. *Ritmo próprio:* Cada aluno pode trabalhar tão rápida ou lentamente quanto desejar.

5. *Teste do programa:* Teste por meio da atuação do aluno. Se a apresentação de algum quadro (*frame*) não estiver clara, isto se refletirá nas respostas do estudante.

Maiores detalhes sobre Instrução Programada e construção de quadros podem ser encontrados em:

- GREEN, J. G. *The learning process and programmed instruction.* New York: Holt, Rinehart and Winston Inc. 1962.

- MARKLE, S. M. *Good frames and bad: A grammar of frame writing.* New York: John Wiley & Sons Inc., 1969.

Na prática, textos programados contêm pequenas lacunas de modo a evitar erros, e o aprendiz vai preenchendo com seu próprio ritmo e imediatamente verificando se acertou (o que deve ocorrer se o programa estiver bem feito). A resposta correta está, de alguma maneira, oculta (coberta com um cartão, na página seguinte, no fim etc.), mas facilmente verificável. Ao preencher corretamente uma lacuna, o aluno se sente reforçado e, portanto, estimulado a continuar desenvolvendo o programa. Como os passos são muito pequenos, a instrução programada geralmente se torna extensa e, às vezes, aborrecedora para o estudante.

Método Keller[2]

O método Keller, também conhecido por *Sistema de Instrução Personalizada*, é um tipo de ensino individualizado baseado na Instrução Programada e na teoria do reforço positivo, cujas características básicas são as seguintes:

1. O ritmo próprio, o qual permite ao estudante progredir ao longo do curso com uma velocidade compatível com suas habilidades e com a sua disponibilidade de tempo em função de outras demandas;

2. O completo domínio do material de cada unidade como condição para avanço, o qual permite que o aluno passe para a próxima unidade do curso somente após ter demonstrado pleno domínio sobre o conteúdo da unidade precedente;

3. O uso de aulas teóricas e demonstrações como veículos de motivação em vez de fontes de informação;

4. A ênfase na palavra escrita de modo que materiais escritos constituem-se na maior fonte de informação e aprendizagem;

---

2   MOREIRA, M. A. Observações e comentários sobre dois sistemas de ensino individualizado. *Revista Brasileira de Física*, v. 3, p. 157-171, 1973.

5. O uso de monitores, estudantes escolhidos em função do domínio demonstrado sobre o conteúdo do curso, o qual permite repetida testagem do aluno, avaliação imediata, tutoria e um crescimento do aspecto social e da interação interpessoal no processo educacional.

Para se usar o método Keller, o conteúdo do curso deve ser dividido em um número relativamente grande de unidades, cada uma delas acompanhada de um guia de estudos (ou roteiro) contendo objetivos, indicações de textos a serem lidos, sugestões de problemas e questões, referências bibliográficas complementares e, se necessário, material introdutório e explanatório do conteúdo de cada unidade. O estudante prepara a unidade de acordo com o ritmo, tempo e local que preferir e, quando se sente suficientemente preparado, apresenta-se a um monitor para a realização de um teste escrito. Esse teste é avaliado imediatamente pelo monitor em presença do aluno, e possivelmente as respostas dadas serão discutidas com ele a fim de verificar se o aluno está ou não em condições de passar para a unidade seguinte. Em caso positivo, ele recebe o roteiro da unidade seguinte. Em caso negativo, o estudante pode submeter-se a novo teste tantas vezes quantas forem necessárias. Seu grau (nota, conceito final) não é afetado pelo número de vezes em que ele for testado em uma certa unidade. O importante é que o aluno demonstre domínio sobre o conteúdo de cada unidade independentemente do número de testes necessários para isso.

Como se pode depreender desta breve descrição, este método está baseado nos princípios da Instrução Programada: o curso está dividido em unidades (pequenas etapas), o aluno trabalha com ritmo próprio e dá resposta ativa (prepara a unidade, faz testes), a correção é imediata (verificação imediata) e, obviamente, os roteiros devem ser revisados frequentemente (testagem do programa). Mas existem diferenças, *e.g.*, as unidades não são *frames*, a resposta ativa não é simplesmente preencher uma lacuna, a verificação imediata não é só conferir se está certo ou errado. Além disso, há o uso de monitores, o qual implica uma diferença fundamental.

Por outro lado, o método Keller está claramente baseado na teoria do reforço. O próprio conjunto de unidades é uma grande cadeia de estímulos e respostas. As instruções de cada unidade funcionam como estímulo discriminativo para o aluno, levando-o à emissão dos comportamentos esperados. O "completar uma unidade" funciona como reforço positivo e aumenta a probabilidade de o aluno dar nova resposta, isto é, preparar a unidade seguinte. Elogios do professor ou monitor são usados como reforço positivo, principalmente no início da sequência de unidades. As unidades são preparadas de modo a modelar o comportamento do aluno por meio de aproximações sucessivas.

Objetivos operacionais

Talvez, a mais clara manifestação do comportamentalismo de Skinner no ensino em sala de aula tenha sido a ênfase na definição operacional de objetivos, típica dos anos setenta. O ensino era organizado a partir de objetivos claramente definidos, precisamente definidos, que explicitavam com exatidão aquilo que o aluno deveria ser capaz de fazer – e sob quais condições – após receber a instrução correspondente. Tais objetivos eram os comportamentos que os alunos deveriam exibir após a instrução. Quando eram, de fato, exibidos, isso era tomado como evidência de aprendizagem e de ensino eficaz.

Tecnologia educacional, engenharia de instrução, enfoque sistêmico e outras terminologias desse tipo, que hoje estariam em desuso, refletem a grande influência do behaviorismo de Skinner na instrução. Atualmente, do ponto de vista instrucional, diz-se que esse enfoque promovia muito mais a aprendizagem mecânica, automática, do que a aprendizagem significativa. Contudo, este texto é introdutório e não tem por objetivo criticar o behaviorismo nem analisar as causas de seu declínio como referencial para a organização do ensino – mesmo porque hoje fala-se muito em competências com significados semelhantes aos dos objetivos comportamentais e volta-se a falar em engenharia didática.

Conclusão

Do ponto de vista teórico-filosófico, o behaviorismo tem também sofrido fortes críticas: dos que têm uma orientação fenomenológica – considerando o ser humano como a fonte de todos atos e, essencialmente, livre para fazer escolhas em cada situação –, opondo-se, portanto, à ótica condutivista que vê o indivíduo como um organismo governado por estímulos ambientais externos; daqueles que seguem uma linha cognitivista e se ocupam dos mecanismos internos da mente, exatamente aqueles ignorados pela perspectiva behaviorista; de outros que não suportam a ideia de aplicar ao comportamento humano princípios estudados experimentalmente com animais inferiores. Enfim, são muitas as críticas. Se procedem ou não, é algo totalmente fora do escopo deste capítulo.

A título de conclusão, na Figura 3.1 é proposto um mapa conceitual para o behaviorismo de Skinner.

Bibliografia

DIB, C. Z. *Tecnologia da educação e sua aplicação à aprendizagem de Física*. São Paulo: Pioneira, 1974. 226 p.

HILGARD, E. R. *Teorias da aprendizagem*. São Paulo: E.P.U, 1973. 692 p.

KELLER, F. S. *Aprendizagem*: teoria do reforço. São Paulo: Herder, 1972. 96 p.

MILHOLLAN, F. E.; FORISHA, B. E. *Skinner x Rogers*: maneiras contrastantes de encarar a educação. São Paulo: Summus, 1978. 193 p.

OLIVEIRA, J. B. A. *Tecnologia educacional*: teorias da instrução. 2. ed. Petrópolis: Vozes, 1973. 158 p.

SKINNER, B. F. *Tecnologia do ensino*. São Paulo: Herder, 1972. 260 p.

WHALEY, D. L.; MALOTT, R. W. *Elementary principles of behavior*. New York: Appleton – Century – Crofts, 1971. 454 p.

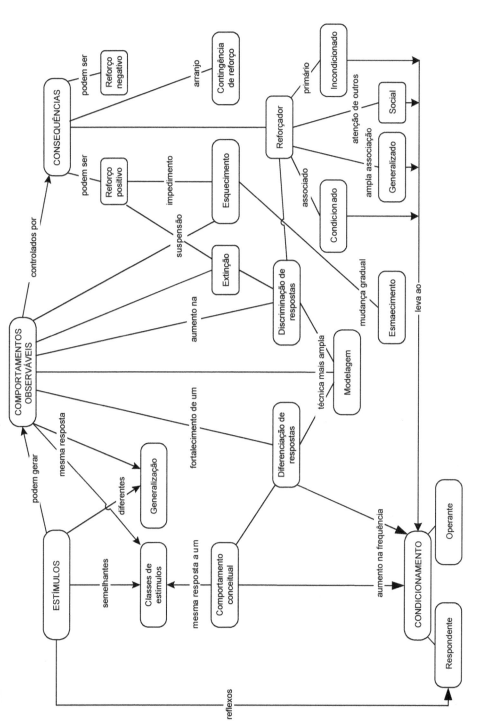

Figura 3.1 Um mapa conceitual para o behaviorismo de Skinner.

Capítulo 4

A teoria das hierarquias de aprendizagem de Gagné[1]

TEORIAS DE
TEORIAS
TEORIAS
TEORIAS
TEORIAS
**TEORIAS DE
APRENDIZAGEM**
APRENDIZAGEM
APRENDIZAGEM
APRENDIZAGEM
APRENDIZAGEM
APRENDIZAGEM

Objetivo

A intenção deste capítulo é dar ao leitor uma visão geral da teoria de Robert Gagné (1971; 1980) e suas implicações para o ensino e a aprendizagem. A palavra "teoria" está sendo usada aqui sem maior rigor, pois o próprio Gagné refere-se ao seu trabalho em termos de "condições de aprendizagem", "tipos de aprendizagem", "princípios de aprendizagem". Trata-se de uma teoria na medida em que procura relacionar e/ou unificar princípios de aprendizagem de modo a explicar fatos específicos observados.

Obviamente, em face do caráter superficial deste capítulo, para um melhor entendimento da teoria de Gagné, é indispensável consultar as obras desse autor indicadas ao final, principalmente a mais atualizada (Gagné, 1980).[2]

Introdução

A primeira edição do livro de *The Conditions of Learning*, de Gagné, foi publicada em 1965 e a quarta, em 1985. Nesse período, sua teoria evoluiu de uma perspectiva bastante behaviorista para uma outra predominantemente cognitiva (Driscoll, 1994, p. 333). Ao longo dessa evolução, foram incorporadas à teoria três componentes principais: 1) uma série típica de eventos que acompanham cada ato de aprendizagem; 2) uma taxonomia de resultados de aprendizagem; 3) condições específicas necessárias para alcançar cada

---

1 MOREIRA, M. A. (1995). Monografia n. 4 da *Série Enfoques Teóricos*. Porto Alegre, Instituto de Física da UFRGS. Originalmente divulgada, em 1980, na série "Melhoria do Ensino", do Programa de Apoio ao Desenvolvimento do Ensino Superior (PADES)/UFRGS n. 12. Publicada, em 1985, no livro *Ensino e Aprendizagem*: enfoques teóricos, São Paulo: Editora Moraes. p. 21-35. Revisada em 1995.

2 Ao longo deste capítulo, quando não houver menção específica, as páginas citadas referir-se-ão a esta obra.

resultado (*ibid.*). Cada um desses componentes será enfocado nas seções seguintes, nas quais deverá ficar claro que a base da teoria de Gagné é o processamento de informações.

Robert M. Gagné (1916-2002) começou a desenvolver ideias que constituem o que se chama de sua teoria quando foi diretor, de 1949 a 1958, do laboratório de habilidades motoras e perceptuais da Força Aérea Americana. Mais tarde, foi Professor de Educação da Universidade do Estado da Flórida, em Tallahasse, Estados Unidos. Para ele, aprendizagem é algo que ocorre na cabeça, no cérebro do sujeito.

A aprendizagem segundo Gagné

A aprendizagem é uma mudança de estado interior que se manifesta por meio da mudança de comportamento e na persistência dessa mudança (p. 139). Um observador externo pode reconhecer que houve aprendizagem quando observa a ocorrência de uma *mudança comportamental* e a *permanência* desta mudança (p. 5). Segundo Gagné, a aprendizagem é, portanto, uma mudança comportamental persistente. Ele chama atenção, no entanto, para a existência de uma classe comportamental persistente que não se caracteriza como aprendizagem e que se constitui na *maturação, i.e.,* mudanças resultantes do desenvolvimento de estruturas internas. Enquanto a aprendizagem tipicamente ocorre quando o indivíduo responde e recebe estimulação de seu ambiente externo, a maturação requer somente crescimento interno (p. 5).

Consequentemente, a mudança comportamental persistente, a qual Gagné chama de aprendizagem, refere-se àquela que ocorre quando o indivíduo interage com o seu ambiente externo. A aprendizagem é, segundo ele (p. 48), ativada por uma variedade de tipos de estimulação provenientes do ambiente do indivíduo. Essa estimulação se constitui em insumo (*input*) para os processos de aprendizagem. O exsumo (*output*) é uma modificação do comportamento que é observada como um desempenho humano.

À primeira vista, o conceito de aprendizagem proposto por Gagné insere-se no contexto de uma abordagem behaviorista, ou seja, do tipo "estímulo-resposta". Entretanto, Gagné focaliza o processo da aprendizagem – contrariamente à posição de Skinner, por exemplo, que não está preocupado com processos intermediários (entre o estímulo e a resposta), e sim com o controle do comportamento por meio das respostas do indivíduo. Na abordagem skinneriana, o que interessa é o comportamento observável, e não o que ocorre na mente do indivíduo durante o processo de aprendizagem; na abordagem de Gagné, a aprendizagem é algo que se realiza "dentro da cabeça" do indivíduo, e é destacada a importância das teorias de aprendizagem:

> A fim de planejar eventos externos ao aluno que ativarão e manterão a aprendizagem, deve-se adquirir uma concepção do que ocorre "dentro da cabeça do aluno". Isto é o que o conhecimento dos princípios da aprendizagem e da teoria da aprendizagem fornece. (p. 3)

Segundo Gagné (p. 4), a aprendizagem é um processo formalmente comparável a outros processos humanos orgânicos e, como tal, o conhecimento sobre a aprendizagem pode ser acumulado por meio dos métodos científicos. Desse conhecimento, decorrem princípios da aprendizagem que, por sua vez, quando inter-relacionados de forma consistente e racional, originam modelos do processo de aprendizagem e, finalmente, teorias da aprendizagem.

No que concerne a teorias de aprendizagem, Gagné ressalta aquela conhecida como "teoria de processamento da informação". Segundo ele (p. 14), de acordo com esse tipo de teoria, os processos que se precisa compreender a fim de explicar o fenômeno da aprendizagem são aqueles que realizam determinados tipos de *transformações* de "insumos" em "exsumos" – de maneira um tanto análoga às operações de um computador. Essas formas diferentes de transformação são chamadas *processos de aprendizagem* e se constituem naquilo que ocorre "dentro da cabeça do estudante". Gagné inclusive apresenta e discute (p. 14-17) um modelo básico de aprendizagem e memória derivado de teorias de processamento de informação. Nesse modelo, propõe que o "fluxo de informação" (a estimulação proveniente do ambiente) afeta os "receptores" do aprendiz e entra no sistema nervoso por intermédio de um "registrador sensorial". Após ser codificada no "registrador sensorial", a informação sofre nova codificação ao entrar na "memória de curta duração". A permanência na "memória de curta duração" é relativamente breve, da ordem de segundos, de modo que, se a informação é para ser lembrada, ela deve ser novamente transformada e entrar "na memória de longa duração". A informação proveniente, tanto da "memória de breve duração" quanto da de "longa duração", passa para um "gerador de respostas" que tem a função de transformar a informação em ação. Essa ação é o que capacita o observador externo a notar se a estimulação teve o seu efeito esperado, ou seja, que a "informação foi processada" e o indivíduo, de fato, aprendeu (p. 17).

Obviamente, esta é apenas uma visão superficial do modelo proposto por Gagné, coerente com o caráter também superficial deste texto.

Eventos da aprendizagem

Gagné distingue entre eventos externos e internos:

> Alguns dos eventos que produzem um incidente de aprendizagem são *externos* ao estudante. Estas são as coisas mais facilmente observáveis: a estimulação que atinge o estudante e os produtos (incluindo a informação escrita e falada) que resultam de sua resposta. Além disso, muitos eventos da aprendizagem são *internos* ao estudante e são inferidos de observações feitas externamente. Estas atividades internas, que se julga ocorram no sistema nervoso central do estudante, são chamadas *processos* de aprendizagem. (p. 26)

Um determinado ato de aprendizagem é precedido e seguido por eventos de aprendizagem. A série típica de eventos que acompanham um ato de aprendizagem pode, segundo Gagné (p. 26-44), ser analisada por meio de oito fases, a cada uma das quais ele dá um nome, além de identificar o processo interno envolvido na mesma:

Fase	Processo
Motivação	Expectativa
Apreensão	Atenção; percepção seletiva
Aquisição	Codificação; entrada de armazenamento
Retenção	Armazenamento na memória

Fase	Processo
Rememoração	Recuperação
Generalização	Transferência
Desempenho	Resposta
Retroalimentação	Reforço

Obviamente, para que a aprendizagem possa ocorrer, o estudante deve estar motivado. Essa motivação pode ser estabelecida com o desenvolvimento, no aluno, de um processo denominado *expectativa,* que é uma antecipação da "recompensa" que ele obterá quando atingir algum objetivo. O estabelecimento da *motivação* é uma fase preparatória para um ato de aprendizagem. A próxima fase é a de *apreensão,* e os processos aí envolvidos são *atenção* e *percepção seletiva.* O estudante deve prestar atenção às partes da estimulação total que são relevantes ao objetivo de aprendizagem a fim de percebê-las seletivamente e apreendê-las. Para que a percepção seletiva seja possível, as diversas características da estimulação externa necessitam ser distinguidas ou discriminadas. Após a observação e a percepção da estimulação externa, segue-se a fase da *aquisição,* a qual inclui o que Gagné denomina de incidente essencial da aprendizagem – o momento no tempo em que alguma entidade recém-formada entra na memória de curta duração para ser mais tarde adicionalmente transformada em um "estado persistente" na memória de longa duração. O processo aí envolvido é o da *codificação:* há uma transformação da entidade percebida em uma forma que é mais facilmente armazenada. O que foi aprendido e, de alguma forma, alterado pelo processo de codificação é, então, na fase seguinte, *armazenado na memória:* é a fase da *retenção.* A fim de se qualificar como uma mudança de comportamento persistente, um ato de aprendizagem deve incluir uma fase na qual o que foi aprendido é relembrado de forma que possa ser exibido por meio de um desempenho. Essa é a fase da *rememoração,* e o processo envolvido é o da *recuperação* (*i.e.,* a recuperação do que foi armazenado na memória). Seguem-se, então, a fase da *generalização* e o processo da *transferência:* espera-se que o aprendiz seja capaz de usar o que foi aprendido em contextos diferentes daquele que cercou a aprendizagem original. A fase seguinte é a do *desempenho* tornado possível pelo ato da aprendizagem, e o processo nela envolvido é o da *resposta* do estudante. Essa fase prepara caminho para a seguinte: a da *retroalimentação* (*feedback*) ou conhecimento dos resultados da aprendizagem. O desempenho do aluno tem uma função essencial para o observador ou professor, pois ele comprova que a aprendizagem ocorreu, que o comportamento foi modificado. Uma vez que o aluno exibiu o novo desempenho, tornado possível pela aprendizagem, ele imediatamente percebe que atingiu o objetivo antecipado. Essa retroalimentação (conhecimento dos resultados da aprendizagem) informativa é o que teóricos da aprendizagem consideram a essência do processo denominado reforço. O "ciclo da aprendizagem" é fechado pelo reforço (p. 41).

Resultados de aprendizagem

Como já foi dito, a aprendizagem estabelece *estados persistentes* no aprendiz, os quais tornam possíveis os desempenhos observáveis. Gagné denomina esses estados persistentes de *capacidades* e justifica dizendo que é uma palavra que deixa implícito que tais estados tornam o indivíduo capaz de determinados desempenhos (p. 48). Ele propõe que existem cinco categorias de capacidades humanas que podem ser aprendidas, *i.e.*, cinco categorias principais de resultados de aprendizagem:

1. Informação verbal;
2. Habilidades intelectuais;
3. Estratégias cognitivas;
4. Atitudes;
5. Habilidades motoras.

Destas, a mais enfatizada por Gagné é a das habilidades intelectuais; por essa razão, ela será apresentada com maior detalhe após breves referências às demais.

A aprendizagem de *informação verbal* como uma capacidade indica que o indivíduo é capaz de enunciar, em forma proposicional, o que aprendeu. Pode dizer ou escrever ou, por outro lado, representar a informação aprendida na forma de sentença (proposição) (p. 50). As *estratégias cognitivas* são capacidades internamente organizadas das quais o aluno faz uso para guiar sua própria atenção, aprendizagem, rememoração e pensamento. Por exemplo, o aluno utiliza uma estratégia cognitiva quando presta atenção às várias características do que está lendo; o que aprende pode ser uma habilidade intelectual ou uma informação (p. 60). Como capacidades aprendidas, as *atitudes* (escolhas de ação pessoal) são algumas vezes acopladas, no pensamento, com *valores*. Estes são geralmente considerados mais gerais, enquanto as atitudes são mais especificamente orientadas para preferências particulares. As atitudes são também referidas como *o domínio afetivo* (p. 62). As *habilidades motoras* são aprendidas em conexão com atividades humanas comuns, como dirigir um carro, usar uma máquina de escrever ou tocar um instrumento musical. Como capacidades humanas aprendidas, elas tornam possível a execução precisa, suave e exatamente sincronizada de desempenhos que envolvam o uso de músculos (p. 63).

Habilidades intelectuais

Em termos simples, elas constituem o "saber como" – em comparação com o "saber o que" da informação. Podem ser subdivididas em muitas categorias, e estas podem ser ordenadas segundo a complexidade da operação mental que está subjacente às mesmas. Além disso, elas estão relacionadas entre si, já que as habilidades mais complexas requerem aprendizagem prévia de habilidades mais simples (p. 53).

No texto de 1971 (Gagné, 1971)[3], Gagné distingue oito tipos de aprendizagens ordenadas hierarquicamente como indicadas na Figura 4.1. Ela é quase que autoexplicativa, dispensando, pois, maiores comentários. Além disso, ela é parcialmente reproduzida na Figura 4.2, sobre a qual serão feitos alguns comentários. Observe-se, no entanto, que na Figura 4.1 as habilidades intelectuais são referidas simplesmente como tipos de aprendizagens. Note-se também que, segundo a figura, a aprendizagem "estímulo-reação" não

---

3 Este texto é a primeira edição da tradução para o português do original em inglês *The Conditions of Learning*, publicado pela primeira vez em 1965, nos Estados Unidos.

necessariamente requer como pré-requisito a aprendizagem de "sinais", enquanto toda as as demais obedecem a uma escala de pré-requisitos. De acordo com Gagné (1971, p. 53):

> É tentador dizer que as conexões E-R (tipo 2) exigem como requisito prévio a aprendizagem de sinais (tipo 1). Pode ser verdade, mas não nos parece possível apresentar tal conclusão com plena confiança, a partir das provas de que dispomos presentemente. Ela ficará, pois, como uma proposição a ser ulteriormente esclarecida pelas pesquisas experimentais.

A Figura 4.2 é essencialmente igual à Figura 4.1, a não ser pelo fato de que os quatro primeiros tipos de aprendizagens (sinais, estímulo-reação, cadeias e associações verbais) foram agrupados nos chamados "tipos simples de aprendizagem" e de que os nomes dos dois últimos foram trocados por outros.

A aprendizagem de *discriminações* é simplesmente outro nome para a "aprendizagem perceptiva". Para responder ao seu ambiente por meio dos símbolos, o aluno deve primeiramente adquirir a habilidade simples de distinguir as características de um objeto das de outro, o que inclui distinguir um símbolo de outro. Uma discriminação aprendida é a capacidade de *distinguir* uma característica de estimulação de outra ou um símbolo de outro. Quando concluída a aprendizagem de discriminações, ela tem como resultado a *seleção perceptiva* das características do meio ambiente do aprendiz (p. 54). Uma vez adquirida a capacidade de discriminar, o indivíduo está apto a aprender *conceitos*. Segundo Gagné (p. 55), a forma mais simples de conceitos são os *conceitos concretos*, que são *classes* de qualidades de objetos e eventos. A capacidade aprendida denominada *conceito concreto* capacita o indivíduo a *identificar* uma classe de objetos, de qualidades de objetos ou de relações, "indicando" um ou mais exemplos de classe (ou separando exemplos de não exemplos). Entretanto, alguns exemplos de objetos, de qualidade de objetos e de relações não podem ser identificados por meio de indicações. Ao contrário, eles precisam ser *definidos* por meio de uma sentença (ou proposição). Gagné dá como exemplo o conceito de obstáculo, cujo significado precisa ser comunicado em uma sentença tal como "um obstáculo é algo que obstrui o caminho", uma vez que não seria possível identificar a classe inteira do conceito "obstáculo" indicando alguns exemplos (p. 56).

Um aluno adquiriu um conceito definido quando ele é capaz de demonstrar, ou mostrar, como utilizar a definição. Na verdade, o *conceito definido* é um caso especial da habilidade denominada *regra*. Segundo Gagné (p. 57), é muito comum pensar em uma regra como uma enunciação verbal, mas a enunciação de uma regra é meramente a representação dela. A regra em si é uma capacidade aprendida individualmente pelo estudante. Diz-se que o estudante aprendeu uma regra quando pode "segui-la" nos seus desempenhos. É uma capacidade aprendida que torna possível ao indivíduo fazer alguma coisa usando símbolos geralmente da língua e da matemática. Essa capacidade de *fazer* alguma coisa necessita, no entanto, ser distinguida daquela de *enunciar*, que é a capacidade de *informação verbal* já mencionada.

Observe-se que, na Figura 4.1, em vez de *regras* aparecem *princípios*, mas princípios são cadeias de conceitos, assim como regras o são. Talvez, contudo, a mudança de terminologia deva-se à ênfase dada agora em aprendizagem de regras como uma capacidade que habilita o indivíduo a fazer alguma coisa usando símbolos – se bem que a aprendizagem de princípios também implicaria utilizá-los para fazer alguma coisa. Finalmente, cabem comentários referentes às habilidades intelectuais denominadas *regras superiores*, que na Figura 4.1 correspondem à *solução de problemas*. De acordo com Gagné (p. 58), algumas vezes o aluno chega a regras mais complexas pela combinação de outras mais simples. Normalmente, quando isso acontece, está ocupado na solução de um problema novo. A regra de ordem superior que resulta é verificada por meio de um desempenho que se aplica ao problema em questão e talvez a outros similares. Portanto, a diferença entre "regras" e "regras de ordem superior" está apenas na complexidade. Para chegar-se à solução de um problema (*i.e.*, a uma regra de ordem superior), é preciso lançar mão de várias regras mais simples (princípios) que são pré-requisitos.

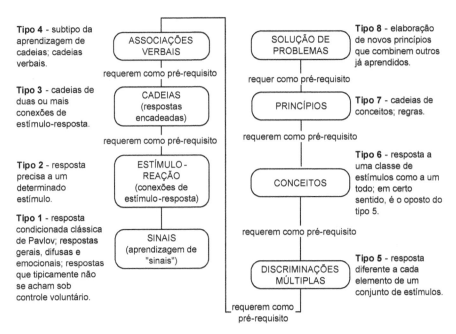

Figura 4.1 Os oito tipos de aprendizagem propostos por Gagné.

Hierarquias de aprendizagem

De acordo com a teoria de Gagné, qualquer habilidade intelectual pode ser analisada em termos de habilidades mais simples que necessitem ser combinadas para produzir sua aprendizagem. Por meio de tal análise, torna-se geralmente evidente que as habilidades mais simples que representam os "pré-requisitos imediatos" podem, por sua vez, ser analisadas para identificar habilidades ainda mais simples das quais elas são compostas. Esse processo de análise revela o que se chama de uma "hierarquia de aprendizagem", a qual nada mais é do que um "mapa das habilidades subordinadas a alguma habilidade mais complexa que deve ser aprendida" (p. 76).

Na Figura 4.2, são apresentados os nomes e a ordem das habilidades intelectuais tal como propostas por Gagné posteriormente (1980,[4] p. 53).

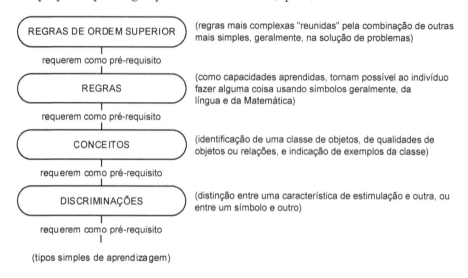

Figura 4.2 Tipos de habilidades intelectuais segundo Gagné (1980).

As Figuras 4.3 e 4.4 apresentam exemplos de hierarquias de aprendizagem na área da Física. Nelas, o *problema* (ou *regra de ordem superior*) está no retângulo que ocupa o topo da hierarquia. Logo abaixo, estão vários retângulos contendo *regras* (ou *princípios*) que deverão ser utilizadas na solução do problema – ou, em outras palavras, pré-requisitos que o aluno deverá dominar e ser capaz de combinar para resolver o problema. Finalmente, na parte inferior dessas figuras estão os *conceitos*, que são pré-requisitos para as regras, e as *discriminações*, que, por sua vez, são pré-requisitos para a aprendizagem dos conceitos. Abaixo das discriminações estariam outras habilidades intelectuais mais simples que lhes são pré-requisitos.

Nesses exemplos, foram incluídas várias regras "óbvias", como determinar o valor de x em uma equação do tipo $x = a \cdot b \cdot c$, substituir valores numéricos em equações, efetuar as quatro operações. Isso foi feito propositadamente, pois, embora "óbvias", tais regras são, de fato, pré-requisitos para outras mais complexas. Quanto aos conceitos, por uma questão de simplicidade, foram listados apenas alguns dos que estariam direta ou indiretamente envolvidos na solução dos problemas propostos. Cabe também registrar que algumas das "regras" incluídas nas Figuras 4.3 e 4.4 são, na verdade, problemas, como é o caso do cálculo da velocidade da partícula a partir de sua energia cinética (Figura 4.4). Nesse caso, tem-se uma sub-hierarquia dentro da hierarquia proposta.

Os exemplos dados nas Figuras 4.3 e 4.4 ilustram, então, o posicionamento de Gagné, segundo o qual a aprendizagem de habilidades intelectuais obedece a uma ordem hierárquica que se inicia com conexões de estímulo-resposta, passando por cadeias, conceitos

---

[4] A referência utilizada (Gagné, 1980) como base neste trabalho é a tradução para o português do texto *Essentials of Learning for Instruction*, publicado em 1975, nos Estados Unidos.

e regras, até chegar à solução de problemas. Note-se que as setas nessas figuras apontam todas para cima, sugerindo, assim, uma hierarquia vertical de baixo para cima, do mais simples para o mais complexo.

Estratégias cognitivas

Estratégias cognitivas são maneiras por meio das quais o ser que aprende dirige sua própria aprendizagem, seu pensamento, suas ações e seus sentimentos. Gagné concebe as estratégias cognitivas como representando as funções de controle executivo do processamento de informação (Driscoll, 1994, p. 341). Como tal, os aprendizes utilizam essas estratégias para monitorar sua própria atenção, para ajudá-los a codificar melhor novas informações e para melhorar sua capacidade de lembrarem-se de informações críticas no momento em que elas forem necessárias (na hora de uma prova, por exemplo). Podem chegar a tais estratégias por seu próprio ensaio e erro – ou se pode ensiná-los explicitamente aquelas que foram eficazes com outros aprendizes (*ibid.*).

Desenvolver estratégias cognitivas únicas e eficazes é tipicamente considerado parte de aprender a aprender e de aprender a pensar independentemente. Contudo, uma dificuldade para considerar as estratégias cognitivas como um resultado desejado de aprendizagem é que elas são difíceis de medir, de avaliar. Como as estratégias cognitivas são geralmente empregadas a serviço de outros objetivos de aprendizagem, é o alcance (ou não) desses objetivos que é registrado, notado, evidenciado – não as estratégias utilizadas (*ibid.*).

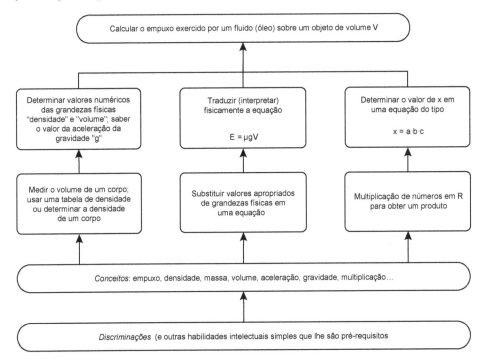

Figura 4.3 Exemplo de hierarquia de aprendizagem em Física segundo a teoria de Gagné. (M. A. Moreira, 1980).

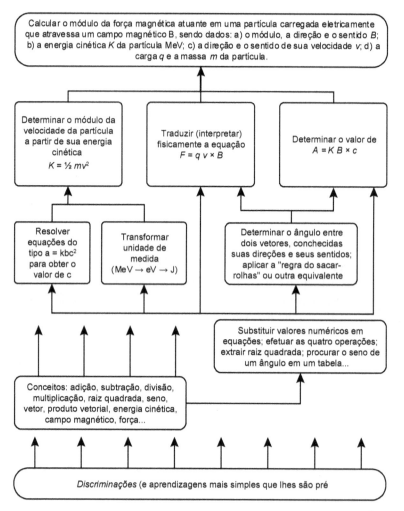

Figura 4.4 Exemplo de hierarquia de aprendizagem em Física segundo a teoria de Gagné. (M. A. Moreira, 1980).

A instrução e o papel do professor segundo Gagné

A aprendizagem é definida por Gagné como uma mudança comportamental persistente. Um ato de aprendizagem pode ser analisado em termos de uma série de eventos cujas fases precedem ou seguem o incidente essencial de aprendizagem, que é a fase da *aquisição*. Para cada fase da aprendizagem, é concebida a existência de um ou mais processos internos no sistema nervoso central do aluno que transformam a informação até que ele responda com um desempenho.

Por sua vez, esses processos internos da aprendizagem podem ser influenciados por eventos externos, por estimulação do ambiente do indivíduo – como, por exemplo, explicações do professor ou um livro de texto. Eventos externos que são planejados com o propósito de iniciar, ativar e manter a aprendizagem no aluno recebem o nome geral de *instrução* (p. 2; 42). A instrução é, portanto, a atividade de planejamento e execução de eventos externos (ou condições externas) à aprendizagem com a finalidade de influenciar os processos internos para atingir determinados objetivos. Os objetivos são as capacidades a serem aprendidas, *i.e.*, descrições verbais daquilo que deve ser aprendido.

Ao professor cabe a tarefa de promover a aprendizagem por meio da instrução. Planejar a instrução, administrar e avaliar sua eficácia mediante a avaliação da aprendizagem do aluno. É uma espécie de "gerente" da instrução, cuja tarefa é planejar, delinear, selecionar e supervisionar a organização de eventos externos com o objetivo de influenciar os processos internos de aprendizagem. Uma vez planejada a instrução, é necessário ministrá-la ao aluno. Tanto ao planejar como ao ministrar a instrução (bem como ao avaliar seus resultados), o professor deve tomar muitas decisões, e é nesse sentido que pode ser visto como um "gerente" da instrução ou um organizador dos eventos externos da aprendizagem.

Conclusão

O objetivo deste capítulo foi dar ao leitor uma visão geral das ideias de Gagné sobre ensino-aprendizagem. Para isso, exceto nos exemplos de hierarquias de aprendizagem e em um ou outro parágrafo, utilizou-se a própria linguagem de Gagné. Se o objetivo foi alcançado ou não, é impossível saber-se aqui; porém, reitera-se: para uma melhor compreensão das proposições de Gagné, principalmente com vistas à sua utilização como sistema de referência para a organização do ensino, é indispensável consultar a bibliografia citada. No entanto, um diagrama que pode ajudar na compreensão dessa teoria é o que aparece na Figura 4.5.

Em termos de teorias ou abordagens ao ensino e à aprendizagem, Gagné parece situar-se entre o behaviorismo e o cognitivismo. Por um lado, fala em estímulos, respostas, estimulação do ambiente, comportamentos etc., mas, por outro, fala muito em processos internos de aprendizagem e enfatiza a importância das teorias de aprendizagem para a instrução.

Nesse sentido, sugere-se ao leitor comparar a teoria de Gagné com a abordagem behaviorista de Skinner (1972) e com a teoria cognitiva de David Ausubel, Novak e Hanesian (1980).

Bibliografia

AUSUBEL, D. P., NOVAK, J. D.; HANESIAN, H. *Psicologia educacional.* Rio de Janeiro: Interamericana, 1980. 650 p.

DRISCOLL, M. P. *Psychology of learning for instruction.* Boston: Allyn and Bacon, 1994. 409 p.

GAGNÉ, R. M. *Como se realiza a aprendizagem.* Rio de Janeiro: Ao Livro Técnico S.A., 1971. 270 p.

GAGNÉ, R. M. *Princípios essenciais da aprendizagem para o ensino.* Trad. Rute V. A. Baquero. Porto Alegre: Globo, 1980. 175 p.

SKINNER, B. F. *Tecnologia do ensino.* São Paulo: Herder, 1972. 260 p.

Capítulo 4 A teoria das hierarquias de aprendizagem de Gagné **61**

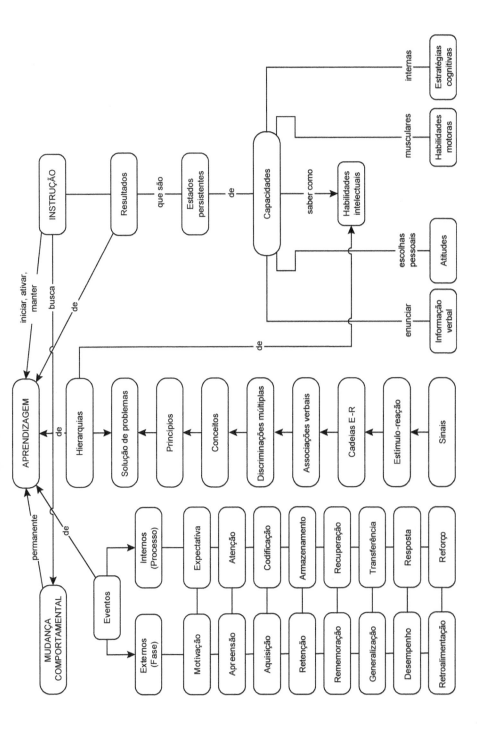

Figura 4.5 Um diagrama de principais conceitos e processos da Teoria das Hierarquias de Aprendizagem de Robert Gagné.

Capítulo 5

A teoria de ensino de Bruner[1]

TEORIAS DE
TEORIAS
TEORIAS
TEORIAS
TEORIAS
TEORIAS DE
APRENDIZAGEM
APRENDIZAGEM
APRENDIZAGEM
APRENDIZAGEM
APRENDIZAGEM
APRENDIZAGEM

Objetivo

A finalidade deste capítulo é dar ao leitor uma visão sumária das proposições de Jerome Bruner (1969, 1973, 1976), Professor de Psicologia e Diretor do Centro de Estudos Cognitivos da Universidade de Harvard, quanto à natureza do desenvolvimento intelectual e quanto a uma teoria de ensino que leve em conta este desenvolvimento. Trata-se, portanto, de uma tentativa de resumir a "teoria de Bruner" e, como tal, não é suficiente para uma perfeita compreensão do posicionamento desse autor. Para isso, obviamente, torna-se necessário recorrer à bibliografia indicada.

Introdução

Bruner é talvez mais conhecido por ter dito que "é possível ensinar qualquer assunto, de uma maneira honesta, a qualquer criança em qualquer estágio de desenvolvimento" (1969, 1973, 1976) do que por qualquer outro aspecto de sua teoria. Ao dizer isso, no entanto, ele não quis dizer que o assunto poderia ser ensinado em sua forma final, e sim que seria sempre possível ensiná-lo desde que se levasse em consideração as diversas etapas do desenvolvimento intelectual. Cada uma dessas etapas é caracterizada por um modo particular de representação, que é a forma pela qual o indivíduo visualiza o mundo e explica-o a si mesmo.

---

1   MOREIRA, M. A. (1995). Monografia n. 5 da *Série Enfoques Teóricos*. Porto Alegre, Instituto de Física da UFRGS. Originalmente divulgada, em 1980, na série *Melhoria do Ensino*, do Programa de Apoio ao Desenvolvimento do Ensino Superior (PADES)/UFRGS, n. 13. Publicada, em 1985, no livro *Ensino e aprendizagem: enfoques teóricos*. São Paulo: Editora Moraes. pp. 37-47. Revisada em 1995 e 2008; Carlos Alberto dos Santos, Professor do IFUFRGS, é coautor da versão original.

Assim, a tarefa de ensinar determinado conteúdo a uma criança em qualquer idade é a de representar a estrutura desse conteúdo em termos da visualização que a criança tem das coisas.

Para Bruner, o que é relevante em uma matéria de ensino são sua estrutura, suas ideias e suas relações fundamentais. Essa seria aparentemente a principal ideia de Bruner a respeito do que ensinar (aparentemente porque, como será explicado na conclusão deste trabalho, Bruner, mais tarde, de certa forma desenfatizou o papel da estrutura).

Quanto à questão de como ensinar, Bruner destaca o processo da descoberta pela exploração de alternativas e o currículo em espiral. Segundo Bruner, "o ambiente ou conteúdos de ensino têm que ser percebidos pelo aprendiz em termos de problemas, relações e lacunas que deve preencher, a fim de que a aprendizagem seja considerada significante e relevante. Portanto, o ambiente para aprendizagem por descoberta deve proporcionar alternativas – resultando no aparecimento e percepção, pelo aprendiz, de relações e similaridades, entre as ideias apresentadas, que não foram previamente reconhecidas... a descoberta de um princípio ou de uma relação, por uma criança, é essencialmente idêntica – enquanto processo – à descoberta que um cientista faz em seu laboratório" (Oliveira, 1973, p. 34). Currículo em espiral, por sua vez, significa que o aprendiz deve ter oportunidade de ver o mesmo tópico mais de uma vez em diferentes níveis de profundidade e em diferentes modos de representação.

Desenvolvimento intelectual

A ideia de desenvolvimento intelectual ocupa um lugar fundamental na teoria de Bruner, pois, para ele "ensinar é, em síntese, um esforço para moldar o desenvolvimento" e "uma teoria de ensino versa, com efeito, sobre as várias maneiras de auxiliar o desenvolvimento" (1969, p. 15).

Ao se referir à natureza do desenvolvimento intelectual, ele considera, entre outros, os seguintes aspectos (1969, pp. 19-21):

- "O desenvolvimento intelectual caracteriza-se por independência crescente da resposta em relação à natureza imediata do estímulo."

- "O desenvolvimento intelectual baseia-se em absorver eventos, em um sistema de armazenamento que corresponde ao meio ambiente."

- "O desenvolvimento intelectual é caracterizado por crescente capacidade para lidar com alternativas simultaneamente, atender a várias sequências ao mesmo tempo, e distribuir tempo e atenção, de maneira apropriada, a todas essas demandas múltiplas."

Do ponto de vista de Bruner, uma questão básica relativa ao desenvolvimento é a da *representação*, ou seja, o indivíduo, ao se desenvolver, deve adquirir meios de *representar* o que ocorre no seu ambiente; deve ser capaz de conservar em um modelo a experiência decorrente da estimulação do meio e de recuperar a informação por meio desse mesmo modelo.

De maneira um tanto análoga aos períodos do desenvolvimento propostos por Piaget (pré-operacional, operacional concreto e operacional formal), Bruner distingue três modos de representação do mundo pelos quais passa o indivíduo:

1. *Representação ativa:* Neste estágio, o trabalho mental da criança consiste principalmente em estabelecer relações entre a experiência e a ação; seu interesse consiste em manipular o mundo por meio da ação (1973, p. 32).

   Essa etapa corresponde aproximadamente ao período compreendido entre a aquisição da linguagem e a época em que a criança começa a aprender a manipular símbolos. É, pois, característica da criança em idade pré-escolar. Neste estágio, é extremamente difícil ensinar certas ideias físicas, como a conservação da massa, porque falta à criança aquilo que a escola de Genebra denominou *reversibilidade*. Assim, a criança não consegue entender que a massa e o peso de um objeto se conservam mesmo quando se altera a forma desse objeto.

2. *Representação icônica:* Neste estágio, a criança já está na escola; trata-se de um estágio operacional (concreto) – contrariamente ao anterior, que era meramente ativo (pré-operacional). É operacional no sentido de manipulação direta de objetos ou interna, como quando se manipulam mentalmente símbolos que representam coisas e relações. De um modo geral, uma "operação" é uma maneira de obter, na mente, dados sobre o mundo real de modo que possam ser organizados e utilizados seletivamente na solução de problemas. Uma operação pode, nesse estágio, ser uma ação, mas difere da ação típica do estágio anterior porque agora é interiorizada e reversível – interiorizada porque a criança já não precisa resolver um problema por meio de um processo direto de ensaio e erro, mas pode realmente efetuá-lo em sua mente; reversível porque uma operação pode ser compensada pela operação inversa. Se dividirmos um conjunto de bolinhas de gude em subconjuntos, a criança pode compreender intuitivamente que o conjunto original pode ser restabelecido juntando os subconjuntos (Bruner, 1973, p. 34).

   Enquanto a representação ativa baseia-se, ao que parece, na aprendizagem de respostas e na formação de hábitos, a icônica está regida fundamentalmente por princípios de organização perceptiva e pelas transformações econômicas dessa organização (Bruner, 1969, p. 25).

3. *Representação simbólica:* corresponde ao período designado como das "operações formais" pela escola de Genebra.

No primeiro estágio (ativo), a criança era capaz de resolver seus problemas pela ação pura e simples. Ela tinha um modo de representação ativo. No segundo, ela já era capaz de interiorizar a ação, e as tentativas de resolução de um problema podiam ser feitas mentalmente. No entanto, seu poder simbólico era limitado. A criança era capaz de estruturar apenas a realidade imediatamente presente, não estando inteiramente apta a tratar de possibilidades novas. Somente no terceiro estágio é que isso se dá:

> Nesse ponto, a atividade intelectual da criança parece basear-se antes numa capacidade para operar com proposições hipotéticas, do que em permanecer restrita ao que já experimentou, ou ao que tem diante de si. A criança pode, então, pensar a respeito de

possíveis variáveis e, até mesmo, deduzir relações potenciais que, mais tarde, podem ser verificadas pelo experimento ou pela observação. Nesta fase, as operações intelectuais parecem apoiar-se na mesma espécie de operações lógicas que constituem o instrumental do logicista, cientista ou pensador abstrato. Neste ponto é que a criança está apta a dar expressão formal ou axiomática às ideias concretas que, anteriormente, orientavam a resolução de problemas, mas não podiam ser descritas, ou formalmente compreendidas. (Bruner, 1973, p. 35)

Depreende-se desses três modos de representação que os indivíduos passam por três estágios de processamento e representação de informações: um caracterizado pelo manuseio e ação; outro, pela organização perceptiva e imagens; o terceiro, pela utilização de símbolos. Segundo Bruner, não são exatamente "estágios", e sim fases internas do desenvolvimento. Embora essas fases se desenvolvam sequencialmente, uma não substitui a outra. Como adultos, continuamos a representar tanto ativa como iconicamente, além de simbolicamente. Por exemplo, "sabemos" como andar de bicicleta ou como dar uma tacada em um jogo de bilhar, principalmente em termos sensoriais, em termos de nosso corpo – quer dizer, essas habilidades estão "representadas" em nossos músculos –, e não tanto por meio de ícones ou símbolos. Por outro lado, reconhecemos certos objetos muito mais por meio de imagens do que simbólica ou ativamente. Segundo Bruner, temos, portanto, pelo menos três modos distintos para representar não só os efeitos de nossas experiências sensoriais, mas também nossos pensamentos (Lefrançois, 1982, p. 162).

Características de uma teoria de ensino

Bruner argumenta que as teorias psicológicas de aprendizagem e desenvolvimento são descritivas, enquanto uma teoria de ensino deve, além de levar em conta tais teorias, ser prescritiva: deve principalmente concentrar-se em como otimizar a aprendizagem e facilitar a transferência ou a recuperação de informações; deve também estabelecer regras concernentes à melhor maneira de obter conhecimentos e técnicas.

Ele distingue quatro características principais de uma teoria de ensino (1976, p. 48):

> Em primeiro lugar, deve apontar as experiências mais efetivas para implantar em um indivíduo a *predisposição para a aprendizagem* – aprendizagem em geral, ou qualquer caso particular dela.

> Deve, em segundo lugar, especificar como deve ser estruturado um *conjunto de conhecimentos*, para melhor ser apreendido pelo estudante. A 'estrutura ótima' será constituída de uma série de proposições da qual poderá decorrer um conjunto de conhecimentos de maiores dimensões, sendo característica a dependência da sua formulação para com o grau de adiantamento do campo particular do conhecimento...

> Em terceiro lugar, uma teoria de ensino deverá citar qual a *sequência mais eficiente* para apresentar as matérias a serem estudadas. Se alguém quer ensinar a estrutura da teoria da Física Moderna, como deve fazê-lo? Apresentando inicialmente matérias concretas, de maneira a despertar curiosidade sobre as regularidades decorrentes? Ou com uma notação matemática, formal, que simplificará a representação das regularidades a serem encontradas? Quais os resultados de cada método? E qual a mistura ideal?

Deve, finalmente, uma teoria da instrução deter-se na *natureza e na aplicação dos prêmios e punições*, no processo de aprendizagem e ensino. Intuitivamente, parece claro que, com o progresso da aprendizagem, chega-se a um ponto em que é melhor abster-se de premiações extrínsecas como elogios do professor, em favor da recompensa intrínseca, inerente à solução de um problema complexo.

Cada uma dessas características será discutida, com algum detalhe, a seguir.

Predisposições

Embora reconheça a grande influência de fatores culturais, motivacionais e pessoais no desejo de aprender e de tentar solucionar problemas, Bruner concentra sua atenção na *predisposição para explorar alternativas*. Partindo da premissa de que o estudo e a resolução de problemas baseiam-se na exploração de alternativas, propõe que a instrução deverá facilitar e ordenar tal processo por parte do aluno.

Existem três fatores envolvidos no processo de exploração de alternativas: *ativação, manutenção* e *direção*. A ativação é aquilo que dá início ao processo, a manutenção o mantém e a direção evita que ele seja caótico. Segundo Bruner (1976, p. 51):

A condição básica para ativar a exploração de alternativas, em uma tarefa, é ter um nível ótimo de incerteza. Curiosidade é uma resposta à incerteza e à ambiguidade. Rotinas escleurosadas provocam pouca ou nenhuma exploração; rotinas por demais incertas despertam confusão e angústia, reduzindo a tendência a explorar.

Uma vez iniciada a exploração, sua manutenção exige que os benefícios das alternativas exploradas excedam os riscos envolvidos. Aprender qualquer coisa com o auxílio de um instrutor, desde que o ensino seja eficiente, deverá implicar menos perigo ou sacrifício que fazê-lo por conta própria. Ou seja, as consequências dos erros, ao explorar falsas alternativas, devem ser abrandadas em um regime de instrução, e os resultados a obter, nas alternativas corretas, correspondentemente aumentados.

Dar direção consciente à exploração baseia-se em duas considerações interdependentes: o sentido da meta de uma tarefa e o conhecimento da importância de verificar as alternativas para atingir tal meta. Para dar direção à exploração, em resumo, o objetivo da tarefa precisa ser conhecido, com alguma aproximação, e a verificação das alternativas deverá sempre informar a posição com referência ao citado objetivo.

Bruner, portanto, enfatiza a aprendizagem por descoberta – porém, de uma maneira "dirigida", de modo que a exploração de alternativas não seja caótica ou cause confusão e angústia no aluno. Se, por um lado, um guia de laboratório ou um roteiro de estudo, por exemplo, não devem ser do tipo "receita de cozinha", por outro, não devem também ser totalmente desestruturados, deixando o aluno "perdido". Deve haver um compromisso entre instruções detalhadas a serem seguidas passo a passo e "instruções" que deixam o aluno sem saber o que fazer. As instruções devem ser dadas de modo a explorar alternativas que levem à solução do problema ou à "descoberta".

Estrutura e forma de conhecimento

Bruner apresenta quatro razões para ensinar a estrutura de uma disciplina (Bruner, 1973, p. 21):

a) Entender os fundamentos torna a matéria mais compreensível. Isso é verdade não só em Física e Matemática, mas igualmente em Estudos Sociais e Literatura.

b) A segunda razão relaciona-se com a memória humana. Talvez o que de mais básico se pode dizer sobre a memória humana após um século de pesquisa intensiva é que rapidamente se esquece um pormenor a não ser que esteja colocado dentro de um padrão estruturado. Os pormenores conservam-se na memória graças ao uso de modos simplificados de representá-los. Essas representações simplificadas têm o que se pode chamar de caráter regenerativo. Aprender os princípios gerais ou fundamentais assegura-nos de que a perda de memória não significa uma perda total, pois com o que nos fica (o princípio geral) podemos reconstruir os pormenores quando for necessário. Uma boa teoria é veículo não apenas para a compreensão de um fenômeno como também para sua rememoração futura.

c) Uma compreensão de princípios e ideias fundamentais, como já se observou anteriormente, parece ser o principal caminho para uma adequada "transferência de aprendizagem". Compreender algo como exemplo específico de um caso mais geral – que é o que significa compreender um princípio ou estrutura mais fundamental – é ter aprendido não só alguma coisa específica, mas também um modelo para a compreensão de outras coisas semelhantes que se pode encontrar.

d) Pelo reexame constante do que estiver sendo ensinado nas escolas primárias e secundárias em seu caráter fundamental, é possível diminuir a distância entre o conhecimento "avançado" e o conhecimento "elementar". Parte da dificuldade que hoje em dia se verifica na passagem da escola primária para a superior por meio do curso secundário é que as matérias que se aprendem nos primeiros estágios estão completamente desatualizadas ou são insatisfatórias por se arrastarem com extremo atraso em relação aos desenvolvimentos em determinado campo. Essa distância pode reduzir-se graças ao relevo que dermos à estrutura do conhecimento, conforme se expôs na discussão anterior.

A estrutura de uma matéria apresenta, segundo Bruner, três características fundamentais, todas elas ligadas à habilidade do estudante para dominar o assunto:

1. Forma da representação utilizada;
2. Economia;
3. Potência efetiva.

As *formas de representação* já foram apresentadas no item do desenvolvimento intelectual. Como vimos, existem três tipos de representação: *ativa*, *icônica* e *simbólica*.

Para Bruner (1976, p. 52), qualquer matéria pode ser ensinada nesses três níveis de representação. No caso da representação ativa, a matéria seria apresentada sob a forma de um conjunto de ações apropriadas para obter determinado resultado; um conjunto de imagens resumidas ou gráficos que representam conceitos, sem defini-los completamente, seria o caso de uma representação icônica; finalmente, na representação simbólica, a matéria seria apresentada na forma de um conjunto de proposições, lógicas ou simbólicas, derivado de um sistema simbólico regido por normas ou leis para formar ou transformar proposições.

A *economia na representação* de um domínio de conhecimento está relacionada com a quantidade de informação a ser conservada na mente e a ser processada para se resolver algum problema ou entender novas proposições. Um exemplo trivial são as relações da Física. No caso da queda livre, seria extremamente "antieconômico" se tivéssemos que guardar todas as alturas e os tempos nos mais diversos campos gravitacionais. Em vez disso, simplesmente gravamos que $h = gt^2/2$, que é uma forma extremamente econômica de representar o problema da queda livre.

A *potência efetiva* de uma estruturação é caracterizada pela capacidade de um estudante para relacionar assuntos aparentemente distintos. Refere-se, portanto, "ao valor generativo um conjunto de ideias ou raciocínios aprendidos. Ou seja, o poder efetivo que um aprendiz tem de descobrir algo por uma análise muito refinada, ou ainda, o poder que tem de enfrentar uma determinada tarefa intelectual" (Oliveira, 1975, p. 87).

Em suma, "a potência efetiva alcançada por um estudante em particular, é o que se procura verificar através de uma análise detalhada de como está realmente progredindo no estudo" (Bruner, 1976, p. 55).

Sequência e suas aplicações

A questão da sequência na aprendizagem parece ser intuitiva para grande maioria dos que lidam com o ensino. Parece que a diferença entre Bruner e outros autores, nesse caso particular, refere-se ao fato de que ele formaliza a questão e a coloca em termos operacionais. Assim, ele identifica cabedal de informações, estágio de desenvolvimento, natureza da matéria e diferenças individuais como variáveis importantes no estabelecimento da sequência de uma matéria. Outro vínculo importante é a necessidade de se considerar o processo da descoberta, ou seja, "na sequência do material a ser aprendido deve-se deixar a possibilidade de exploração de alternativas, de maneira que, em certos pontos, o aluno deve ser encorajado a explorar divergentes caminhos, antes de enveredar-se e aprofundar-se em uma das alternativas. É necessário especificar, em qualquer sequência, o nível de incerteza em que se deve apresentar o material ao aprendiz antes de iniciar a busca de alternativas, e sempre deixar um nível de tensão razoável que mantenha o aluno procurando e atento para a resolução de problemas" (Oliveira, 1975, p. 88). Assim como no caso da estrutura as formas de representação eram importantes, aqui também elas assumem posição de destaque. A sequência ótima deve ir da representação ativa para a icônica – e daí para a simbólica, ainda que Bruner acredite que um aluno que tenha um sistema simbólico bem desenvolvido possa saltar os dois primeiros estágios.

Forma e distribuição do reforço

Embora argumente que uma teoria da instrução deva deter-se também na natureza e na aplicação dos prêmios e punições no processo de aprendizagem e ensino, Bruner não encara o reforço da mesma maneira como ele é visto em uma abordagem comportamentalista. Do ponto de vista behaviorista, o reforço tem um papel fundamental, pois o comportamento é modificado por consequências recompensadoras ou punitivas. Para Skinner, por exemplo, não é a presença do estímulo ou da resposta que leva à aprendizagem, mas sim a presença das contingências de reforço.

Bruner, por sua vez, refere-se ao reforço no sentido de que "a aprendizagem depende do conhecimento de resultados, no momento e no local em que ele pode ser utilizado para correção. A instrução aumenta a oportunidade do conhecimento corretivo. O conhecimento dos resultados terá utilidade ou não, conforme receba o estudante, em tempo e local apropriados, a informação corretiva, explicadas as condições em que poderá usá-la, e da forma em que a recebe" (1969, p. 67). Para ele, na medida em que a criança se desenvolve e aprende a pensar de maneira simbólica – e, assim, a representar e transformar o ambiente –, aumenta a motivação de competência, que ganha mais controle sobre o comportamento e, assim, reduz os efeitos do reforço secundário ou de gratificação. "O processo deve levar o estudante a desenvolver seu autocontrole e se autorreforçar a fim de que a aprendizagem seja reforço de si própria" (Oliveira, 1973, pp. 35; 122).

A instrução e o papel do professor segundo Bruner

Como já foi dito, para Bruner, "ensinar é, em síntese, um esforço para auxiliar ou moldar o desenvolvimento". Portanto, o ensino deve ser planejado, levando em conta o que se sabe sobre o desenvolvimento intelectual do aprendiz. Aliás, é essa ideia de ensinar de acordo com o nível de desenvolvimento do aluno que leva Bruner a dizer que "há uma versão de cada conhecimento ou técnica apropriada para ensinar a cada idade, por mais introdutória que seja" (1969, p. 51) – ou, em outras palavras, que "toda ideia, problema ou conjunto de conhecimentos pode ser suficientemente simplificada para ser entendida por qualquer estudante particular, sob forma reconhecível" (1969, p. 60). Ainda relacionando desenvolvimento intelectual, ensino e professor, Bruner propõe que (1969, p. 20):

> O desenvolvimento intelectual baseia-se numa interação sistemática e contingente, entre um professor e um aluno, na qual o professor, amplamente equipado com técnicas anteriormente inventadas, ensina a criança.

Bruner destaca também o papel da linguagem no ensino (1969, p. 20):

> O ensino é altamente facilitado por meio da linguagem que acaba sendo não apenas o meio de comunicação, mas o instrumento que o estudante pode usar para ordenar o meio ambiente.

Ao apresentar anteriormente as características de uma teoria de ensino, já se estava claramente apresentando as posições de Bruner relativas ao processo instrucional – o que se está fazendo agora é, de certa forma, resumir tais posições. Segundo Oliveira

(1973, p. 134), o fato de o aluno descobrir por si mesmo é, para Bruner, o núcleo do processo instrucional e o evento mais importante. Em função disso, devem-se organizar as quatro características básicas de uma teoria de ensino: *predisposições, estrutura do conhecimento, sequência* e *reforço*. Tais características foram já discutidas, mas talvez caiba frisar algumas recomendações específicas para a sequência da instrução (Oliveira, 1973, pp. 101-102):

1. arranjar as sequências de maneira a que o estudante perceba a estrutura dos materiais por indução de instâncias particulares;

2. dar prática em transferência, quando esta for esperada como pressuposto da aprendizagem;

3. usar contrastes nas sequências, ressaltando discriminações etc.;

4. evitar simbolização prematura, provendo imagens tanto quanto possível, ou seja, formas icônicas de representação;

5. dar prática, permitindo ao estudante dois tipos de experiências: fazer incursões genéricas sobre o material, apanhando conceitos e noções aqui e ali, de maneira global, e também permitir-lhes aprofundar-se em tópicos de interesse;

6. prover para revisões periódicas, "revisitas" a conceitos e atividades já aprendidas, aplicando-os a novas e mais complexas situações, através de "curriculação espiral". Isso significa que o conteúdo de um assunto não tem que ser aprendido de uma só vez, de maneira linear, mas sim que o aprendiz deve ter a oportunidade de voltar a esses tópicos e aprendê-los de maneira mais profunda, posteriormente, e num modo de representação mais avançado.

Com isso, crê-se ter atingido o objetivo deste trabalho, que é dar uma visão sumária do posicionamento de Bruner quanto ao desenvolvimento intelectual e ao processo instrucional. Em face do caráter superficial do resumo feito, alguns aspectos importantes da teoria de Bruner talvez tenham sido omitidos e outros, por sua vez, tenham sido distorcidos. Por isso, reitera-se que, para uma melhor compreensão da teoria de Bruner, é indispensável recorrer à bibliografia citada.

À guisa de conclusão, serão apresentados a seguir alguns comentários baseados no artigo *The Process of Education Revisited* (Bruner, 1971), publicado cerca de dez anos depois de "O processo da educação" (1973)[2] – provavelmente o livro mais conhecido e de maior impacto escrito por Bruner –, e em um artigo de revisão (Olson, 1992) sobre dois livros de Bruner relativamente recentes.

---

2   Esta referência é tradução para o português do original *The Process of Education*, publicado nos Estados Unidos em 1960.

Conclusão

Como foi dito na introdução deste trabalho, Bruner – tanto em *O processo da educação* (1973) como em *Uma nova teoria de aprendizagem* (1969, 1976) – destaca o papel da estrutura da matéria de ensino, suas relações e suas ideias fundamentais. Entretanto, dez anos após a publicação do primeiro desses livros nos Estados Unidos, ele procura justificar o porquê dessa ênfase no ensino da estrutura do conhecimento, argumentando que essa era a ideia que prevalecia na época (fim dos anos 1950 e início dos 1960) – isto é, se o indivíduo entendesse a estrutura do conhecimento, esse entendimento permitir-lhe-ia prosseguir por si mesmo; não era necessário encontrar tudo na natureza para conhecê-la, pois a compreensão de alguns princípios mais significativos permitiria a extrapolação para situações particulares; conhecendo a estrutura de um certo assunto, saber-se-ia muito sobre esse assunto ao mesmo tempo que pouca coisa teria que ficar guardada na mente.

Entretanto, essa ideia supunha implicitamente que a motivação dos alunos era natural, *ou seja*, que eles estavam naturalmente motivados para aprender: o problema era ensiná-los adequadamente (enfatizando a estrutura do conteúdo e aprendizagem por descoberta). Supunha também que todos os alunos submetidos aos novos currículos baseados na estrutura das disciplinas tinham já certas habilidades analíticas trazidas "de casa". Tais suposições, no entanto, eram falsas: os alunos não estavam naturalmente motivados e, dependendo do meio socioeconômico de origem, não tinham as habilidades esperadas.

Esses e outros argumentos levaram Bruner a conscientizar-se de que a educação não é neutra nem isolada, e sim profundamente política. Por isso, disse ele que, dez anos depois de *O processo da educação*, ficaria muito satisfeito em declarar, se não uma moratória, pelo menos algo como uma "desênfase" no ensino da estrutura das disciplinas em favor de ensiná-las no contexto dos problemas com os quais se defronta a sociedade.

Bruner é também um dos autores da chamada "revolução cognitiva" – se aceitarmos que a Psicologia Cognitiva "nasceu" em um encontro realizado no MIT em 1956, do qual, além dele, participaram Noam Chomsky, George Miller, Herbert Simon e alguns outros nomes muito conhecidos na área.

Neste capítulo, o "cognitivismo de Bruner" ficou quase que restrito aos modos de representação pelos quais o sujeito passa ao longo de seu desenvolvimento intelectual – ativo, icônico e simbólico –, nos quais percebe-se uma clara influência piagetiana. Aliás, na prática, Bruner é conhecido nos meios educacionais por esses modos representacionais e por termos como currículo em espiral e aprendizagem por descoberta.

Contudo, há não muito tempo, Bruner publicou dois livros nos quais enfoca, sobretudo, a mente humana: *Actual minds, possible worlds*, em 1986, e *Acts of meaning*, em 1990. Segundo Olson (1992), nesses livros, Bruner defende e contribui para uma "ciência da mente" (*i.e.*, uma psicologia) ideal, que seria uma ciência de significados e intenções, não de respostas e comportamentos; que estaria ocupada com a estrutura e o crescimento do conhecimento, não com o processamento de informações; que se referiria à mente em um contexto interpessoal, social e cultural, não como processos internos do indivíduo; que se dedicaria à consciência e subjetividade, não ao que a pessoa disse ou fez, mas àquilo que ela *pensou* que disse ou que fez (*op. cit.*, p. 29).

Ao adotar essa "psicologia ideal", Bruner critica sua própria visão piagetiana anterior, na qual a criança é um construtor "solista" – que constrói em níveis cada vez mais elevados de representação – e, pagando tributo a Lev Vygotsky, reconhece que a criança raramente constrói por si só, mas sim por meio de uma intencionalidade compartilhada (*ibid.*, p. 31): tudo o que "entra" na consciência é o que foi "acordado" interpessoalmente; somente aquilo a que a criança pode assegurar "concordância compartilhada" torna-se parte de sua representação do mundo – sem dúvida, uma visão vygotskyana.

Estes comentários finais sobre posicionamentos recentes de Bruner foram feitos para dar ao leitor uma noção da amplitude e da evolução da obra deste autor. O mapa conceitual apresentado na Figura 5.1 procura contribuir na percepção do trabalho de Bruner. No entanto, reitera-se que, ao longo de todo este capítulo, essa obra foi abordada superficialmente e podem ter ocorrido distorções e/ou omissões. Por isso, recomenda-se ao leitor interessado que recorra à bibliografia indicada.

Bibliografia

BRUNER, J. S. *Acts pf meaning.* Cambridge: MA Harvard University Press, 1990.

BRUNER, J. S. *Actual minds, possible worlds.* Cambridge: MA Harvard University Press, 1986.

BRUNER, J. S. *O processo da educação.* São Paulo, Nacional, 1973.

BRUNER, J. S. *Uma nova teoria de aprendizagem.* Rio de Janeiro: Bloch, 1969 (1. ed.), 1976 (2. ed.).

BRUNER, J. S. The process of education revisited. *Phi Delta Kappan,* p. 18-21, September 1971.

LEFRANÇOIS, G. R. *Psychological theories and human learning.* Monterey: Cal., Brooks/Cole Publishing Co., 1982 (2. ed.).

OLIVEIRA, J. B. A. *Tecnologia educacional.* Rio: Vozes, 1973 (2. ed.), 1975 (3. ed.). 158 p.

OLSON, D. R. The mind according to Bruner. *Educational Researcher,* v. 21, n. 4, p. 29-31, 1992.

74 Teorias de Aprendizagem

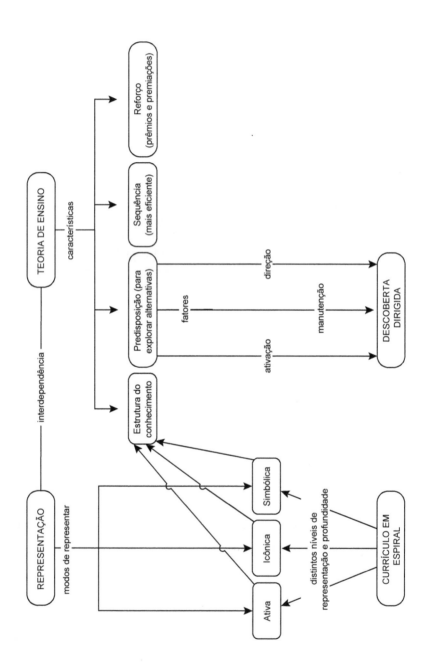

Figura 5.1 Um mapa conceitual para a teoria de Bruner, destacando a representação e seus modos, o currículo em espiral e a descoberta dirigida como conceitos-chave dessa teoria.

Capítulo 6

A teoria do desenvolvimento cognitivo de Piaget[1]

TEORIAS DE
TEORIAS
TEORIAS
TEORIAS
TEORIAS
**TEORIAS DE
APRENDIZAGEM**
APRENDIZAGEM
APRENDIZAGEM
APRENDIZAGEM
APRENDIZAGEM
APRENDIZAGEM

Objetivo

Este capítulo pretende apenas dar uma visão geral – e certamente incompleta – da teoria de Jean Piaget (1896-1980). É importante que o leitor tenha sempre presente o escopo dessa pretensão. A obra de Piaget é vastíssima, e em um texto tão simples como este não é possível fazer mais do que focalizar alguns aspectos dessa obra. Para aprofundamento, recomenda-se recorrer à bibliografia indicada.

Introdução

A posição filosófica de que o conhecimento humano é uma construção do próprio ser humano, tanto coletiva como individual, é bastante antiga. Mas, no século passado, Piaget foi sem dúvidao pioneiro do enfoque construtivista à cognição humana. Suas propostas configuram uma teoria construtivista do desenvolvimento cognitivo humano. Alguns de seus importantes trabalhos datam da década de 1920, mas apenas bastante depois, na década de 1970, digamos, Piaget foi "redescoberto". Começou talvez aí a ascensão do cognitivismo e o declínio do behaviorismo em termos de influência no ensino/aprendizagem e na pesquisa nessa área. Hoje, essa influência é tão acentuadamente piagetiana que se chega a confundir construtivismo com Piaget. Quer dizer, chega-se a pensar, com certa naturalidade, que a teoria de Piaget é, por definição, a teoria construtivista. Não é bem assim: existem outras visões construtivistas, mas o enfoque piagetiano é indubitavelmente o mais conhecido e influente.

---

1 MOREIRA, M. A. (1995). Monografia n. 6 da *Série Enfoques Teóricos*. Porto Alegre, Instituto de Física da UFRGS. Originalmente divulgada, em 1980, na série *Melhoria do Ensino*, do Programa de Apoio ao Desenvolvimento do Ensino Superior (PADES)/UFRGS n. 14. Publicada, em 1985, no livro *Ensino e aprendizagem: enfoques teóricos*. São Paulo: Editora Moraes, p. 49-59. Revisada em 1995 e 2009.

Como já foi dito, a obra de Piaget é muito ampla e não é possível abordá-la toda em uma pequena monografia. Em função disso, serão destacados apenas os *períodos de desenvolvimento mental* por ele propostos e alguns conceitos-chave de sua teoria, tais como *assimilação, acomodação* e *equilibração*. Provavelmente, entre não especialistas, Piaget é mais conhecido pelos quatro períodos de desenvolvimento cognitivo do que por tais conceitos, mas é exatamente nesses conceitos que está o seu construtivismo. O "núcleo duro" da teoria de Piaget está na assimilação, na acomodação e na equilibração, não nos famosos períodos de desenvolvimento mental. Espera-se que isso fique claro nas próximas seções.

Logo após, serão discutidas algumas implicações da teoria de Piaget para o ensino e a aprendizagem.

Períodos de desenvolvimento mental

Piaget distingue quatro períodos gerais de desenvolvimento cognitivo: *sensório-motor, pré-operacional, operacional-concreto* e *operacional formal*. Cada um desses períodos, por sua vez, subdivide-se em estágios ou níveis.

O período *sensório-motor* vai do nascimento até cerca de 2 anos de idade. Logo após o nascimento, a criança apresenta uns poucos comportamentos do tipo reflexo, tais como sucção, preensão, choro e atividade corporal indiferenciada. Nesse estágio, a criança não diferencia o seu eu do meio que a rodeia: ela é o centro, e os objetos existem em função dela. Suas ações não são coordenadas: cada uma delas é ainda algo isolado, e a única referência comum e constante é o próprio corpo da criança – decorrendo daí um egocentrismo praticamente total. Tudo o que a criança vê é uma extensão do seu próprio corpo. Entretanto, ela não se percebe como um eu detentor de desejos e vontades que seriam as causas de suas ações.

Desse estágio, característico do recém-nascido, a criança evolui cognitivamente, passando por outros estágios até que, no fim do período sensório-motor, começa a descentralizar as ações em relação ao próprio corpo e a considerá-lo como um objeto entre os demais. Os objetos existem independentemente do eu. A coordenação das ações evidencia um sujeito que começa a se perceber como fonte de seus movimentos.

A criança pode manipular objetos em seu meio para satisfazer fome ou curiosidade e é capaz de imitar vários comportamentos adultos. É também capaz de lidar com deslocamentos invisíveis de objetos externos, representando-os mentalmente, ou seja, é capaz de responder a objetos que não está vendo diretamente, o que significa que, para ela, os objetos já têm uma realidade cognitiva além da realidade física.

O período seguinte é o *pré-operacional*, que vai dos 2 aos 6 ou 7 anos. Com o uso da linguagem, dos símbolos e imagens mentais, inicia-se uma nova etapa do desenvolvimento mental da criança. Seu pensamento começa a se organizar, mas não é ainda *reversível*, isto é, não é capaz de percorrer um caminho cognitivo e, depois, percorrê-lo mentalmente em sentido inverso de modo a reencontrar o ponto de partida não modificado. Sua atenção volta-se para os aspectos mais atraentes dos acontecimentos, e suas conclusões são também as mais atraentes perceptualmente. Pode, portanto, facilmente cair em contradição. A criança continua em uma perspectiva egocêntrica, vendo a realidade principalmente como ela a afeta. Suas explicações são dadas em função de suas experiências, podendo ou não ser coerentes com a realidade.

Um exemplo interessante disso é aquele no qual a criança geralmente cai em contradição ao se defrontar alternadamente com um recipiente alto e fino e outro baixo e largo contendo a mesma quantidade de água. Como a atenção da criança volta-se ora para a altura ora para a largura (aspectos mais atraentes) – porém não simultaneamente para as duas –, compensando-as, ela poderá dizer que o recipiente alto e fino contém mais água porque é mais alto ou contém menos água porque é mais fino. Ao passar-se a água de um para outro recipiente, em vez de prestar atenção na transformação (passagem da água), a criança detém-se em estados momentâneos do sistema, em aspectos atraentes dos objetos.

Ante a falta de reversibilidade, durante esse período de desenvolvimento mental, a criança não tem ainda compreensão da transitividade (A < C se A < B e B < C) nem da conservação do todo (alterando a forma, altera também a quantidade, o peso etc., como no caso da água passada de um recipiente para outro).

A idade de 7 a 8 anos assinala, em geral, o início do período *operacional-concreto*, que se estende até 11 ou 12 anos. Nesse período, verifica-se uma descentração progressiva em relação à perspectiva egocêntrica que caracterizava a criança até então. Ela entra progressivamente em um mundo de várias perspectivas. O pensamento da criança, agora mais organizado, tem características de uma lógica de operações reversíveis. Ela pode, por exemplo, combinar classes elementares para formar uma classe superior (A + A' = B) e, dada a classe superior, diferenciar suas classes componentes (B – A = A' ou B – A' = A), isto é, há um equilíbrio reversível entre classes e subclasses (A + A' = B). Ela é capaz de pensar no todo e nas partes simultaneamente e adquire a noção de reversibilidade por inversão e negação, cujo produto é uma anulação (*e.g.*, +A – A = 0), e a de reversibilidade por reciprocidade (*e.g.*, se A = B, B = A – ou se A está à esquerda de B, B está à direita de A).

Durante esse período, a criança ganha precisão no contraste e na comparação de objetos reais e torna-se capaz, por exemplo, de predizer qual recipiente contém mais água. Entretanto, embora suas explicações e previsões não sejam mais baseadas em uma perspectiva egocêntrica, seu pensar está ainda grandemente limitado. As operações são, de fato, concretas, isto é, incidentes diretamente sobre objetos reais. Ela não é ainda capaz de operar com hipóteses, com as quais poderia raciocinar independentemente de saber se são falsas ou verdadeiras. A criança recorre a objetos e acontecimentos concretos presentes no momento. Somente de maneira limitada é que seu sistema operacional-concreto a leva em direção ao ausente. Para antecipar o ausente, ela tem que partir do concreto, contrariamente ao que ocorre no período seguinte, quando o real é percebido como um caso particular do possível.

Por volta dos 11 ou 12 anos, inicia-se o quarto e último período de desenvolvimento mental, que passa pela adolescência e prolonga-se até a idade adulta: é o *período das operações formais*. A principal característica desse período é a capacidade de raciocinar com hipóteses verbais, e não apenas com objetos concretos. É o pensamento proposicional por meio do qual o adolescente, ao raciocinar, manipula proposições. O ponto de partida é a operação concreta, porém o adolescente transcende esse estágio: formula os resultados das operações concretas sob a forma de proposições e continua a operar mentalmente com eles.

Desde os 7 ou 8 anos, a criança já é capaz de fazer certos raciocínios lógicos; todavia, as operações incidem diretamente sobre objetos reais de modo que o possível é subordinado ao real. Entretanto, ao pensar formalmente – *i.e.*, ao raciocinar sobre hipóteses –, a realidade torna-se secundária em relação à possibilidade: o real é subordinado ao possível. O adolescente torna-se capaz de fazer raciocínios hipotético-dedutivos. A dedução lógica é um de seus novos instrumentos, e ele passa a buscar hipóteses gerais que possam explicar fatos observáveis que tenham ocorrido. A característica básica desse período, portanto, é a capacidade de manipular construtos mentais e reconhecer relações entre esses construtos. O período das operações formais prolonga-se até a idade adulta, porém cabe ainda registrar que, no estágio correspondente à adolescência, o indivíduo manifesta um último tipo de egocentrismo: o adolescente atribui grande poder ao seu próprio pensamento, à sua capacidade de raciocinar formalmente, julgando muitas vezes que somente ele está certo.

Para concluir esta breve e superficial descrição dos períodos de desenvolvimento mental propostos por Piaget, apresenta-se a seguir uma citação (Piaget, 1977a, p. 127) na qual ele se refere ao desenvolvimento do pensamento:

> Para entender o mecanismo desse desenvolvimento,..., distinguiremos quatro períodos principais em sequência àquele que é caracterizado pela constituição da inteligência sensório-motora.
>
> A partir do aparecimento da linguagem, ou, mais precisamente, da função simbólica que torna possível sua aquisição (1 a 2 anos), começa um período que se estende até perto de quatro anos e vê desenvolver-se um pensamento simbólico e pré-conceptual.
>
> De 4 a 7 ou 8 anos, aproximadamente, constitui-se, em continuidade íntima com o precedente, um pensamento intuitivo cujas articulações progressivas conduzem ao limiar da operação.
>
> De 7 ou 8 até 11 ou 12 anos de idade, organizam-se as "operações concretas", isto é, os grupamentos operatórios do pensamento recaindo sobre objetos manipuláveis ou suscetíveis de serem intuídos. A partir dos 11 a 12 anos e durante a adolescência, elabora-se por fim o pensamento formal, cujos grupamentos caracterizam a inteligência reflexiva acabada.

Cabe, contudo, destacar que, ao longo do desenvolvimento mental de uma criança, a passagem de um período para outro não se dá de maneira abrupta. Cada período tem as características predominantes anteriormente descritas; indivíduos na faixa etária correspondente apresentam predominantemente comportamentos consistentes com essas características. Tais indivíduos podem, no entanto, ocasionalmente comportar-se de maneira correspondente a períodos anteriores (comportamentos típicos de períodos posteriores são raramente apresentados). Por outro lado, a ordem dos períodos é invariável, embora possam ser observadas diferenças na idade em que as crianças atingem cada período. O importante é a sucessão de períodos pelos quais o indivíduo necessariamente passa até chegar ao pensamento formal, não as idades cronológicas em que isso acontece.

Assimilação, acomodação e equilibração[2]

Segundo Piaget, o crescimento cognitivo da criança se dá por *assimilação*[3] *e acomodação*. A assimilação designa o fato de que a iniciativa na interação do sujeito com o objeto é do organismo. O indivíduo constrói esquemas de assimilação mentais para abordar a realidade. Todo esquema de assimilação é construído, e toda abordagem à realidade supõe um esquema de assimilação. Quando o organismo (a mente) assimila, ele incorpora a realidade a seus esquemas de ação, impondo-se ao meio. Por exemplo, quando se diz que uma grandeza física é vetorial, incorpora-se esta grandeza ao esquema "vetor". Outro exemplo: quando se mede uma distância, usa-se o esquema de "medir" para assimilar a situação. Observe-se, no entanto, que em ambos os casos o organismo não se modifica – isto é, no processo de assimilação, a mente não se modifica, o conhecimento que se tem da realidade não é modificado (nos exemplos dados, os esquemas de "vetor" e "medir" não foram modificados).

Obviamente, muitas vezes os esquemas de ação da criança (ou mesmo de um adulto) não conseguem assimilar determinada situação. Nesse caso, o organismo (mente) desiste ou se modifica. No caso de modificação, ocorre o que Piaget chama de *acomodação*. É por meio das acomodações (que, por sua vez, levam à construção de novos esquemas de assimilação) que se dá o desenvolvimento cognitivo. Se o meio não apresenta problemas, dificuldades, a atividade da mente é apenas de assimilação – porém, diante deles, ela se reestrutura (acomodação) e se desenvolve.

Não há acomodação sem assimilação, pois acomodação é reestruturação da assimilação. O equilíbrio entre assimilação e acomodação é a *adaptação* à situação. Experiências acomodadas dão origem posteriormente a novos esquemas de assimilação, e um novo estado de equilíbrio é atingido. Novas experiências – não assimiláveis – levarão a novas acomodações e a novos equilíbrios (adaptações) cognitivos. Esse processo de *equilibração* prossegue até o período das operações formais e continua, na idade adulta, em algumas áreas de experiência do indivíduo.

Os esquemas de assimilação representam, portanto, a forma de agir do organismo (mente) frente à realidade (podendo inclusive deformar a realidade, como quando a criança brinca com um pedaço de pau dizendo que é um cavalo). Em um alto nível de desenvolvimento cognitivo, um esquema de assimilação pode ser, por exemplo, uma teoria; porém, para chegar até lá, um longo caminho deve, sem dúvida, ser percorrido, passando pelos esquemas de assimilação característicos dos períodos de desenvolvimento mental. O desenvolvimento da criança é uma "construção" por reequilibrações e reestruturações sucessivas.

A partir desses conceitos, poder-se-ia chegar a uma ideia de "estrutura cognitiva" dentro da teoria piagetiana (embora Piaget não use essa terminologia): para ele, a mente é um conjunto de esquemas que se aplicam à realidade. Esses esquemas tendem a

---

2   Esta seção foi escrita a partir de definições encontradas no trabalho *Conceitos fundamentais de Piaget* (vocabulário), de Lauro de Oliveira Lima, apresentado no 1º Congresso Brasileiro Piagetiano Educação pela Inteligência, Rio, setembro de 1980.

3   O mesmo termo é usado por Ausubel (Capítulo 12) com outro significado.

incorporar os elementos que lhes são exteriores e que são compatíveis com sua natureza. O esquema de classificação, por exemplo, tende a classificar tudo o que é classificável; as teorias explicativas são também esquemas de assimilação da realidade. Tais esquemas, no entanto, tendem a assimilar-se mutuamente em estruturas cada vez mais amplas, móveis e estáveis até alcançarem o poder de "manipular" todos os "possíveis". Quando um esquema se reestrutura e adota um modelo mais eficiente de ação, diz-se que houve acomodação do esquema.

A "estrutura cognitiva" de um indivíduo é, pois, um complexo de esquemas de assimilação que, segundo Piaget, tendem a se organizar segundo os modelos matemáticos de *grupo* e *rede* (Piaget chama de "grupamentos" os grupos e redes que não atingiram ainda o nível operatório).

Ações

Piaget considera as ações humanas (e não as sensações) como a base do comportamento humano. Tudo no comportamento parte da ação. Até mesmo a percepção é, para ele, uma atividade, e a imagem mental é uma imitação interior do objeto. "O comportamento (motor, verbal e mental) é, simplesmente, a estruturação dos movimentos do organismo em esquemas que evoluem para os modelos matemáticos de grupo ou de rede (passando, em seu processo genético, pelos 'grupamentos')." (Oliveira Lima, 1980, p. 33.)

Pode-se falar em *ação sensório-motora, ação verbal* e *ação mental*. O pensamento é, simplesmente, a interiorização da ação (embora geralmente acompanhada de atividade motora residual, como, por exemplo, gestos e movimento dos olhos).

Aprendizagem segundo Piaget

Até agora não se falou em aprendizagem, embora isso fosse possível. Ocorre que a teoria de Piaget não é propriamente uma teoria de aprendizagem, e sim uma teoria de desenvolvimento mental. Piaget não enfatiza o conceito de aprendizagem talvez por não concordar com a definição usual de "modificação do comportamento resultante da experiência". Essa definição traz consigo uma ideia de dependência passiva do meio ambiente, enquanto na assimilação, segundo Piaget, o organismo se impõe ao meio – na acomodação, a mente se reestrutura para adaptar-se ao meio. Piaget prefere, então, falar em "aumento do conhecimento", analisando como isso ocorre: só há aprendizagem (aumento de conhecimento) quando o esquema de assimilação sofre acomodação.

Algumas implicações da teoria de Piaget para o ensino

Tentando resumir de uma maneira geral o que foi dito até agora, poder-se-ia dizer que, segundo Piaget, o desenvolvimento mental da criança pode ser descrito tomando como referência os esquemas de assimilação que ela utiliza. Tais esquemas caracterizam o desenvolvimento intelectual como constituído de períodos (sensório-motor, pré-operacional, operacional-concreto e operacional-formal), os quais, por sua vez, podem ser subdivididos em estágios – isto é, a criança constrói esquemas de assimilação com os quais aborda a realidade; porém, esses esquemas vão evoluindo à medida que a criança se desenvolve mentalmente. Os esquemas de assimilação de uma criança de dois anos são diferentes dos de uma de quatro anos – que, por sua vez, são diferentes dos de uma de sete ou oito e assim por diante.

Por outro lado, de acordo com Piaget, só há aprendizagem quando há acomodação, ou seja, uma reestruturação da estrutura cognitiva (esquemas de assimilação existentes) do indivíduo que resulta em novos esquemas de assimilação. A mente, sendo uma estrutura (cognitiva), tende a funcionar em equilíbrio, aumentando permanentemente seu grau de organização interna e de adaptação ao meio. Entretanto, quando esse equilíbrio é rompido por experiências não assimiláveis, o organismo (mente) se reestrutura (acomodação) a fim de construir novos esquemas de assimilação e atingir novo equilíbrio. Para Piaget, esse processo reequilibrador, que ele chama de *equilibração majorante*, é o fator preponderante na evolução, no desenvolvimento mental, na aprendizagem (aumento de conhecimento) da criança. É por meio do processo de equilibração majorante que o comportamento humano é totalmente "construído em interação com o meio físico e sociocultural"; o comportamento humano (motor, verbal e mental) não tem, portanto, padrões prévios hereditários segundo Piaget. A criança nasce com apenas uns poucos esquemas sensório-motores – tais como chupar, olhar, tentar alcançar coisas e pegar –, os quais servem para suas interações iniciais com o ambiente, mas, a partir daí, a equilibração é a grande força impulsionadora de seu desenvolvimento intelectual. A equilibração está presente em todos os períodos e estágios do desenvolvimento cognitivo e é, na verdade, responsável por ele.

As implicações dessas proposições para o ensino (e para a educação de um modo geral) são óbvias e de grande importância: ensinar (ou, em um sentido mais amplo, educar) significa, pois, provocar o desequilíbrio no organismo (mente) da criança para que ela, procurando o reequilíbrio (equilibração majorante), se reestruture cognitivamente e aprenda. O mecanismo de aprender da criança é sua capacidade de reestruturar-se mentalmente buscando um novo equilíbrio (novos esquemas de assimilação para adaptar-se à nova situação). O ensino deve, portanto, ativar este mecanismo.

Observe-se, porém, que essa ativação deve ser compatível com o nível de desenvolvimento mental (período) em que está a criança. Ensinar (educar) "seria criar situações (seriadas e graduadas, compatíveis com o nível de desenvolvimento da criança) que 'forcem' a criança a reestruturar-se (equilibração majorante)" (Oliveira Lima, 1980, p. 72).

Na escola, essa necessidade de compatibilizar o ensino com o nível de desenvolvimento mental da criança é muitas vezes ignorada: tenta-se, por exemplo, ensinar conteúdos que pressupõem conservação e reversibilidade para crianças que, pelo período de desenvolvimento em que estão, não têm ainda estas noções. Outro erro muito comum, principalmente nos últimos anos da escola secundária e mesmo nos primeiros da universidade, é ensinar em um nível puramente formal *(supondo*, portanto, que esse nível tenha já sido plenamente atingido) para alunos que estão ainda, em muitas áreas, em uma fase de raciocínio operacional-concreto.

Em termos de esquemas de assimilação, a questão do ensino envolve três aspectos: os esquemas de assimilação do aluno, aqueles que se quer ensinar e os do professor. Relativamente a esses três aspectos, um conceito interessante é o de *ensino reversível* (Kubli, 1979):

> Em um diálogo reversível, a distribuição dos esquemas de assimilação deve ser tão equilibrada quanto possível. (Em um sentido ideal, mas não exequível, o ensino passaria por uma sucessão de estados de equilíbrio de comunicação, tal como em um processo termodinâmico reversível)[4]... isto significa que o professor deveria relacionar, através de argumentação apropriada, os esquemas de assimilação espontâneos do aluno com os esquemas de assimilação que ele quer ensinar, com o mínimo de desequilíbrio. Quanto mais a argumentação do professor se relacionar com os esquemas de assimilação do aluno, mais reversível se torna o diálogo e mais eficiente será o ensino...

Aparentemente, a ideia de ensino reversível contradiz outra introduzida anteriormente: a de que ensinar é provocar o desequilíbrio. Na verdade não, pois o que Kubli está propondo é que o desequilíbrio não seja tão grande que não permita a equilibração majorante que levará a um novo equilíbrio. O que ele está dizendo é que uma escolha cuidadosa dos esquemas de assimilação é essencial para não tornar o diálogo de ensino indevidamente desequilibrado. O professor não pode simplesmente usar seus esquemas de assimilação e ignorar os do aluno. Se a assimilação de um tópico requer um grande desequilíbrio, passos intermediários devem ser introduzidos para reduzir esse desequilíbrio. Ensino reversível não significa eliminar o desequilíbrio, e sim passar de um estado de equilíbrio para outro por meio de uma sucessão de estados de equilíbrio muito próximos tal como em uma transformação termodinâmica reversível.

Por outro lado, embora Piaget defenda os métodos ativos e uma escola ativa, se o ensino for reversível, isso não significa que a iniciativa seja exclusivamente do aluno: o professor deve ser tão ativo quanto o aluno. Aliás, Piaget condena o não diretivismo puro e simples. Segundo ele, enquanto o diretivismo puro leva ao conformismo, o não diretivismo puro leva à desorganização, insegurança ou mera repetição ("reação circular", repetição indefinida daquilo que o organismo já sabe). Se o ambiente é pobre em situações desequilibradoras, cabe ao educador produzi-las artificialmente (evitando, no entanto, desequilíbrios que não conduzam à equilibração majorante).

Outra implicação imediata da teoria de Piaget para o ensino é a de que ele deve ser acompanhado de ações e demonstrações e, sempre que possível, deve dar aos alunos a oportunidade de agir (trabalho prático). Segundo Kubli (1979), no entanto, essas ações e demonstrações devem estar sempre integradas à argumentação e ao discurso do professor. Seria uma ilusão acreditar que ações e demonstrações, mesmo realizadas pelos alunos, têm em si mesmas o poder de produzir conhecimento: elas podem gerá-lo somente na medida em que estiverem integradas à argumentação do professor.

Aliás, a posição de Kubli é provavelmente baseada em posições do próprio Piaget (1977b, pp. 17-18):

---

4   Em Física, uma transformação termodinâmica reversível é um processo ideal no qual um sistema passa de um estado de equilíbrio inicial a outro estado de equilíbrio final por meio de uma sucessão de estados de equilíbrio.

A primeira dessas condições é naturalmente o recurso aos métodos ativos, conferindo-se especial relevo à pesquisa espontânea da criança ou do adolescente e exigindo-se que toda a verdade a ser adquirida seja reinventada pelo aluno, ou pelo menos, reconstruída e não simplesmente transmitida... Mas é evidente que o educador continua indispensável para criar as situações e armar os dispositivos iniciais capazes de suscitar problemas úteis à criança, e para organizar, em seguida, contra-exemplos que levem à reflexão e obriguem ao controle das soluções demasiado apressadas: o que se deseja é que o professor deixe de ser apenas um conferencista e que estimule a pesquisa e o esforço, ao invés de se contentar com a transmissão de soluções já prontas. Quando se pensa no número de séculos que foram necessários para que se chegasse, por exemplo, à Matemática denominada "moderna" e à Física contemporânea, mesmo a macroscópica, seria absurdo imaginar que, sem uma orientação voltada para a tomada de consciência das questões centrais, possa a criança chegar apenas por si a elaborá-las com clareza. No sentido inverso, entretanto, ainda é preciso que o professor não se limite ao conhecimento da matéria de ensino, mas esteja muito bem informado a respeito das peculiariedades do desenvolvimento psicológico da inteligência da criança ou do adolescente.

No que concerne o ensino, Piaget argumenta também que as supostas aptidões diferenciadas dos "bons alunos" em Matemática ou Física, por exemplo, em igual nível de inteligência, consistem principalmente na sua capacidade de adaptação ao tipo de ensino que lhes é fornecido. "Os 'maus alunos' nessas matérias, que entretanto são bem-sucedidos em outras, estão na realidade perfeitamente aptos a dominar os assuntos que parecem não compreender, contanto que estes lhes cheguem através de outros caminhos: são as 'lições' oferecidas que lhes escapam à compreensão, e não a matéria" (1977b, p. 17). Piaget ainda argumenta que é perfeitamente possível que o insucesso escolar em um ou outro tópico decorra, por exemplo, de uma passagem demasiado rápida da estrutura qualitativa dos problemas (raciocínios lógicos sem a introdução de formalismo matemático) para a esquematização quantitativa ou matemática (no sentido de equações já elaboradas). Essa passagem demasiadamente rápida provoca um desequilíbrio tão grande que, para muitos alunos, não leva à equilibração majorante (a ideia de "ensino reversível" é útil aqui como meio de atenuar esse desequilíbrio e evitar o insucesso na aprendizagem).

Conclusão

Tal como já foi dito no início, o objetivo deste capítulo é dar ao leitor uma visão geral da teoria de Piaget e suas implicações para o ensino e a aprendizagem. Para isso, focalizaram-se apenas os períodos de desenvolvimento mental (a teoria de Piaget é uma teoria de desenvolvimento mental, e não de aprendizagem) e alguns conceitos básicos como assimilação, acomodação, adaptação e equilibração. Na Figura 6.1, o construtivismo de Piaget é sintetizado em um mapa conceitual. A teoria, no entanto, é muito mais rica – tanto no que concerne a descrição e detalhamento dos períodos como em termos conceituais. Isso significa que este capítulo não tem pretensões de completeza. Ao contrário, certamente contém omissões e corre o risco de ter distorcido ou simplificado em demasia a teoria de Piaget. É sob essa ótica que esta pequena monografia, que constitui este capítulo, deve ser vista. Para aprofundamento – ou pelo menos para ter uma ideia dos escritos de Piaget –, sugere-se recorrer à bibliografia citada a seguir. Esta, no entanto, representa apenas uma parcela de tudo o que Piaget escreveu; diferentemente de outros autores, sua teoria não se encontra em um ou dois livros, mas espalhada em muitas obras.

Bibliografia

FLAVELL, J. *A psicologia do desenvolvimento de Jean Piaget.* São Paulo: Livraria Pioneira Editora, 1975.

KUBLI, F. Piaget's cognitive psychology and its consequences for the teaching of science. *European Journal of Science Education, (1):* 5-20, 1979.

OLIVEIRA LIMA, L. *Conceitos fundamentais de Piaget (vocabulário).* Rio de Janeiro, MOBRAL, 1980. 179 p. (Trabalho apresentado no 1º Congresso Brasileiro Piagetiano, Rio de Janeiro, set. 1980.)

PIAGET, J. *O nascimento da inteligência na criança.* Rio de Janeiro: Zahar Editores, 1971.

PIAGET, J. *A epistemologia genética.* Rio de Janeiro: Vozes, 1973.

PIAGET, J. *A equilibração das estruturas cognitivas.* Rio de Janeiro: Zahar Editores, 1976. 175 p.

PIAGET, J. *Psicologia da inteligência.* Rio de Janeiro: Zahar Editores, 1977a. 178 p.

PIAGET, J. *Para onde vai a educação?* Rio de Janeiro: Livraria José Olympio Editora, 1977b. 89 p.

PIAGET, J.; INHELDER, B. *O desenvolvimento das quantidades físicas na criança.* Rio de Janeiro: Zahar Editores, 1971.

Recomendam-se, ainda, as seguintes obras, mais recentes, sobre Piaget:

COLINVAUX DE DOMÍNGUEZ, D. *A formação do conhecimento físico*: um estudo da causalidade em Jean Piaget. Niterói: EDUFF; Rio de Janeiro: UNIVERTA, 1992.

MACEDO, L. *Ensaios construtivistas.* São Paulo: Casa do Psicólogo, 1994.

Capítulo 6 A teoria do desenvolvimento cognitivo de Piaget 85

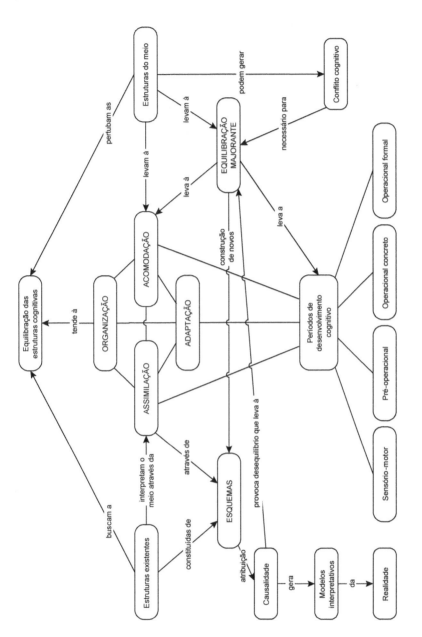

Figura 6.1 Um mapa conceitual para o construtivismo de Piaget.

Capítulo 7

A teoria da mediação de Vygotsky[1]

TEORIAS DE
TEORIAS
TEORIAS
TEORIAS
TEORIAS
**TEORIAS DE
APRENDIZAGEM**
APRENDIZAGEM
APRENDIZAGEM
APRENDIZAGEM
APRENDIZAGEM
APRENDIZAGEM

Objetivo

Este capítulo tem a finalidade de resumir a teoria de desenvolvimento cognitivo de L. S. Vygotsky, destacando aqueles aspectos que têm implicações mais claras para a aprendizagem e o ensino. Trata-se, sem dúvida, de uma abordagem superficial à obra de Vygotsky. Para aprofundamento, recomendam-se especialmente os textos *Pensamento e Linguagem* (1987) e *A Formação Social da Mente* (1988), do próprio Vygotsky.

Introdução

Diferentemente de Piaget, que supõe a equilibração como um princípio básico para explicar o desenvolvimento cognitivo, Lev Vygotsky (1896-1934) parte da premissa de que esse desenvolvimento não pode ser entendido sem referência ao contexto social e cultural no qual ele ocorre. Quer dizer, o desenvolvimento cognitivo não ocorre independente do contexto social, histórico e cultural. Além disso, Vygotsky focaliza os mecanismos por meio dos quais se dá o desenvolvimento cognitivo, não produtos do tipo estágios de desenvolvimento como propõem Piaget e Bruner. Para ele, tais mecanismos são de origem e natureza sociais e são peculiares ao ser humano (Garton, 1992, p. 87). Aliás, a asserção de que os processos mentais superiores do indivíduo têm origem em processos sociais é um dos pilares da teoria de Vygotsky. Outro deles é a ideia de que esses processos mentais só podem ser entendidos se compreendermos os instrumentos e signos que os mediam. O terceiro pilar de sua teoria é o chamado "método genético-experimental", por ele utilizado na análise do desenvolvimento cognitivo do ser humano (Driscoll, 1995, p. 225).

---

1 MOREIRA, M. A. (1995). Monografia n. 7 da *Série Enfoques Teóricos*. Porto Alegre, Instituto de Física da UFRGS.

Naturalmente, a ênfase vygotskyana nas origens sociais dos processos psicológicos superiores, bem como a primazia dos processos em detrimento dos produtos – característica de seu método de análise –, refletem as raízes marxistas de sua proposta. Talvez por isso – e também pelo forte predomínio behaviorista em tempos passados (e piagetiano mais recentemente) –, o enfoque de Vygotsky apenas nas últimas décadas do século passado começou a ser bastante citado como um referencial para o ensino e a aprendizagem. Como se pretende mostrar neste trabalho, a teoria de Vygotsky tem profundas implicações instrucionais.

Vygotsky formou-se em Direito pela Universidade de Moscou em 1917, mas especializou-se (e foi professor) em Literatura e Psicologia. Mais tarde, interessou-se pela Medicina e fez esse curso no Instituto Médico de Moscou. Foi um erudito, com formação e interesses de largo espectro, e morreu de tuberculose em 1934, aos 38 anos, deixando incompleta uma grande obra intelectual que foi continuada e refinada por seus colaboradores, em particular A. N. Leontiev e A. R. Luria.

Instrumentos e signos

Segundo Vygotsky, os processos mentais superiores (pensamento, linguagem, comportamento volitivo) têm origem em processos sociais: o desenvolvimento cognitivo do ser humano não pode ser entendido sem referência ao meio social. Contudo, não se trata apenas de considerar o meio social como uma variável importante no desenvolvimento cognitivo. Para ele, desenvolvimento cognitivo é a conversão de relações sociais em funções mentais. Não é por meio do desenvolvimento cognitivo que o indivíduo se torna capaz de socializar: é por meio da socialização que se dá o desenvolvimento dos processos mentais superiores (Driscoll, 1995, p. 229).

Como, entretanto, se convertem no indivíduo as relações sociais em funções psicológicas? A resposta está na *mediação*, ou atividade mediada indireta, a qual é, para Vygotsky, típica da cognição humana. É pela mediação que se dá a internalização (reconstrução interna de uma operação externa) de atividades e comportamentos sócio-históricos e culturais, e isso é típico do domínio humano (Garton, 1992, p. 89).

Quer dizer, a conversão de relações sociais em funções mentais superiores não é direta: é mediada. E essa mediação inclui o uso de *instrumentos e signos*. Um *instrumento* é algo que pode ser usado para fazer alguma coisa; um signo é algo que significa alguma outra coisa. Existem três tipos de signos:

1. Indicadores, que são aqueles que têm uma relação de causa e efeito com aquilo que significam (*e.g.*, fumaça indica fogo, porque é causada por fogo);

2. Icônicos, que são imagens ou desenhos daquilo que significam;

3. Simbólicos, que são os que têm uma relação abstrata com o que significam. As palavras, por exemplo, são signos linguísticos; os números são signos matemáticos; a linguagem – falada e escrita – e a Matemática são sistemas de signos.

O uso de instrumentos na mediação ser-humano/ambiente – distinguindo de maneira essencial o ser humano de outros animais, dominando a natureza em vez de simplesmente usá-la como estes o fazem – é parte da tradição de Marx e Engels, a qual influenciou Vygotsky, mas ele estendeu essa ideia para o uso de signos. As sociedades criam não só instrumentos, mas também sistemas de signos; ambos são criados ao longo da história dessas sociedades e modificam, influenciam, seu desenvolvimento social e cultural. Para Vygotsky, é pela interiorização de instrumentos e sistemas de signos produzidos culturalmente que se dá o desenvolvimento cognitivo (Vygotsky, 1988). A combinação do uso de instrumentos e signos é característica apenas do ser humano e permite o desenvolvimento de funções mentais ou processos psicológicos superiores.

Repetindo: instrumentos e signos são construções sócio-históricas e culturais; por meio da apropriação (internalização) destas construções, via interação social, o sujeito se desenvolve cognitivamente. Quanto mais o indivíduo vai utilizando signos, tanto mais vão se modificando fundamentalmente as operações psicológicas das quais é capaz. Da mesma forma, quanto mais instrumentos vai aprendendo a usar, tanto mais se amplia, de modo quase ilimitado, a gama de atividades nas quais pode aplicar suas novas funções psicológicas. O desenvolvimento das funções mentais superiores passa, então, necessariamente por uma fase externa, uma vez que cada uma delas é, antes, uma função social. Isso significa que às funções mentais superiores aplicar-se-ia a Lei da Dupla Formação, de Vygotsky: no desenvolvimento cultural da criança, toda função aparece duas vezes – primeiro, em nível social; depois, em nível individual; primeiro, entre pessoas (interpessoal, interpsicológica); depois, se dá no interior da própria criança (intrapessoal, intrapsicológica). Todas as funções mentais superiores se originam como relações entre seres humanos (Vygotsky, 1930; *apud* Rivière, 1987).

Interação social

Diferentemente de outros teóricos cognitivistas – como, por exemplo, Piaget e Ausubel, que focalizam o indivíduo como unidade de análise –, Vygotsky enfoca a interação social. Sua unidade de análise não é nem o indivíduo nem o contexto, mas a interação entre eles.

A interação social é, portanto, na perspectiva vygotskyana, o veículo fundamental para a transmissão dinâmica (de inter para intrapessoal) do conhecimento social, histórica e culturalmente construído.

O que é, entretanto, interação social? Segundo Garton (1992, p. 11):

> Uma definição de interação social implica um mínimo de duas pessoas intercambiando informações. (O par, ou díade, é o menor microcosmo de interação social.) Implica também um certo grau de reciprocidade e bidirecionalidade entre os participantes. Ou seja, a interação social supõe envolvimento ativo (embora não necessariamente no mesmo nível) de ambos os participantes desse intercâmbio, trazendo a eles diferentes experiências e conhecimentos, tanto em termos qualitativos como quantitativos.

As crianças geralmente não crescem isoladas: interagem com os pais, com outros adultos da família, com outras crianças e assim por diante. Adolescentes, adultos, moços e velhos geralmente não vivem isolados: estão permanentemente interagindo socialmente, em casa, na rua, na escola etc. Para Vygotsky, essa interação é fundamental para o desenvolvimento cognitivo e linguístico de qualquer indivíduo. Contudo, seus mecanismos são difíceis de identificar, qualificar e quantificar com precisão.

Significados

Diretamente relacionada com a interação social está a aquisição de significados. Signo é alguma coisa que significa outra coisa. As palavras, por exemplo, são signos linguísticos. Gestos também são exemplos de signos. Os significados de palavras e gestos são construídos socialmente. Consideremos a palavra "mesa": socialmente, está acordado que esse signo linguístico significa o que há de regularidade em uma quantidade infinita de determinado tipo de objetos. Consideremos o gesto de apontar: socialmente se aceita para ele, entre outros, o significado de indicar um objeto, de querer esse objeto. Mas os significados são contextuais: em outra língua, a palavra "mesa" pode não significar nada ou ter significado distinto. A palavra "pesquisa", por exemplo, em português se aplica geralmente à atividade científica, enquanto em espanhol se refere mais à investigação policial. Gestos que têm significado obsceno em uma cultura podem não tê-lo em outra.

Por outro lado, dentro de uma mesma cultura ou dentro de uma mesma língua, determinados signos não significam nada ou, a rigor, não são signos para um indivíduo que jamais teve a oportunidade de captar significados para tais signos em interações sociais. Para uma criança pequena, apontar para um objeto pode ser inicialmente nada mais do que uma tentativa de pegar esse objeto. Mas, no momento em que alguém (interação social) pega o objeto e dá à criança ou, de alguma maneira, faz com que a criança alcance o objeto, o ato de apontar começa a ter significado para ela. Ela começa a captar o significado socialmente compartilhado de apontar – ou, em outras palavras, ela começa a aprender o que significa apontar, começa a internalizar o signo.

A internalização (reconstrução interna) de signos é fundamental para o desenvolvimento humano. "Os signos mediam a relação da pessoa com as outras e consigo mesma. A consciência humana, em seu sentido mais pleno, é precisamente 'contato social consigo mesmo', e, por isso, tem uma estrutura semiótica, está constituída por signos; tem, literalmente, uma origem cultural e, ao mesmo tempo, uma função instrumental de adaptação. É por isso que Vygotsky diz que 'a análise dos signos é o único método adequado para investigar a consciência humana'" (Rivière, 1987, p. 93).

Os instrumentos são orientados externamente: constituem um meio pelo qual a atividade humana externa é dirigida para o controle e domínio da natureza. Os signos, por outro lado, são orientados internamente, constituindo-se em um meio da atividade humana interna dirigido para o controle do próprio indivíduo (Vygotsky, 1988, p. 62). Para internalizar signos, o ser humano tem que captar os significados já compartilhados socialmente, ou seja, tem que passar a compartilhar significados já aceitos no contexto social em que se encontra – ou já construídos social, histórica e culturalmente. Percebe-se aí o papel fundamental da interação social, pois é por meio dela que a pessoa pode captar significados e certificar-se de que os significados que capta são aqueles compartilhados socialmente para os signos em questão. Em última análise, então, a interação social implica, sobretudo, um intercâmbio de significados. Por exemplo, para que uma criança internalize determinado signo, é indispensável que o significado desse signo lhe chegue de alguma maneira (tipicamente por intermédio de outra pessoa) e que ela tenha oportunidade de verificar (tipicamente externalizando para outra pessoa) se o significado que captou (para o signo que está reconstruindo internamente) é socialmente aceito, compartilhado.

A fala

Para Vygotsky, a linguagem é o mais importante sistema de signos para o desenvolvimento cognitivo da criança, pois a libera dos vínculos contextuais imediatos. O desenvolvimento dos processos mentais superiores depende de descontextualização, e a linguagem serve muito bem para isso na medida em que o uso de signos linguísticos (palavras, no caso) permite que a criança se afaste cada vez mais de um contexto concreto. O domínio da linguagem abstrata, descontextualizada, flexibiliza o pensamento conceitual e proposicional (Driscoll, 1995, p. 238). Na aprendizagem de conceitos, por exemplo, a criança inicialmente associa o nome do conceito, como "gato" ou "cadeira", a um animal ou objeto específico que encontrou na sua vida diária e que, em uma interação social, alguém lhe disse "isso é um gato" ou "isso é uma cadeira". Mas, pela a experiência – isto é, por meio de sucessivos encontros com diferentes gatos e cadeiras –, a criança aprende a abstrair, de um caso concreto, o nome do conceito e a generalizá-lo a muitas outras situações e instâncias. Quando isso acontece, os signos linguísticos ("gato" e "cadeira", no caso) passam a representar a classe de animais que socialmente chamamos gatos e a classe de objetos a que socialmente damos o nome de cadeira sem referência a nenhum exemplo em particular. Nesse caso, diz-se que os conceitos foram formados.

Naturalmente, a fala é extremamente importante no desenvolvimento da linguagem. Portanto, o desenvolvimento da fala deve ser, na perspectiva de Vygotsky, um marco fundamental no desenvolvimento cognitivo da criança:

> O momento de maior significado no curso do desenvolvimento intelectual, que dá origem às formas puramente humanas de inteligência prática e abstrata, acontece quando a fala e a atividade prática, então duas linhas completamente independentes de desenvolvimento, convergem. Embora o uso de instrumentos, pela criança durante o período pré-verbal, seja comparável àquele dos macacos antropoides, assim que a fala e o uso de signos são incorporados a qualquer ação, esta se transforma e se organiza ao longo de linhas inteiramente novas. Realiza-se, assim, o uso de instrumentos especificamente humanos, indo além do uso possível de instrumentos, mais limitado, pelos animais superiores. (Vygotsky, 1988, p. 27)

A inteligência prática se refere ao uso de instrumentos; a inteligência abstrata, à utilização de signos e sistemas de signos, dos quais a linguagem é o mais importante para o desenvolvimento cognitivo. Embora a inteligência prática e a fala se desenvolvam separadamente nas primeiras fases da vida da criança, elas convergem. A primeira manifestação desta convergência ocorre quando a criança começa a falar enquanto resolve um problema prático (Garton, 1992, p. 93). No entanto, para Vygotsky, a fala egocêntrica é o uso da linguagem para controlar e regular o comportamento da criança e não reflete pensamento egocêntrico. A fala egocêntrica vem da fala social e representa a utilização da linguagem para mediar ações. Para as crianças, a fala é tão importante quanto a ação para atingir um objetivo. Elas não ficam simplesmente falando o que estão fazendo: sua fala e ação fazem parte de uma mesma função psicológica complexa dirigida para a solução do problema em questão. As crianças resolvem suas tarefas práticas com a ajuda da fala, assim como dos olhos e das mãos. Quanto mais complexa for a ação exigida pela situação e menos direta a solução, maior é a importância da fala na operação como um todo (Vygotsky, 1988, p. 28).

A fala egocêntrica é, em grande parte, audível e compreensível ao observador externo, mas posteriormente torna-se o que se chama de fala interna, que é ininteligível aos outros, mas serve para regular ações e comportamentos do indivíduo. Portanto, o desenvolvimento da linguagem no indivíduo se dá da fala social (linguagem como comunicação) para a fala egocêntrica (linguagem como mediadora de ações) e desta para a fala interna. Esta, por sua vez, reflete uma independência cada vez maior em relação ao contexto extralinguístico que se manifesta por meio da abstração, que leva à conceitualização de objetos e eventos do mundo real. A internalização da fala leva à independência em relação à realidade concreta e permite o pensamento abstrato flexível, independente do contexto externo (Garton, 1992, p. 92-93).

Já havia sido dito em seções anteriores que a internalização de signos é fundamental para o desenvolvimento cognitivo e que este desenvolvimento passa necessariamente por uma fase externa, uma vez que as funções mentais superiores são, antes, funções sociais. Nesta seção, esse aspecto da teoria de Vygotsky voltou a ser tocado, enfocando-se especificamente a fala, pois, para ele, a linguagem é o mais importante sistema de signos. Ao finalizar esta seção, cabe reiterar que "embora a inteligência prática e o uso de signos possam operar independentemente em crianças pequenas, a unidade dialética desses sistemas no adulto humano constitui a verdadeira essência no comportamento humano complexo" (Vygotsky, 1988, p. 26).

Zona de desenvolvimento proximal

A tese da gênese social e instrumental das funções mentais superiores implica examinar a questão do desenvolvimento cognitivo e da aprendizagem de outro ponto de vista:

> Desde o momento em que o desenvolvimento das funções mentais superiores exige a internalização de instrumentos e signos em contextos de interação, a aprendizagem se converte na *condição* para o desenvolvimento dessas funções, desde que se situe precisamente na zona de *desenvolvimento potencial do sujeito*,[2] definida como a diferença entre o que ele é capaz de fazer por si só e o que pode fazer com ajuda de outros. Este conceito sintetiza, portanto, a concepção de desenvolvimento como apropriação de instrumentos e, especialmente, signos proporcionados por agentes culturais de interação, a idéia de que o sujeito humano não é só um destilado da espécie, mas também – em um sentido menos metafórico do que possa parecer – uma criação da cultura. (Rivière, 1987, p. 96)

Mais formalmente, a zona de desenvolvimento proximal é definida por Vygotsky como a distância entre o nível de desenvolvimento cognitivo real do indivíduo, tal como medido

---

2   Note-se que Rivière usa o termo *zona de desenvolvimento potencial do sujeito* possivelmente para enfatizar que aí está seu potencial de desenvolvimento. Normalmente, fala-se em zona de desenvolvimento proximal.

por sua capacidade de resolver problemas independentemente, e o seu nível de desenvolvimento potencial, tal como medido por meio da solução de problemas sob orientação (de um adulto, no caso de uma criança) ou em colaboração com companheiros mais capazes (Vygotsky, 1988, p. 97).

A zona de desenvolvimento proximal define as funções que ainda não amadureceram, mas que estão no processo de maturação. É uma medida do potencial de aprendizagem; representa a região na qual o desenvolvimento cognitivo ocorre; é dinâmica, está constantemente mudando.

A interação social que provoca a aprendizagem deve ocorrer dentro da zona de desenvolvimento proximal, mas, ao mesmo tempo, tem um papel importante na determinação dos limites dessa zona. O limite inferior é, por definição, fixado pelo nível real de desenvolvimento do aprendiz. O superior é determinado por processos instrucionais que podem ocorrer no brincar, no ensino formal ou informal, no trabalho. Independentemente do contexto, o importante é a interação social (Driscoll, 1995, p. 233).

O método experimental de Vygotsky

Na época de Vygotsky, os experimentos em psicologia eram conduzidos de modo a testar hipóteses, controlar variáveis rigorosamente, quantificar respostas, fazer inferências sobre relações de causa e efeito. Para ele, no entanto, os experimentos deveriam servir, sobretudo, para iluminar processos. Para isso, a metodologia experimental deveria oferecer o máximo de oportunidades para que o sujeito se engajasse nas mais diversas atividades que pudessem ser observadas em vez de rigidamente controladas (Cole; Scribner, 1988, p. 13). No método "genético-experimental", desenvolvido nessa ótica, ele empregava basicamente três técnicas em suas pesquisas com crianças. A primeira envolvia a introdução de obstáculos que perturbavam o andamento normal da solução de um problema – por exemplo, no estudo da fala egocêntrica, solicitar o trabalho cooperativo de crianças que falavam línguas diferentes. A segunda técnica envolvia o fornecimento de recursos externos para a solução de um problema, mas que podiam ser usados de diversas maneiras. Finalmente, na terceira, as crianças eram solicitadas a resolver problemas que excediam seus níveis de conhecimento e habilidades. O que havia de comum em todas essas técnicas era a ênfase nos processos em vez dos produtos (Driscoll, 1995, p. 226). A Vygotsky interessava o que as crianças faziam, não as soluções às quais poderiam eventualmente chegar. Naturalmente, essa ênfase em processos é coerente com a influência marxista presente na teoria de Vygotsky, assim como a ênfase na quantificação – característica da metodologia da pesquisa em psicologia na época – é coerente com a orientação behaviorista.

Formação de conceitos

Vygotsky e seus colaboradores estudaram experimentalmente o processo de formação de conceitos em mais de trezentas pessoas –crianças, adolescentes e adultos – e concluíram que:

> O desenvolvimento dos processos que finalmente resultam na formação de conceitos, começa na fase mais precoce da infância, mas as funções intelectuais que, numa

> combinação específica, formam a base psicológica do processo de formação de conceitos amadurece, se configura e se desenvolve somente na puberdade. Antes dessa idade, encontramos determinadas formações intelectuais que realizam funções semelhantes àquelas dos verdadeiros conceitos, ainda por surgir. No que diz respeito à composição, estrutura e operação, esses equivalentes funcionais dos conceitos têm, para com os conceitos verdadeiros, uma relação semelhante à do embrião com o organismo plenamente desenvolvido. (Vygotsky, 1987, p. 50)

As formações intelectuais, equivalentes funcionais dos conceitos, às quais se refere Vygotsky, são:

1. *Agregação desorganizada* ou *amontoado:* É o primeiro passo da criança pequena para a formação de conceitos; ocorre quando ela agrupa alguns objetos desiguais de maneira desorganizada, sem fundamento, para solucionar um problema que os adultos resolveriam com a formação de um novo conceito (*op. cit.*, p. 51). Nesta fase, o significado do signo é estendido de maneira difusa e não diferenciada a objetos naturalmente não relacionados entre si, mas ocasionalmente relacionados na percepção da criança. O significado da palavra-conceito denota, para a criança, apenas um aglomerado vago e sincrético de objetos isolados que, de uma forma ou outra, aglutinaram-se em uma imagem na sua mente *(ibid.).* O primeiro estágio desta fase é uma manifestação do estágio de tentativa e erro no desenvolvimento do pensamento; o amontoado é criado ao acaso, e cada objeto acrescentado é uma mera suposição ou tentativa. No estágio seguinte, a composição do amontoado é determinada em grande parte por uma organização do campo visual da criança pela posição espacial dos objetos *(ibid.).*

2. *Pensamento por complexos:* Nesta segunda fase, os objetos são agrupados não só por causa das impressões subjetivas da criança, mas também em razão de relações que de fato existem entre esses objetos. Há nesta fase uma sequência de estágios que se sucedem em função das relações estabelecidas entre os objetos – *associativa*, ligada a atributos comuns; *de coleções*, relacionadas a atributos complementares; *em cadeia*, em que as associações, feitas a partir de sequências de atributos (cores, formas, tamanhos etc.), levam ao estágio do complexo difuso quando esses atributos vão sendo modificados de forma vaga, flutuante e aparentemente ilimitada (Gaspar, 1994). O último estágio desta fase é o do pseudoconceito, que é ainda um complexo, porque a generalização formada na mente da criança, embora semelhante a um conceito, não tem ainda todas as suas características – como, por exemplo, a abstração. O pseudoconceito é, portanto, uma ponte entre o pensamento por complexos da criança e o pensamento do adulto *(ibid.).*

3. *Conceitos potenciais:* Resultam de uma espécie de abstração tão primitiva que, a rigor, não sucede o estágio dos pseudoconceitos, pois está presente, em certo grau, já nas fases iniciais do desenvolvimento da criança. Os complexos associativos, por exemplo, requerem a "abstração" de algum traço comum em diferentes objetos. Contudo, o traço abstrato é instável e facilmente cede seu domínio temporário a outros traços. Nos conceitos potenciais propriamente ditos, os traços abstraídos não se perdem tão facilmente, mas o verdadeiro conceito só aparece quando os

traços abstraídos são sintetizados e a síntese abstrata resultante passa a ser o principal instrumento do pensamento (Vygotsky, 1987, p. 68).

> Em síntese, os processos que levam à formação de conceitos desenvolvem-se a partir de duas linhas ou raízes genéticas distintas, uma que se origina dos agrupamentos e vai até os pseudoconceitos e outra, paralela, contemporânea dos conceitos potenciais. A convergência ou fusão dessas linhas dá origem a um processo qualitativamente diferente: a formação de conceitos. É importante notar que essa transição é gradual e não atinge simultaneamente todas as áreas de pensamento onde predominam, por muito tempo, o pensamento por complexos o que, aliás, caracteriza a adolescência. (Gaspar, 1994, p. 6)

Aprendizagem e ensino

Em face da importância para o ensino, cabe reiterar que "desde o momento em que o desenvolvimento das funções mentais superiores exige a internalização de instrumentos e signos em contextos de interação, a aprendizagem se converte em *condição* para o desenvolvimento dessas funções, desde que se situe precisamente na zona de desenvolvimento potencial do sujeito" (Rivière, 1987, p. 96). Em outras perspectivas teóricas, o desenvolvimento cognitivo tem sido interpretado como necessário para a aprendizagem – ou tomado quase como sinônimo. Na de Vygotsky, a aprendizagem é que é necessária para o desenvolvimento.

Analogamente, vale repetir que "a interação social que provoca a aprendizagem deve ocorrer dentro da zona de desenvolvimento potencial, mas, ao mesmo tempo, tem um papel importante na determinação dos limites dessa zona. O limite inferior é, por definição, fixado pelo nível real de desenvolvimento do aprendiz. O superior é determinado por processos instrucionais que podem ocorrer no brincar, no ensino formal ou informal, no trabalho. Independentemente do contexto, o importante é a interação social" (Driscoll, 1995, p. 233).

Para Vygotsky, o único bom ensino é aquele que está à frente do desenvolvimento cognitivo e o dirige. Analogamente, a única boa aprendizagem é aquela que está avançada em relação ao desenvolvimento. A aprendizagem orientada para níveis de desenvolvimento já alcançados não é efetiva do ponto de vista do desenvolvimento cognitivo do aprendiz.

Naturalmente, as ideias de Vygotsky sobre formação de conceitos são interessantes do ponto de vista instrucional, mas seguramente o papel fundamental do professor como mediador na aquisição de significados contextualmente aceitos, o indispensável intercâmbio de significados entre professor e aluno dentro da zona de desenvolvimento proximal do aprendiz, a origem social das funções mentais superiores e a linguagem – como o mais importante sistema de signos para o desenvolvimento cognitivo – são muito mais importantes para serem levados em conta no ensino.

Por exemplo, na interação social que deve caracterizar o ensino, o professor é o participante que já internalizou significados socialmente compartilhados para os materiais educativos do currículo. Em um episódio de ensino, o professor, de alguma maneira, apresenta ao aluno significados socialmente aceitos, no contexto de matéria de ensino, para determinado signo – da Física, da Matemática, da Língua Portuguesa, da Geografia. O aluno deve, então, de alguma maneira "devolver" ao professor o significado que captou. Nesse processo, o professor é responsável por verificar se o significado que o aluno captou é aceito, compartilhado socialmente. A responsabilidade do aluno é verificar se os significados que captou são aqueles que o professor pretendia que ele captasse e se são aqueles compartilhados no contexto da área de conhecimentos em questão. O ensino se consuma quando aluno e professor compartilham significados.

Essa visão de ensino como uma busca de congruência de significados tem sido defendida em tempos recentes por D. B. Gowin (1981), mas podemos encontrá-la muito antes em Vygotsky. Naturalmente, nesse processo o professor pode também aprender na medida em que clarifica ou incorpora significados à sua organização cognitiva; no entanto, como professor, ele está em posição distinta do aluno no que se refere ao domínio de instrumentos, signos e sistemas de signos contextualmente aceitos que já internalizou e que o aluno deverá ainda internalizar.

Esse modelo de intercâmbio de significados pouco ou nada diz sobre como se dá a internalização; todavia, deixa claro que esse intercâmbio é fundamental para a aprendizagem e, consequentemente, na ótica de Vygotsky, para o desenvolvimento cognitivo. Sem *interação social* – ou sem intercâmbio de significados – dentro da zona de desenvolvimento proximal do aprendiz, não há ensino, não há aprendizagem e não há desenvolvimento cognitivo. Interação e intercâmbio implicam necessariamente que todos os envolvidos no processo ensino-aprendizagem *devam falar* e tenham *oportunidade de falar*.

A mudança conceitual é claramente interpretável nessa perspectiva: implica internalização (reconstrução interna) de novos significados, delimitação do foco de conveniência de outros, talvez abandono de alguns, possível coexistência de significados incompatíveis. Enfim, é um processo complexo, evolutivo, com muitos matizes contextuais, que depende vitalmente de interação social e intenso intercâmbio de significados.

Conclusão

Neste capítulo, procurou-se dar uma visão introdutória à obra de Vygotsky, um gênio tão precocemente morto e apenas recentemente "descoberto" pelos que se interessam pelas chamadas teorias de aprendizagem. Sua teoria é construtivista no sentido de que os instrumentos, signos e sistemas de signos são construções sócio-históricas e culturais e que a internalização, no indivíduo, dos instrumentos e signos socialmente construídos é uma reconstrução interna em sua mente. A Figura 7.1 procura apresentar o construtivismo de Vygotsky em um mapa conceitual. Ele não chegou a entrar em detalhes sobre os mecanismos dessas construções, mas nem precisaria, pois simplesmente a maneira como ele teoriza em torno da premissa de que o desenvolvimento cognitivo não pode ser entendido sem referência ao contexto social, histórico e cultural em que ocorre é suficiente para justificar o estudo dessa teoria. Finalmente, reitera-se que este texto não é suficiente para um perfeito entendimento da teoria de Vygostky.

Bibliografia

COLE, M.; SCRIBNER, S. Introdução de Vygotsky, L. S. *A formação social da mente.* 2. ed. brasileira. São Paulo: Martins Fontes, 1988.

DRISCOLL, M. P. *Psychology of learning and instruction.* Boston, USA: Allyn and Bacon, 1995. 409 p.

GARTON, A. F. *Social interaction and the development of language and cognition.* Hillsdale, USA: Lawrence Erlbaum, 1992.

GASPAR, A. *A teoria de Vygotsky e o ensino de Física.* Trabalho apresentado no IV Encontro de Pesquisa em Ensino de Física, Florianópolis, 25 a 27 de maio de 1994.

GOWIN, D. B. *Educating.* Ithaca, NY: Cornell University Press, 1981. 210 p.

RIVIÈRE, A. *El sujeto de la psicología cognitiva.* Madrid: Alianza, 1987. 111 p.

VYGOTSKY, L. S. *Pensamento e linguagem.* 1. ed. brasileira. São Paulo, Martins Fontes, 1987. 135 p.

VYGOTSKY, L. S. *A formação social da mente.* 2. ed. brasileira. São Paulo: Martins Fontes, 1988. 168 p.

98 Teorias de Aprendizagem

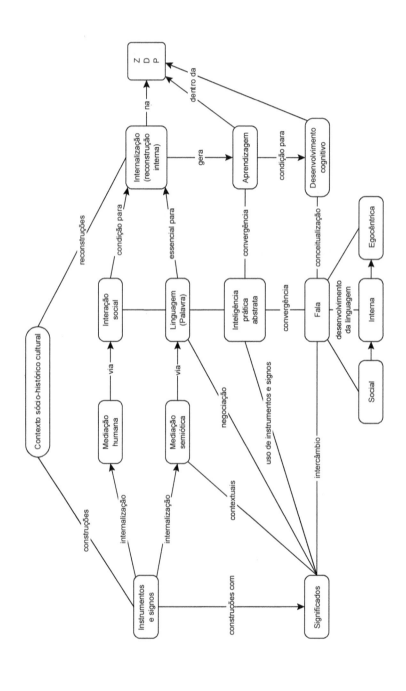

Figura 7.1 Um mapa conceitual para o construtivismo de Vygotsky.

Capítulo 8

A psicologia dos construtos pessoais de Kelly[1]

TEORIAS DE
TEORIAS
TEORIAS
TEORIAS
TEORIAS
**TEORIAS DE
APRENDIZAGEM**
APRENDIZAGEM
APRENDIZAGEM
APRENDIZAGEM
APRENDIZAGEM
APRENDIZAGEM

Objetivo

Este capítulo pretende ser apenas um resumo da teoria dos construtos pessoais de Kelly tal como apresentada no seu livro *A Theory of Personality – The Psychology of Personal Constructs* (1963). Ao resumir em poucas páginas aquilo que o autor apresenta em uma obra completa, é possível que ocorram omissões ou que alguns aspectos – como os corolários – sejam enfocados de maneira muito superficial. Por isso, recomenda-se ao leitor interessado que leia também o texto original de Kelly, o qual é bastante estruturado e de agradável leitura.

Introdução

George Kelly, norte-americano nascido em 1905, fez graduação em Matemática e Física, mestrado em Sociologia Educacional e doutorado em Psicologia. Durante a maior parte de sua carreira, foi professor de Psicologia na Ohio State University.

Sua obra *Uma Teoria da Personalidade – A Psicologia dos Construtos Pessoais* (Kelly, 1963) tem duas noções básicas como pontos de partida e uma posição filosófica subjacente. As duas noções são (ibid., p. 3): "primeira, que o ser humano poderia ser melhor entendido se fosse visto na perspectiva dos séculos, não na luz bruxuleante de momentos passageiros; segunda, que cada indivíduo contempla à sua maneira o fluxo de eventos no qual se vê tão rapidamente carregado." A posição filosófica é o *alternativismo construtivo* (*ibid.*, p. 15): "todas as nossas interpretações do universo estão sujeitas à revisão ou substituição."

---

1 MOREIRA, M. A. (1995). Monografia n. 8 da *Série Enfoques Teóricos*. Porto Alegre, Instituto de Física da UFRGS.

O homem-cientista

A ideia de ver o homem em uma perspectiva de longo alcance leva Kelly a vê-lo como o "homem-cientista" porque, segundo ele, grande parte do progresso humano é atribuído ao que se deu o nome de ciência. A noção de "homem-cientista" é uma abstração aplicável à raça humana, não uma classificação concreta de alguns homens em particular (*ibid.*, p. 4). Para Kelly, o progresso da raça humana ao longo dos séculos não ocorreu em função de suas necessidades – tipo comida, abrigo ou sexo –, mas sim de sua permanente tentativa de prever e controlar o fluxo de eventos no qual está envolvida. Assim como um cientista, o homem-cientista busca prever e controlar eventos. A noção de que cada indivíduo contempla à sua maneira esse fluxo de eventos é compatível com a ideia de prever e controlar e permite levar adiante a metáfora do "homem-cientista", pois diferentes pontos de vista pessoais corresponderiam a distintos pontos de vista teóricos de diferentes cientistas (*ibid.*, p. 5).

O universo de Kelly

A noção de alternativismo construtivo requer um esclarecimento sobre o universo de Kelly (1963, p. 6-7): 1) o universo está realmente existindo e o ser humano está gradualmente compreendendo-o; 2) o universo é integral; 3) o universo pode ser medido ao longo de uma dimensão temporal.

A primeira dessas suposições deixa claro que Kelly está falando de um mundo real, não um mundo constituído apenas pelo pensamento das pessoas. Ele acredita que os pensamentos também realmente existem, mas a correspondência entre o que as pessoas realmente pensam que existe e o que realmente existe está continuamente mudando.

Universo integral significa que todas suas partes têm uma exata relação com cada uma das demais. Contudo, dentro da limitada seção do universo que chamamos Terra e dentro do limitado período de tempo que reconhecemos como nosso presente, não percebemos muitas dessas relações. Aliás, isso significa que é exatamente o tempo que liga todas essas partes.

Dizer que o universo pode ser medido ao longo de uma dimensão temporal é uma maneira de dizer que o universo está continuamente mudando em relação a si mesmo. Como o tempo é uma dimensão que deve ser sempre considerada se quisermos contemplar mudanças, Kelly escolheu esta maneira de dizer que no universo sempre está acontecendo alguma coisa. O universo existe por estar acontecendo, e é nesse sentido que a primeira premissa de Kelly é que o universo está realmente existindo.

Qualquer criatura viva, junto com suas percepções, é parte desse mundo real e tem a capacidade criativa de representar seu ambiente, não de meramente responder a ele. Como ela pode representar seu meio, ela pode impor construções alternativas sobre ele e, de fato, fazer alguma coisa sobre esse meio se ele não lhe serve. Portanto, para a criatura viva, o universo é real, mas não inexorável, a menos que ela escolha construí-lo deste modo (ibid.,p. 8). Obviamente, embora sempre existam construções alternativas, algumas são definitivamente instrumentos pobres. O alternativismo construtivo não significa que é indiferente qual o conjunto de construções alternativas que o indivíduo escolhe para impor a seu mundo (*ibid.*, p. 15).

Resumindo o que foi dito até aqui (Kelly, 1963, p. 43):

> A humanidade, cujo progresso na busca de previsão e controle de eventos no seu entorno aparece tão claramente à luz dos séculos, inclui o homem[2] do dia a dia. As aspirações do cientista são essencialmente as do homem.
>
> O universo é real; está sempre acontecendo; é integral; e está aberto a interpretações parte por parte, gradativamente. Diferentes indivíduos o constroem de maneiras diferentes. Como ele não deve obediência prévia a qualquer uma das construções humanas, ele está sempre aberto à reconstrução. Algumas das construções alternativas se adaptam melhor às finalidades do homem do que outras. Logo, o homem entende seu mundo por meio de uma série infinita de aproximações sucessivas. Como o homem está sempre frente a construções alternativas, que ele pode explorar se quiser, ele não precisa ser, indefinidamente, vítima, nem de seu passado nem das presentes circunstâncias.
>
> A vida é caracterizada, não meramente por sua abstratibilidade ao longo da linha do tempo, mas, particularmente, pela capacidade da criatura viva de representar seu meio. Isso é especialmente verdadeiro para o homem, que elabora sistemas de construção através dos quais vê o mundo real. Estes sistemas também são reais, apesar de que podem estar enviesados. Portanto, tanto a natureza como a natureza humana existem fenomenologicamente.

Construtos

Um construto é uma representação do universo ou de parte dele, uma representação erigida por uma criatura viva e, então, testada frente à realidade desse universo. Como o universo é essencialmente um curso de eventos, a testagem de um construto é uma testagem frente a eventos subsequentes. Isso significa que um construto é testado em termos de sua eficiência preditiva (*ibid.*, p. 12).

Em outras palavras, o ser humano vê o mundo por meio de moldes – ou gabaritos – transparentes que ele cria e, então, tenta ajustar a eles as realidades do mundo. O ajuste nem sempre é bom, mas, sem tais moldes, o mundo parece uma homogeneidade indiferenciada à qual o homem não consegue dar sentido. Esses padrões, moldes e gabaritos que o indivíduo constrói para dar sentido às realidades do universo, Kelly chama de construtos (*ibid.*, p. 9).

Em geral, o ser humano procura melhorar sua construção aumentando seu repertório de construtos, ou alterando-os para melhorar o ajuste, ou subordinando-os a construtos superordenados ou sistemas de construção. Esse processo é muitas vezes descontinuado pelo dano que uma alteração em um construto subordinado traria a um construto superordenado. Frequentemente, o investimento pessoal na modificação de um construto super-ordenado – ou a dependência que o indivíduo tem em relação a ele – é tão grande que ele ignora a adoção de um construto subordinado mais preciso (*ibid.*, p. 9).

---

2   O sentido de homem, usado por Kelly neste parágrafo e, eventualmente, em algum outro, é o de raça humana.

Os construtos ou sistemas de construção que podem ser comunicados são compartilhados, inclusive em larga escala. Alguns sistemas de construção compartilhados em larga escala, ou sistemas públicos, são elaborados para que determinados domínios, ou campos, de fatos a eles se ajustem – por exemplo, construtos da Física para fatos físicos, da Psicologia para fatos psicológicos. Essa delimitação de domínios pode, no entanto, ser artificial: quando dois sistemas alternativos podem ser cada vez mais aplicados ao mesmo conjunto de fatos, os domínios se superpõem. Por outro lado, um mesmo evento no qual fatos estão baseados pode ser construído simultaneamente – e de maneira útil – dentro de distintas disciplinas como Física, Psicologia, Fisiologia ou Ciência Política, sem que ele fique devendo lealdade a nenhuma delas (*ibid.*, p. 10).

É importante também reconhecer que há limites até onde é conveniente aplicar certos construtos ou sistemas de construção. É sempre tentador estender os limites de construtos que se mostraram muito úteis dentro deles. No entanto, isso várias vezes não funciona, como é o caso do construto físico "energia", que não tem muito sentido quando usado em eventos psicológicos, *e.g.*, "energia mental" (*ibid.*, p. 35).

Os construtos, ou sistemas de construção, não só têm limites de conveniência como também focos de conveniência, ou seja, há pontos dentro de um domínio de eventos nos quais eles funcionam melhor. Geralmente, são os pontos que o construtor tinha em mente quando edificou o construto (*ibid.*, p. 11).

A noção de "homem-cientista" está muito presente aqui. A teoria que um cientista formula é um sistema de construção com foco e âmbito de conveniência. Essa teoria é, em geral, imediatamente testada e, logo que isso é feito, é quase certo que o cientista começa a modificá-la à luz dos resultados. Toda teoria tende, então, a ser transitória, assim como os construtos do "homem-cientista" – lembrando sempre que há construções melhores do que outras; alternativismo construtivo não é o mesmo que indiferença construtiva.

Quando construtos são usados para prever acontecimentos imediatos, eles se tornam mais suscetíveis de mudança ou revisão. A validação está rapidamente disponível. Quando são utilizados para prever eventos no futuro remoto, como a vida após a morte ou o fim do mundo, é menos provável que fiquem abertos à revisão e mudança. A testagem imediata de construtos, uma das características do método experimental na ciência, também caracteriza, segundo Kelly, qualquer pessoa alerta (*ibid.*, p. 13).

Teorias

O universo, segundo Kelly, não é um monumento abandonado: é um evento de enormes proporções cujo fim não é ainda aparente. Sobre esse universo, o homem constrói teorias que são expressões tentativas daquilo que vê como regularidades no fluxo de eventos de sua vida. Porém, uma teoria, sendo também um evento, pode, por sua vez, ser incorporada – ou subordinar-se – à outra teoria ou a uma parte superordenada de si. Uma teoria é ligada apenas pelo sistema de construção do qual se entende que ela faz parte. Naturalmente, esta ligação é temporária, durando apenas enquanto esse particular sistema superordenado for empregado (*ibid.*, p. 19).

Uma teoria liga ou determina os eventos que são subordinados a ela. Ela não é determinada pelos eventos, mas pelo ponto de vista superordenador do teorizador. Mas, ainda assim, deve sujeitar-se aos eventos a fim de prevê-los. Os eventos naturais, em si, não subordinam nossas construções; podemos vê-los do jeito que quisermos; no entanto obviamente, se quisermos prever corretamente eventos naturais, deveremos edificar algum tipo de construção que sirva para isso. E é essa construção que dirige o homem, não os eventos (*ibid.*, p. 20).

Nessa linha, pode-se dizer que, em última análise, é o próprio ser humano que dá a medida de sua liberdade e de sua escravidão em função do nível que escolhe para estabelecer suas convicções (*ibid.*, p. 21). O ser humano que ordena sua vida em termos de muitas convicções particulares e inflexíveis sobre eventos passageiros faz a si mesmo vítima das circunstâncias. Cada pequena convicção – não sujeita à revisão – determina se algum evento de amanhã lhe tratará alegria ou sofrimento. O homem cujas convicções têm uma perspectiva mais ampla, formuladas em termos de princípios em vez de regras, tem muito mais chance de descobrir aquelas alternativas que finalmente o tornarão livre (*ibid.*, p. 22).

Teorias são construções de homens e mulheres que buscam liberdade em meio a um turbilhão de eventos. Tais teorias incluem suposições prévias sobre certos domínios desses eventos. Na medida em que os eventos podem, a partir dessas suposições, ser interpretados e previstos e ter seu curso mapeado, a pessoa pode exercer controle e ganhar, no processo, liberdade para si.

É nessa perspectiva que Kelly elabora uma teoria formal, com um postulado e onze corolários, que ele chama de Psicologia dos Construtos Pessoais.

Postulado fundamental

Os processos de uma pessoa são psicologicamente canalizados pelas maneiras nas quais ela antecipa eventos.

Kelly utiliza o termo *pessoa* para indicar que está considerando o indivíduo, não qualquer parte dele, nem qualquer grupo de pessoas ou qualquer manifestação particular no seu comportamento. Fala em *processos* para deixar claro, de início, que eles constituem o objeto de sua psicologia. Usa o termo *psicologicamente* para significar que está conceitualizando processos de uma maneira psicológica, não que os processos a que se refere sejam necessariamente psicológicos (1963, p. 48).

Ele concebe os processos de uma pessoa operando mediante uma vasta rede de caminhos, flexível e frequentemente modificada, mas é estruturada e é tanto facilitadora como restritora do âmbito de ação da pessoa – daí, o termo *canalizados* (*ibid.*, p. 49).

Os canais são estabelecidos como meios para certos fins: eles são delineados pelos dispositivos que a pessoa inventa para atingir um objetivo. Para significar isso, Kelly utiliza o termo *maneiras*. A ênfase que ele põe nas maneiras pelas quais o *indivíduo* escolhe para operar, não no modo pelo qual a operação poderia ser idealmente levada a efeito, aparece no *elo* que consta do enunciado do postulado. Cada pessoa pode construir e utilizar diferentes maneiras, e é a maneira que *ela* escolhe que canaliza seus processos (*ibid.*, p. 49).

Assim como o protótipo do cientista que é, o homem busca predizer. Sua rede estruturada de caminhos segue em direção ao futuro de modo que ele pode *antecipá-lo*. Além disso, em última análise, a pessoa procura antecipar eventos reais. A antecipação não é um fim em si mesmo: ela é feita a fim de melhor representar a realidade futura. É o futuro que tantaliza a pessoa, não o passado (*ibid.*, p. 49).

Corolário da construção

Uma pessoa antecipa eventos construindo suas réplicas.

Ao termo *construindo*, Kelly dá o significado de "colocando uma interpretação". A pessoa coloca uma interpretação naquilo que construiu. Ela ergue uma estrutura dentro da qual o evento toma forma ou assume significado. Tanto a similaridade como o contraste são inerentes ao mesmo construto. Um construto que implicasse similaridade sem contraste representaria uma homogeneidade indiferenciada; um construto que implicasse contraste sem similaridade representaria uma homogeneidade particularizada. A primeira hipótese deixaria a pessoa sem referências; a segunda a deixaria em meio a uma série interminável de mudanças caleidoscópicas na qual nada lhe pareceria familiar (*ibid.*, p. 51).

A base das similaridades e diferenças que o ser humano usa em seus construtos está na segmentação do tempo que ele faz para separar eventos. O ser humano segmenta o tempo em períodos manejáveis que estão baseados em temas recorrentes. Por exemplo, hoje não é igual a ontem nem será igual a amanhã, mas o segmento de tempo que chamamos "dia" está baseado em alguma coisa que se repete (tema recorrente) de um segmento para outro, como o nascer e o pôr do sol. Já a segmentação do tempo permite dar inícios e fins aos eventos. Com isso e com as similaridades e diferenças, torna-se factível tentar predizer eventos, tal como fazemos quando dizemos que amanhã seguirá hoje. O que prevemos não é que amanhã será uma duplicação de hoje, que será um dia exatamente igual a hoje, mas sim que há aspectos do evento que chamamos hoje que serão replicados no evento que denominamos amanhã. É *nesse sentido que o homem antecipa eventos construindo suas réplicas* (*ibid.*, p. 53).

Corolário da individualidade

As pessoas diferem umas das outras nas suas construções de eventos.

As pessoas diferem não só porque pode haver diferenças nos eventos que tentam antecipar, mas também porque há diferentes abordagens à antecipação dos mesmos eventos. Mas isso não significa que não possam compartilhar experiências, pois cada um pode construir as semelhanças e diferenças entre os eventos nos quais está envolvido juntamente com aquelas nas quais a outra pessoa está envolvida, ou seja, as pessoas podem compartilhar significados por meio da construção das experiências de seus interlocutores juntamente com as suas próprias (*ibid.*, p. 55-56).

Corolário da organização

> *Cada pessoa, caracteristicamente, desenvolve, para sua conveniência na antecipação de eventos, um sistema de construção incorporando relações ordinais entre construtos.*

Diferentes construtos podem levar a predições incompatíveis. As pessoas, então, sentem a necessidade de desenvolver maneiras de antecipar eventos que transcendam contradições. Isso faz com que difiram não só em suas construções, mas também na maneira como as organizam. Uma pessoa pode resolver conflitos em suas antecipações por meio de um sistema ético. Outra pode resolvê-los em termos de autopreservação. Porém, uma mesma pessoa pode resolvê-los de uma maneira em uma oportunidade e de outra forma em outra situação. Tudo depende de como ela se posiciona para ter uma perspectiva (*ibid.*, p. 56).

Kelly usa o termo *caracteristicamente* para enfatizar a natureza personalística da construção também no caso do sistema de construção: não só os construtos são pessoais, como também o sistema hierárquico no qual estão organizados. É este arranjo sistemático que caracteriza a personalidade, mais do que as diferenças entre construtos individuais (*ibid.*, p. 56).

Quando ele usa o termo *desenvolve*, o faz para dizer que o sistema de construção não é estático, embora seja relativamente mais estável do que os construtos individuais que o compõem. O sistema de construção está continuamente tomando nova forma. Isso é uma maneira de dizer que a personalidade está continuamente tomando nova forma. A psicoterapia pode ajudar uma pessoa nesse processo.

Sistema de construção implica agrupamento de construtos no qual incompatibilidades e inconsistências foram minimizadas. Elas não desaparecem de todo. A sistematização ajuda a pessoa a evitar predições contraditórias.

Relações ordinais entre construtos significa que um construto pode subordinar outro como um de seus elementos. Dentro de um sistema de construção, pode haver vários níveis de relações ordinais, com alguns construtos subordinando outros que, por sua vez, ainda subordinam outros. Quando um construto subordina outro, sua relação ordinal é chamada de superordenada, enquanto a relação ordinal do outro é dita subordinada. Contudo, a relação ordinal entre construtos pode se inverter de tempos em tempos. As pessoas sistematizam seus construtos, organizando-os em hierarquias e abstraindo-os ainda mais. Porém, tanto organizando suas ideias em forma piramidal ou penetrando-as com *insights*, as pessoas constroem um sistema que incorpora relações ordinais entre construtos, para sua própria conveniência, na antecipação de eventos (*ibid.*, p. 58).

Corolário da dicotomia

> *O sistema de construção de uma pessoa é composto de um número finito de construtos dicotômicos.*

De acordo com o corolário da construção, uma pessoa antecipa eventos dando atenção a seus aspectos replicativos. Ao eleger um aspecto em relação ao qual dois eventos são réplicas um do outro, a pessoa define por essa mesma escolha que um outro evento não é réplica dos dois primeiros. Quer dizer, a escolha de um aspecto determina tanto o que será considerado similar como o que será contrastante. Por exemplo, se a participação de professores e alunos é um aspecto significativo para o evento que chamamos aula, esse aspecto serve também para dizer que um outro evento, digamos uma reunião de professores, não é uma aula. Por outro lado, escolheríamos um outro aspecto replicativo para dizer se um outro evento é ou não uma reunião de professores.

Kelly supõe que todos os construtos têm uma forma basicamente dicotômica: dentro de seu domínio de conveniência, um construto indica um aspecto de todos os elementos que estão dentro dele. Fora desse domínio de conveniência, tal aspecto não é reconhecível. Além disso, esse aspecto, quando detectado, é significativo somente porque serve de base para a similaridade e o constraste entre os elementos nos quais é observado (Kelly, 1963, p. 61). Por exemplo, o construto mesa tem significado não apenas porque uma série de objetos chamados mesas são similares uns aos outros em determinado aspecto, mas também porque outras peças de mobiliário estão em contraste em relação a esse mesmo aspecto. Faz sentido apontar para uma cadeira e dizer "isso não é uma mesa", mas não faz sentido apontar para o pôr do sol e dizer "isso não é uma mesa" (*ibid.*, p. 63).

Quando usa o termo *composto*, Kelly quer dizer que o sistema de construção é composto inteiramente de construtos. Sua estrutura organizacional é baseada em construtos de construtos. Quando fala em *número finito*, quer dizer que o pensamento do ser humano não é completamente fluido, mas canalizado. Se quer pensar sobre alguma coisa, deve seguir a rede de canais que estabeleceu para si mesmo – e somente recombinando velhos canais poderá criar novos. Tais canais estruturam seu pensamento e limitam seu acesso às ideias de outros (*ibid.*, p. 61).

Corolário da escolha

> *A pessoa escolhe para si aquela alternativa, em um construto dicotomizado, através da qual ela antecipa a maior possibilidade de extensão e definição de seu sistema de construção.*

O postulado de Kelly diz que "os processos de uma pessoa são psicologicamente canalizados pelas maneiras nas quais ela antecipa eventos"; como essas maneiras também se apresentam dicotomicamente, segue-se que a pessoa deve escolher entre os polos de suas dicotomias em um modo previsto por suas antecipações. Supõe-se, então, que sempre que uma pessoa se vir confrontada com a oportunidade de fazer uma escolha, ela tenderá a fazer tal escolha em favor da alternativa que lhe parecer a melhor base para antecipar os eventos subsequentes (*ibid.*, p. 64). É aí que o conflito interno tão frequentemente se manifesta.

Quer dizer, não só o sistema de construção de uma pessoa é composto de construtos dicotômicos, mas, dentro desse sistema de dicotomias, a pessoa organiza sua vida sobre uma ou outra das alternativas apresentadas em cada dicotomia. Contudo, isso não significa que ela não possa usar o construto de modo relativista (não ambíguo). Por exemplo, no construto "preto *vs.* branco", há lugar para "mais branco" e "mais preto" sem que isso implique ambiguidade. Um objeto pode ser mais preto do que outro, mas o outro não pode, ao mesmo tempo, ser mais preto do que o primeiro. Na verdade, os construtos dicotômicos podem ser encaixados em escalas que representam construtos superordenados que são abstrações adicionais de dicotomias particulares. Por exemplo, o construto "mais cinza *vs.* menos cinza" é uma abstração adicional do construto "preto *vs.* branco" (*ibid.*, p. 66).

Corolário do âmbito

Um construto é conveniente apenas para a antecipação de um âm*bito limitado de eventos.*

Um construto pessoal, assim como uma teoria, tem foco e âmbito de conveniência. Não há construto pessoal que seja relevante para qualquer coisa. Mesmo um construto como "bom *vs.* mau" dificilmente será aplicado por uma pessoa ao longo de todo seu campo perceptivo. Naturalmente, algumas pessoas utilizam esse construto de maneira mais abrangente do que outras, mas, mesmo assim, tendem a definir fronteiras de conveniência além das quais as coisas não são boas nem más. Um construto como "alto *vs.* baixo" é mais facilmente percebido como tendo um âmbito de conveniência, mas claramente não é aplicável, por exemplo, a tempo (no sentido de condições climáticas) (*ibid.*, p. 69).

Corolário da experiência

O sistema de construção de uma pessoa varia à medida que ela constrói, sucessivamente, réplicas de eventos.

A sucessão de eventos ao longo do tempo continuamente sujeita o sistema de construção de uma pessoa a um processo de validação. As interpretações colocadas (construções) nos eventos são hipóteses de trabalho submetidas ao teste da experiência. À medida que as antecipações ou hipóteses de uma pessoa são sucessivamente revisadas à luz do desenvolvimento de uma sequência de eventos, seu sistema de construção se modifica, evolui. A pessoa reconstrói. Isso é experiência (*ibid.*, p. 72).

Kelly utiliza o termo *varia* para evitar que se entenda a evolução do sistema necessariamente "para melhor" ou rumo à "estabilidade". A variação tanto pode perturbar o sistema causando novas variações que levarão a uma grande modificação como pode estabilizá-lo, tornando suas características básicas mais resistentes a modificações (1963, p. 73).

Corolário da modulação

A variação no sistema de construção de uma pessoa é limitada pela permeabilidade dos construtos dentro dos âmbitos de conveniência em que as variantes se situam.

O que este corolário diz é que a variação no sistema de construção ocorre dentro de um sistema superordenado. Assim como variações nas regras de um departamento acadêmico ocorrem no âmbito de determinadas normas e resoluções departamentais que podem ser modificadas no âmbito de um regimento geral que, por sua vez, pode ser modificado no âmbito de um estatuto cujas mudanças só podem ocorrer no âmbito de uma constituição, os construtos pessoais de uma pessoa podem ser modificados somente dentro de subsistemas de construção, e estes só podem mudar no âmbito de sistemas mais abrangentes (*ibid.*, p. 78).

Um construto é *permeável* se admite dentro de seu âmbito de conveniência novos elementos que não foram ainda aí construídos (interpretados). O corolário da modulação envolve, então, a noção de *permeabilidade de construtos superordenados*. As modificações de um construto ocorrem dentro do âmbito do construto superordenado ao qual ele se subordina na medida em que ele for permeável. Kelly usa o termo *variantes* para caracterizar construtos que substituem um ao outro.

Corolário da fragmentação

> *Uma pessoa pode empregar, sucessivamente, uma variedade de subsistemas de construção que são inferencialmente incompatíveis entre si.*

Novos construtos não são necessariamente derivações diretas, ou casos especiais, de velhos construtos da pessoa. Podemos estar certos apenas de que as mudanças que ocorrem de velhos para novos construtos têm lugar dentro de um subsistema maior. É bem possível que o que João pensa hoje não possa ser inferido diretamente do que ele pensava ontem. Contudo, a mudança, segundo o corolário da modulação, é consistente com aspectos mais estáveis de seu sistema de construção (ibid., p. 83). Naturalmente, é também possível que o velho construto seja um legítimo precursor do novo, mas, ainda assim, segundo Kelly, a relação é colateral em vez de linear. O velho e o novo construtos podem, em si, ser inferencialmente incompatíveis.

A tolerância de uma pessoa às incompatibilidades entre construtos que ela usa na construção diária de eventos está limitada pelos construtos predominantes de cuja permeabilidade ela depende para dar à vida seu significado mais amplo (*ibid.*, p. 89).

Corolário da comunalidade (*Commonality*)

> *Na medida em que uma pessoa emprega uma construção da experiência que é similar àquela empregada por outra pessoa, seus processos psicológicos são similares ao de outra pessoa.*

Este corolário e o seguinte (o da sociabilidade) referem-se a implicações do postulado fundamental para as relações interpessoais. O que ele diz é que é na similaridade, na construção de eventos que encontramos base para ações similares, não na identidade dos eventos em si. Duas pessoas podem agir de maneira semelhante mesmo se forem submetidas a estímulos bastante diferentes (*ibid.*, p. 91). Experiência, para Kelly, é uma questão de sucessivamente colocar interpretações em eventos (construir eventos). Construir experiência é fazer um balanço do resultado desse sucessivo construir. Portanto, se duas pessoas fizerem um balanço similar de suas sucessivas interpretações, seus comportamentos apresentarão características similares (*ibid.*, p. 92).

Sob a perspectiva deste corolário, a psicologia dos construtos pessoais é uma teoria antecipatória de comportamentos. Alguns dos eventos que uma pessoa antecipa são comportamentos de outras pessoas. A similaridade cultural pode, pelo menos em parte, ser compreendida em termos daquilo que a pessoa antecipa que as outras farão e, por outro lado, daquilo que ela pensa que os outros esperam que ela faça. No entanto, as pessoas pertencem a um determinado grupo cultural não meramente porque se comportam de maneira similar nem porque esperam as mesmas coisas dos outros, mas porque constroem suas experiências de maneira similar (*ibid.*, p. 94).

O corolário da comunalidade forma com o da individualidade um construto dicotômico subordinado ao construto superordenado que é o postulado fundamental.

Corolário da sociabilidade

> *Na medida em que uma pessoa constrói os processos de construção de outra, ela pode ter um papel em um processo social envolvendo a outra pessoa.*

Em termos da teoria dos construtos pessoais, *papel* é um processo psicológico baseado na construção que aquele que faz o papel chega em relação a aspectos do sistema de construção daqueles com os quais tenta juntar-se em uma atividade social. Em uma linguagem menos precisa, porém mais familiar, papel é um padrão de comportamento que decorre do entendimento de uma pessoa sobre como pensam os outros que estão associados a ela em uma tarefa. Em linguagem idiomática, papel é uma posição que uma pessoa assume em uma certa equipe, mesmo sem esperar sinais (*ibid.*, p. 97).

Segundo Kelly, a fim de ter um papel construtivo na relação com outra pessoa, é necessário não só, em certa medida, encará-la "olho no olho", mas também, em alguma medida, ter aceitação por ela e por sua maneira de ver as coisas, ou seja, se uma pessoa deve ter um papel construtivo na relação social com outra pessoa, ela necessita, mais do que construir as coisas da mesma maneira, construir a visão da outra pessoa. A psicologia social construtiva deve ser uma psicologia de entendimentos interpessoais, não meramente uma psicologia de entendimentos comuns.

Aprendizagem e ensino

Na noção de que o indivíduo representa o universo, ou partes dele, por meio de construtos pessoais – com os quais constrói sistemas de construção que têm organização hierárquica e dinâmica, aberta à mudança –, está embutido um conceito de aprendizagem kelliano. O sujeito edifica construtos pessoais com os quais coloca interpretações nos eventos e antecipa eventos replicando-os (corolário da construção), mas seu sistema de construção varia à medida que constrói sucessivamente réplicas de eventos (corolário da experiência). Variar significa não só modificar construtos, mas também reorganizar a hierarquia de construtos dentro do sistema de construção (corolário da reorganização). Isso tudo é aprendizagem.

Assim como os construtos, o sistema de construção de um aluno é único (corolário da individualidade). Seu sistema de construção é um agrupamento hierárquico de construtos no qual incompatibilidades e inconsistências são minimizadas, mas não desaparecem de todo (corolário da fragmentação).

Essa visão de aprendizagem tem profundas consequências para o ensino. Facilitar a mudança conceitual, por exemplo, implica facilitar mudanças de construtos ou mudanças no sistema de construção. Todavia, os construtos são pessoais; além disso, construtos incompatíveis (por exemplo, científicos e não científicos) podem coexistir no sistema de construção do aluno. Isso tem que ser considerado nas estratégias de mudança conceitual.

No ensino, é igualmente necessário considerar que o conhecimento a ser ensinado é também um sistema de construção. As teorias, os princípios, os conceitos são construções humanas e, portanto, sujeitas a mudanças, reconstruções, reorganizações. Se o conhecimento humano é construído, não tem sentido ensiná-lo como se fosse definitivo.

Se, entretanto, tudo isso for levado em conta, será ainda possível o ensino formal não individualizado? Claro que sim, pois há construtos compartilhados socialmente, e certamente muitos dos construtos pessoais têm componentes (significados) que são também compartilhados por outras pessoas – e, mais importante, alternativismo construtivo não significa que tudo vale, que é indiferente o construto ou o sistema de construção que a pessoa ou grupo cultural usa para colocar interpretações nos eventos que estão permanentemente acontecendo no universo. Definitivamente, há construtos que são interpretações pobres do universo.

Conclusão

O construtivismo de Kelly não é conhecido como o de Piaget. Aliás, para muitos, talvez até soe estranho falar em "construtivismo de Kelly". Mas, se pensarmos o construtivismo como uma postura filosófica em vez de uma teoria em particular, provavelmente concordaremos que tem sentido falar em construtivismo kellyano. Consideremos o que von Glasersfeld (1995, p. 1) chama de *construtivismo radical:* "o conhecimento, independente de como é definido, está na cabeça das pessoas; o sujeito cognitivo não tem outra alternativa senão construir o que sabe a partir de sua própria experiência; o que construímos da experiência é o único mundo no qual conscientemente vivemos". Não se enquadra aí o alternativismo construtivo de Kelly? Espera-se que este trabalho tenha deixado claro que sim e que a psicologia de Kelly tem implicações relevantes para um enfoque construtivista à instrução que não seja exclusivamente cognitivista. Complementando a descrição feita neste capítulo sobre a teoria de Kelly, a Figura 8.1 apresenta essa teoria em um diagrama conceitual.

Finalmente, reitera-se que este capítulo é apenas um resumo da teoria de Kelly. Sua obra original foi publicada em três volumes (1955) e posteriormente condensada no volume único (1963) no qual está baseado este texto. Nesse volume, Kelly explica e exemplifica, cuidadosa e detalhadamente, o postulado fundamental e cada um dos corolários. Para melhor compreensão e aprofundamento da psicologia de Kelly, é recomendável recorrer a esse volume.

Bibliografia

KELLY, G. A. A *theory of personality – The psychology of personal constructs.* New York: W. W. Norton & Company, 1963. 189 p.

VON GLASERSFELD, E. *Radical constructivism:* a way of knowing and learning. London: The Falmer Press, 1995. 213 p.

112 Teorias de Aprendizagem

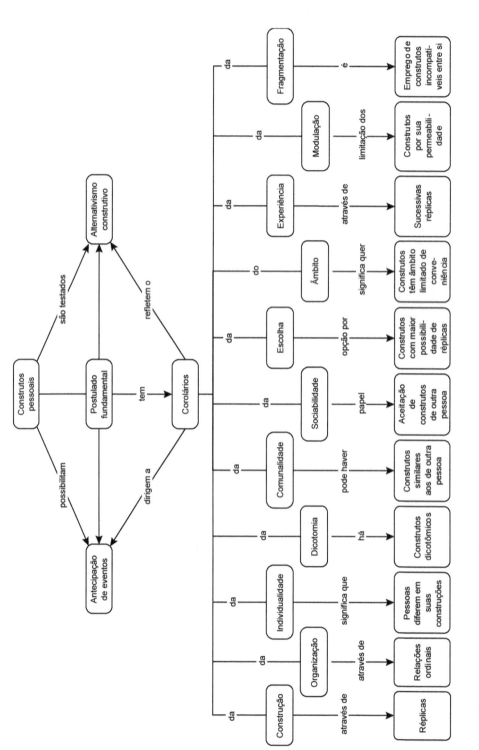

Figura 8.1 Um diagrama conceitual paa a Teoria dos Construtos Pessoais de George Kelly. O postulado fundamenttial da teoria é que os processos de uma pessoa são psicologicamente canalizados pelas maneiras nas quais ela antecipa eventos.

Capítulo 9

TEORIAS DE
TEORIAS
TEORIAS
TEORIAS
TEORIAS
**TEORIAS DE
APRENDIZAGEM**
APRENDIZAGEM
APRENDIZAGEM
APRENDIZAGEM
APRENDIZAGEM
APRENDIZAGEM

A teoria da aprendizagem significante de Rogers[1]

Objetivo

A finalidade deste capítulo é dar ao leitor uma visão geral da abordagem de Carl Rogers ao ensino e à aprendizagem. Trata-se, portanto, de um trabalho que não dispensa a leitura de textos do próprio Rogers para melhor compreensão de seu posicionamento. Aliás, os escritos de Rogers são de fácil e agradável leitura, recomendando-se de maneira especial *Liberdade para Aprender*[2].

Rogers nasceu em Chicago em 1902. Em 1924, graduou-se em História pela Universidade de Chicago e, em 1931, doutorou-se em Psicologia Educacional no "Teachers College" da Universidade de Columbia, em Nova York. Contudo, praticamente toda sua vida profissional esteve ligada à psicologia clínica, aconselhamento e estudos da pessoa.

Introdução

Para situar as posições de Rogers em um contexto geral voltado ao ensino e à aprendizagem, é conveniente o estabelecimento de algumas distinções.

Pode-se identificar três tipos gerais de aprendizagem: a *cognitiva*, que resulta no armazenamento organizado de informações na mente do ser que aprende; a *afetiva*, que resulta de sinais internos ao indivíduo e pode ser identificada com experiências tais como prazer

---

1 MOREIRA, M. A. (1995). Monografia n. 9 da *Série Enfoques Teóricos*. Porto Alegre, Instituto de Física da UFRGS. Originalmente divulgada, em 1980, na série *Melhoria do Ensino*, do Programa de Apoio ao Desenvolvimento do Ensino Superior (PADES)/UFRGS n. 16. Publicada, em 1985, no livro *Ensino e Aprendizagem*: enfoques teóricos. São Paulo: Editora Moraes. p. 75-83. Revisada em 1995.

2 Tradução para o português de *Freedom to Learn* (Rogers, 1969).

e dor, satisfação ou descontentamento, alegria ou ansiedade; e a *psicomotora*, que envolve respostas musculares adquiridas por meio de treino e prática.

Em termos de ensino, pode-se também distinguir três abordagens gerais: a comportamentalista (behaviorista), a cognitivista e a humanística. A orientação comportamentalista considera o aprendiz basicamente como um ser que responde a estímulos que lhe apresentam. Nessa perspectiva, a atenção volta-se para eventos observáveis e mensuráveis no mundo exterior ao indivíduo; essa ênfase no ambiente objetivo, por sua vez, provê uma base para o estudo de manipulações que produzem mudanças comportamentais.

A linha cognitivista enfatiza o processo da cognição por meio do qual o mundo de significados tem origem. À medida que o aluno aprende, estabelece relações de significação, isto é, atribui significados à realidade em que se encontra.

A abordagem humanística, por outro lado, considera primordialmente o aluno como pessoa. Ela é essencialmente livre para fazer escolhas em cada situação. O importante é a autorrealização da pessoa. O ensino deve facilitar a autorrealização, o crescimento pessoal.

Uma vez estabelecidas essas distinções, pode-se dizer que a abordagem rogeriana é basicamente humanística e visa à aprendizagem "pela pessoa inteira", uma aprendizagem que transcende e engloba os três tipos gerais (cognitiva, afetiva e psicomotora) apresentados no início desta seção. É essa aprendizagem que Rogers chama de significante e que ele supõe ser governada por uma série de "princípios de aprendizagem", não por uma "teoria de aprendizagem" como sugere o título desta monografia. Tais princípios serão apresentados imediatamente após a seção seguinte, em que serão enfocadas algumas proposições básicas de psicologia rogeriana nas quais eles têm sua origem.

A psicologia rogeriana

As ideias de Rogers[3] sobre aprendizagem e ensino apresentadas nas seções seguintes decorrem diretamente de sua longa experiência profissional como psicólogo e refletem sua "terapia centrada no cliente". Ele prefere o termo "cliente" em vez de paciente, porque o primeiro enfatiza uma participação ativa, voluntária e responsável do indivíduo nas relações terapêuticas; sugere também igualdade entre o terapeuta e a pessoa que procura ajuda, evitando a impressão de que o indivíduo está doente (Nye, 1975).

Rogers acredita que as pessoas têm dentro de si a capacidade de descobrir o que as está tornando infelizes e de provocar mudanças em sua vida. Essa capacidade, no entanto, pode estar latente. Nesse caso, o terapeuta deve ser capaz de ajudar o indivíduo a mobilizar suas tendências intrínsecas em direção à compreensão de si mesmo e ao crescimento pessoal. Aí está o foco da terapia centrada no cliente. O terapeuta provê uma atmosfera de compreensão e aceitação na qual o cliente pode expressar-se abertamente. Trata-se de uma terapia relativamente não diretiva. A tarefa do terapeuta não é a de dar conselhos para "curar" o cliente, e sim a de prover aceitação, compreensão e observações ocasionais enquanto busca melhor entendimento de si mesmo e das influências ambientais que o estão afetando.

3　Rogers vê o indivíduo como um todo, não só intelecto – daí usar frequentemente o termo "organismo".

Capítulo 9 A teoria da aprendizagem significante de Rogers

A propensão do ser humano para crescer em uma direção que engrandeça sua existência é uma premissa básica da psicologia rogeriana. Ele acredita que o organismo humano tende inerentemente à manutenção de si mesmo e à procura do engrandecimento, ou seja, o organismo tende à autorrealização. O ser humano é intrinsecamente bom e orientado para o crescimento: sob condições favoráveis, não ameaçadoras, procurará desenvolver suas potencialidades ao máximo. É nesse sentido que a psicologia rogeriana é humanística; ela é também fenomenológica[4] no sentido de que, para compreender o comportamento de um indivíduo, é importante entender como percebe a realidade. O campo perceptual de um indivíduo é sua "realidade"; cada indivíduo existe em um mundo de experiência continuamente mutável no qual é o centro (Milhollan e Forisha, 1978, p. 148). Fenomenologicamente, o mundo de experiência do indivíduo é fundamentalmente privado. O campo perceptual do indivíduo é, para si, sua realidade.

A fenomenologia de Rogers guarda bastante semelhança com a psicologia dos construtos pessoais de George Kelly (1963). Para Kelly, a pessoa tem a capacidade criativa de representar seu ambiente, não meramente responder a ele. A pessoa vê o mundo por meio de construtos pessoais, moldes ou gabaritos que ela cria e, então, tenta ajustar a eles as realidades do mundo. Kelly também utiliza o termo pessoa para indicar que se refere ao indivíduo como um todo.

Esta tentativa de dar uma visão geral da abordagem rogeriana à psicologia clínica foi feita com a finalidade de prover uma espécie de ancoradouro para a abordagem rogeriana à aprendizagem e ao ensino apresentada nas próximas seções. Obviamente, pode-se, de início, questionar a validade da transposição de princípios derivados de relações terapêuticas para o contexto escolar. Antes, porém, deve-se levar em conta que, justamente por isso, a abordagem rogeriana resulta de uma longa experiência *com pessoas* vistas como organismos inerentemente voltados para a autorrealização, para o crescimento pessoal. Isso sugere, desde já, que essa abordagem é centrada no aluno e na sua potencialidade para aprender.

A aprendizagem segundo Rogers

Rogers vê a facilitação da aprendizagem como o objetivo maior da educação – a seção seguinte tratará da facilitação; esta irá se ater à aprendizagem em si. Em vez de apresentar uma "teoria de aprendizagem", Rogers propõe uma série de "princípios de aprendizagem" (Rogers, 1969, p. 157-63) extrapolados de princípios da terapia centrada no cliente:

1. *Seres humanos têm uma potencialidade natural para aprender*

Os seres humanos são curiosos sobre seu mundo (até que – e a menos que – essa curiosidade seja neutralizada pelo sistema educacional). Têm uma tendência, um desejo natural de aprender, e esta é uma tendência na qual se pode confiar.

2. *A aprendizagem significante[5] ocorre quando a matéria de ensino é percebida pelo aluno como relevante para seus próprios objetivos*

---

4   A palavra "fenomenal" pode ser definida como aquilo que é percebido pelos sentidos em contraste com aquilo que é real (Milhollan e Forisha, 1978, p. 139).

5   Aprendizagem significante é, para Rogers, mais do que uma acumulação de fatos. É uma aprendizagem que provoca uma modificação, quer seja no comportamento do indivíduo, na orientação da ação futura que escolhe

A pessoa aprende significantemente apenas aquilo que ela percebe como envolvido na manutenção e engrandecimento do seu próprio eu (tendência à autorrealização). Rogers dá como exemplo dois alunos em um curso de estatística: um deles desenvolvendo um projeto no qual necessita usar o conteúdo do curso e o outro fazendo-o apenas porque é obrigatório. Indiscutivelmente, as aprendizagens serão diferentes.

Além disso, quando o aluno percebe que o conteúdo é relevante para atingir um certo objetivo, a aprendizagem é muito mais rápida.

3. *A aprendizagem que envolve mudança na organização do eu – na percepção de si mesmo – é ameaçadora e tende a suscitar resistência*

Para a maioria das pessoas, parece que, na medida em que *outras* estão certas, *elas* estão erradas. Então, a aceitação de valores externos pode ser profundamente ameaçadora aos valores que a pessoa já tem – daí a resistência a esse tipo de aprendizagem.

4. *As aprendizagens que ameaçam o eu são mais facilmente percebidas e assimiladas quando as ameaças externas se reduzem a um mínimo*

Rogers ilustra este princípio com o exemplo do aluno fraco em leitura que, por causa dessa deficiência, já se sente ameaçado e desajustado. Quando é forçado a ler em voz alta na frente do grupo, quando é ridicularizado, quando recebe notas baixas, não progride. Contrariamente, um ambiente de apoio e compreensão, a falta de notas ou um estímulo à autoavaliação reduzem a um mínimo as ameaças externas e lhe permitem progredir.

5. *Quando é pequena a ameaça ao eu, pode-se perceber a experiência de maneira diferenciada e a aprendizagem pode prosseguir*

O próprio Rogers reconhece que este princípio é apenas uma extensão ou elucidação do anterior. Qualquer tipo de aprendizagem envolve uma crescente diferenciação dos componentes da experiência e a assimilação dos significados dessas diferenciações. Quando o aluno se sente seguro e não ameaçado, essa diferenciação pode ser percebida e a aprendizagem pode ser levada a efeito.

6. *Grande parte da aprendizagem significante* é *adquirida por meio de atos*

Um dos meios mais eficazes de promover a aprendizagem consiste em colocar o aluno em confronto experiencial direto com problemas práticos – de natureza social, ética e filosófica ou pessoal – e com problemas de pesquisa.

7. *A aprendizagem é facilitada quando o aluno participa responsavelmente do processo de aprendizagem*

Quando o aluno escolhe suas próprias direções, descobre seus próprios recursos de aprendizagem, formula seus próprios problemas, decide sobre seu próprio curso de

---

ou nas suas atitudes e na sua personalidade. É uma aprendizagem penetrante que não se limita a um aumento de conhecimentos (Rogers, 1978). Não é, portanto, a mesma "aprendizagem significativa" de Ausubel (1980), embora não haja inconsistência entre ambas. É que Ausubel focaliza muito mais o aspecto cognitivo da aprendizagem – e a qualificação "significativa" vem do significado cognitivo que emerge na interação entre a nova informação e o conceito subsunçor especificamente relevante –, enquanto Rogers diz que seu conceito de aprendizagem vai muito além do cognitivo. O "significante" de Rogers se refere muito mais à significação pessoal, *i.e.*, significado para a pessoa.

ação, vive as consequências de cada uma dessas escolhas, a aprendizagem significante é maximizada.

8. *A aprendizagem autoiniciada que envolve a pessoa do aprendiz como um todo – sentimentos e intelecto – é mais duradoura e abrangente*

É um princípio que Rogers diz ter descoberto na psicoterapia: a aprendizagem mais eficaz é a da pessoa que se deixa envolver totalmente por si mesma. Não é uma aprendizagem somente cognitiva, do "pescoço para cima". É uma aprendizagem que envolve tanto o aspecto cognitivo como o afetivo da pessoa – é "visceral", profunda e abrangente. O aluno *sabe* que a aprendizagem é sua e pode mantê-la ou abandoná-la frente a uma aprendizagem mais profunda, sendo ele o avaliador, não necessitando apelar a alguma autoridade que corrobore seu julgamento.

9. *A independência, a criatividade e a autoconfiança são todas facilitadas quando a autocrítica e a autoavaliação são básicas e a avaliação feita por outros é de importância secundária*

A criatividade desabrocha em uma atmosfera de liberdade. A avaliação externa é grandemente infrutífera quando a finalidade é o trabalho criativo. Se uma criança deve crescer e tornar-se independente e autoconfiante, é preciso proporcionar-lhe desde cedo oportunidade – tanto de fazer seus próprios julgamentos e seus próprios erros como de avaliar as consequências de tais julgamentos e escolhas. O mesmo se aplica ao aluno em sala de aula. A autocrítica e a autoavaliação são fundamentais para ajudar o aluno a ser independente, criativo e autoconfiante.

10. *A aprendizagem socialmente mais útil no mundo moderno é a do próprio processo de aprender, uma contínua abertura à experiência e à incorporação, dentro de si mesmo, do processo de mudança*

Para viver em um mundo cuja característica central é a *mudança*, o indivíduo tem que aprender a aprender[6]. Isso implica estar aberto à experiência, uma postura de busca contínua de conhecimentos. Não é o conhecimento em si que será de utilidade, mas a atitude de busca constante do conhecimento.

O ensino na perspectiva de Rogers

Rogers diz ter uma reação negativa em relação ao ensino e justifica dizendo (1969, p. 103-4) que é porque o ensino, tal como é usualmente definido, levanta questões erradas. Uma delas, que surge de imediato, é a seguinte: o que ensinar? Isto é, o que, do ponto de observação "superior" do professor, o aluno precisa saber? Outra pergunta é: o que deve abranger o curso? Rogers duvida que um professor possa *realmente* ter certeza de sua resposta a esse tipo de perguntas. Para ele, qualquer resposta dada a perguntas dessa natureza pressupõe que aquilo que é ensinado é aprendido, que aquilo que é apresentado

---

6 O "aprender a aprender" de Rogers não é exatamente o mesmo de Novak e Gowin (1984), pois estes se referem a aprender como se aprende, a refletir sobre seus próprios processos cognitivos, enquanto Rogers pensa muito mais em aprender a buscar o conhecimento. Não são significados antagônicos – ao contrário, podem se complementar –, mas não querem dizer exatamente a mesma coisa.

é o que é assimilado. Diz ele desconhecer suposição tão obviamente falsa: basta conversar com alguns estudantes para verificar que não é verdadeira.

Qual é, então, a posição de Rogers em relação ao processo educacional?

Para ele, o objetivo desse sistema, desde os primeiros anos até a pós-graduação, deve ser a facilitação da mudança e da aprendizagem. A sociedade atual se caracteriza pela dinamicidade, pela mudança, não pela tradição, pela rigidez. O ser humano moderno vive em um ambiente que está continuamente mudando. O que é ensinado torna-se rapidamente obsoleto. Neste contexto, o único ser humano educado é o que aprendeu a aprender – o indivíduo que aprendeu a adaptar-se e mudar, que percebeu que nenhum conhecimento é seguro e que só o processo de busca do conhecimento dá uma base para segurança.

Facilitação da aprendizagem não é, no entanto, sinônimo de ensino no sentido usual (*ibid.*, p. 105-6):

> A iniciação dessa aprendizagem[7] não repousa em habilidades de ensino do líder, nem em sua erudição, nem em seu planejamento curricular, nem no uso que ele faz de recursos audiovisuais. Também não repousa nos materiais programados que ele usa, nem em suas aulas, nem na abundância de livros, apesar de que cada um desses recursos possa em um certo momento ser importante. Não, a facilitação da aprendizagem significante repousa em certas qualidades atitudinais que existem na *relação* interpessoal entre facilitador e aprendiz.

As atitudes que, no entender de Rogers, caracterizam o facilitador da aprendizagem são as seguintes (*ibid.*, p. 106-12):

- *Autenticidade no facilitador de aprendizagem.* Quando o professor (facilitador) é uma pessoa verdadeira, autêntica, genuína, despojando-se, na relação com o aluno (aprendiz), da "máscara" ou "fachada" de ser "o professor", é muito mais provável que seja eficaz. Isso significa que os sentimentos que está tendo, sejam quais forem, precisam ser aceitos por ele mesmo e que ele é capaz tanto de viver esses sentimentos como de comunicá-los na sua relação com o aluno. Sob esse ponto de vista, o professor é uma pessoa real com seus alunos, podendo mostrar-se entusiasmado, entediado, zangado ou simpático com os estudantes. Como ele aceita esses sentimentos como seus, não tem necessidade de impô-los aos seus alunos, ou seja, o professor é uma *pessoa* para seus alunos, e não um mecanismo por meio do qual o conhecimento é transmitido de uma geração para outra.

- *Prezar, aceitar, confiar.* Uma segunda qualidade do facilitador bem-sucedido se caracteriza por uma estima pelo aluno, mas uma estima não possessiva. É uma aceitação deste outro indivíduo como uma pessoa separada, tendo o seu próprio valor. É uma confiança básica: uma crença de que esta outra pessoa é, de alguma maneira fundamental, digna de confiança; é digna por seu próprio mérito e merecedora da plena oportunidade de buscar, experimentar e descobrir aquilo que lhe engrandece o eu. O facilitador que apresenta essa qualidade aceita os sentimentos pessoais

---

7 Rogers está aqui se referindo à aprendizagem autoiniciada, significante, experiencial, "visceral", "pela pessoa inteira".

do estudante, que tanto perturbam como promovem a aprendizagem, e o valoriza como ser humano imperfeito, dotado de muitos sentimentos e potencialidades.

- *Compreensão empática.* Um elemento adicional na criação de um clima de aprendizagem vivencial e autoiniciada é a compreensão empática. O professor apresenta essa atitude quando é capaz de compreender como o aluno reage interiormente, quando se apercebe como o processo de educação, e a aprendizagem parecem *ao aluno.* É uma atitude de colocar-se no lugar do estudante, de considerar o mundo por intermédio de seus olhos. Não significa "entender" o aluno no sentido usual de "entendo o que está errado com você". Quando há uma empatia sensível de parte do professor, a reação do aluno é mais ou menos do tipo: pelo menos alguém compreende como ser *eu* me parece e me faz sentir sem querer me analisar ou julgar. A compreensão empática faz com que o aluno se sinta compreendido em vez de julgado ou avaliado.

Essas são as qualidades atitudinais que, quando apresentadas pelo professor, facilitam a aprendizagem vivencial e autoiniciada e aumentam a probabilidade de aprendizagem significante. Entretanto, há ainda mais um requisito: o aluno, de alguma forma, deve perceber que o professor apresenta, de fato, essas qualidades. O aluno, durante tantas vezes e por tanto tempo, se deparou com professores de "fachada" que, ao encontrar um professor "verdadeiro", tenderá a mostrar-se desconfiado e poderá não perceber sua autenticidade.

Cabe ainda enfatizar a grande semelhança entre essas qualidades e aquelas que Rogers considera também necessárias em um encontro terapêutico bem-sucedido: o terapeuta deve ser congruente na relação, *i.e.,* genuíno sem fachadas defensivas; deve experimentar uma consideração positiva e incondicional pelo cliente, sentindo-o como tendo valor individual, independentemente de suas condições, sentimentos e comportamentos; deve, finalmente, compreender o cliente empaticamente.

Conclusão

Certamente, pouco do que Rogers propõe é observado comumente nas escolas.

Sua abordagem indica que o ensino seja centrado no aluno, que a atmosfera da sala de aula tenha o estudante como centro. Implica confiar na potencialidade do aluno para aprender, em criar condições favoráveis para o crescimento e autorrealização do aluno, em deixá-lo livre para aprender, manifestar seus sentimentos, escolher suas direções, formular seus próprios problemas, decidir sobre seu próprio curso de ação, viver as consequências de suas escolhas. O professor passa a ser um facilitador cuja autenticidade e capacidade de aceitar o aluno como pessoa e de colocar-se no lugar do aluno são mais relevantes para criar condições para que o aluno aprenda do que sua erudição, suas habilidades e o uso que faz de recursos instrucionais.

O ensino usual é centrado no professor e no conteúdo. É autoritário e ameaçador. É praticamente a antítese de uma abordagem rogeriana. A abordagem de Rogers não é, então, aplicável à escola tal como ela existe hoje? E, se houvesse condições, não seria ela ameaçadora e desconfortável para alguns (ou muitos) alunos?

De fato, a adoção de uma abordagem rogeriana em sua plenitude implicaria mudança radical, em uma revolução na escola. A viabilidade disso parece ser mínima; a conveniência fica como uma questão em aberto. Aliás, esta "revolução" foi tentada por intermédio "escolas abertas" que tiveram certa popularidade – principalmente nos Estados Unidos – nas décadas de 1970 e 1980. Em muitos casos, tais escolas fecharam ou mudaram de rumos. A análise de por que isso aconteceu foge completamente ao escopo deste trabalho, mas não é difícil encontrar na literatura da época fartas discussões sobre o tema.

Quanto à segunda pergunta, o próprio Rogers reconhece que sua abordagem pode ser ameaçadora para os alunos principalmente por não estarem preparados para ela (*ibid.*, p. 73):

> Na verdade, dez ou quinze anos atrás provavelmente teria dado ao grupo ainda mais liberdade, dando-lhe a oportunidade (e a tarefa) de construir o curso inteiro. Aprendi que isso causa muita ansiedade, frustração e irritação comigo. (Viemos para aprender de você! Você é pago para ser nosso professor! Não podemos planejar o curso. Não conhecemos o assunto.) Não sei se este ressentimento é necessário. Consequentemente, por covardia ou sabedoria, passei a prover limites e exigências[8] em quantidade suficiente para que possam ser percebidos como estrutura do curso, de modo que os alunos possam confortavelmente começar a trabalhar.

Quanto à liberdade a ser dada ao aluno, é também interessante a opinião do próprio Rogers (*ibid.*):

> Reconheço que, para outros, dar liberdade a um grupo pode ser uma coisa arriscada e perigosa de fazer, e que, consequentemente, eles não podem, genuinamente, dar esse grau de liberdade. A estes sugeriria: experimente dar o grau de liberdade que você pode, genuína e confortavelmente dar, e observe os resultados."

Embora essas ponderações de Rogers possam sugerir que ele próprio admite a inviabilidade prática de sua abordagem, elas, antes de mais nada, indicam que a questão não está na dicotomia "usar ou não usar a abordagem rogeriana" ("ser contra ou a favor de Rogers"). A questão parece estar muito mais voltada para a extensão em que os princípios rogerianos podem ser usados na sala de aula sem causar desconforto e ameaça aos alunos e ao professor.

Por exemplo, Rogers sugere que o "grupo de encontro", uma prática da psicologia, tem um grande potencial no contexto educacional para melhorar a comunicação interpessoal e facilitar a autoaprendizagem. Um grupo de encontro geralmente consiste de 10 a 15 pessoas, incluindo um líder ou facilitador. Trata-se de um grupo relativamente não estruturado, caracterizado por uma atmosfera de liberdade para a expressão de sentimentos pessoais e comunicação interpessoal. Para Rogers, por intermédio de grupos de encontro para alunos e professores, estes serão mais capazes de ouvir os

---

8 Na verdade, para Rogers, estas "exigências" são apenas diferentes maneiras de dizer ao aluno que ele tem liberdade para aprender.

estudantes, especialmente seus sentimentos, e diminuir dificuldades interpessoais com eles, enquanto os primeiros descobrirão que os professores também são pessoas falíveis e imperfeitas, mas igualmente orientadas para o crescimento pessoal e interessados na facilitação da aprendizagem de seus alunos.

Não seria esta uma técnica adequada em determinados momentos de um curso? Possivelmente, sim. Isso implicaria uma abordagem rogeriana do curso? Não necessariamente. A questão não é ser ou não ser rogeriano, mas até onde usar princípios e técnicas rogerianas sem desconforto para professores e estudantes a fim de facilitar a aprendizagem significante. Na Figura 9.1, aspectos relevantes da psicologia rogeriana para o ensino e a aprendizagem são destacados em um diagrama conceitual.

Bibliografia

AUSUBEL, D. P.; NOVAK, J. D.; HANESIAN, H. *Psicologia educacional.* (Trad. de Eva Nick *et al.*). Rio de Janeiro: Interamericana, 1980. 625 p.

BARBOSA, E. C. "A abordagem rogeriana". *Tecnologia educacional.* Ano JX, n. 35: 3741, 1980.

KELLY, G. A. *A theory of personality – The psychology of personal constructs.* Nova York: W. W. Norton, 1963. 189 p.

MILHOLLAN, F.; FORISHA, B. E. *Skinner x Rogers*: maneiras contrastantes de encarar a educação. São Paulo: Summus, 1978. 193 p.

NOVAK, J. D.; GOWIN, D. B. *Aprendiendo a aprender.* Barcelona: Martínez Roca, 1988.

NYE, R. D. *Three views of man;* perspectives from Sigmund Freud, B. F. Skinner, and Carl Rogers. Monterey: Cal., Brooks/Cole, 1975. 151 p.

ROGERS, C. R. *Freedom to learn.* Columbus, Ohio: Charles E. Merril, 1969. 358 p.

ROGERS, C. R. *Tornar-se pessoa.* 3. ed. São Paulo: Martins Fontes, 1978. 360 p.

ROGERS, C. R. *Liberdade para aprender.* Belo Horizonte: Interlivros, 1971. 331 p.

122 Teorias de Aprendizagem

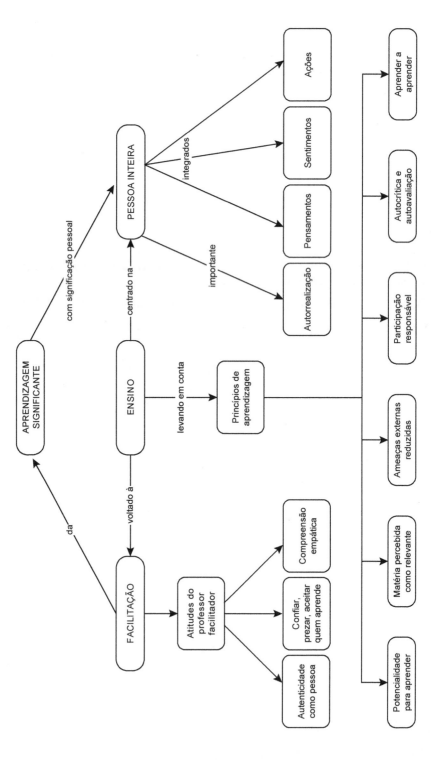

Figura 9.1 Um diagrama conceitual procurando destacar alguns aspectos relevâncias da psicologia de Carl Rogers para o ensino e a aprendizagem.

Capítulo 10

As pedagogias de Paulo Freire[1]

TEORIAS DE
TEORIAS
TEORIAS
TEORIAS
TEORIAS
TEORIAS DE APRENDIZAGEM
APRENDIZAGEM
APRENDIZAGEM
APRENDIZAGEM
APRENDIZAGEM
APRENDIZAGEM

Objetivo

O objetivo deste texto é fazer uma breve descrição de concepções educacionais e pedagógicas de Paulo Freire (1921-1997), procurando dar mais atenção a aspectos que estejam mais perto das questões de ensino e aprendizagem na escola de um modo geral, não apenas da alfabetização popular libertadora. É uma pequena monografia, longe de ser uma completa descrição da obra de Freire, a qual é muito rica e não se limita à alfabetização popular de adultos. Para aprofundamento, recomenda-se recorrer à bibliografia citada, em particular a três de seus livros: *Pedagogia do Oprimido* (1988), *Educação e Mudança* (1983) e *Pedagogia da Autonomia* (2007).

A pedagogia do oprimido

É a *pedagogia da libertação*, a pedagogia das pessoas empenhando-se na luta por sua libertação (1988, p. 40). É uma pedagogia que não pode ser elaborada nem praticada pelos opressores, pois, se partisse deles, faria dos oprimidos objetos de seu humanitarismo, mantendo e encarnando a própria opressão (*op. cit.*, p. 41). É uma pedagogia que não se acaba e que busca também a libertação dos opressores:

> A pedagogia do oprimido, como pedagogia humanista e libertadora, terá dois momentos distintos. O primeiro, em que os oprimidos vão desvelando o mundo da opressão e vão comprometendo-se, na práxis, com a sua transformação; o segundo em que, transformada a realidade opressora, esta pedagogia deixa de ser do oprimido e passa a ser a pedagogia dos homens em processo de permanente libertação (*ibid.*, p. 41).

> ... somente, os oprimidos, libertando-se, podem libertar os opressores. Estes, enquanto classe que oprime, nem libertam, nem se libertam... (*op. cit.*, p. 43).

---

1   São Paulo, E.P.U., 2011. Capítulo 10.

É também uma pedagogia da pergunta, que pode ser vivida tanto na escola como na luta política, substancialmente democrática e antiautoritária (Gadotti, 2001, p. 75).

A educação bancária

É aquela que anula o poder criador dos educandos ou o minimiza, estimulando sua ingenuidade, e não sua criticidade, satisfazendo os interesses dos opressores. É aquela da qual se servem os opressores para, dentro de uma falsa generosidade, "assistindo" os oprimidos, mantê-los na situação que os oprime (*op. cit.*, p. 60).

Na *concepção bancária*, a educação é o ato de depositar, transferir, transmitir valores e conhecimentos. Nessa concepção, o saber é uma doação dos que se julgam sábios aos que julgam nada saber (*ibid.*, pp. 58-59):

- o educador é o que educa; o educando, o que é educado;
- o educador é o que sabe; o educando, o que não sabe;
- o educador é o que pensa; o educando, o pensado;
- o educador é o que fala; o educando, o que escuta;
- o educador é o que disciplina; o educando, o disciplinado;
- o educador é o que opta; o educando, o que segue a opção;
- o educador é o que prescreve; o educando, o que segue a prescrição;
- o educador é o que escolhe o conteúdo; o educando, o que se acomoda a ele;
- o educador é o que atua; o educando, o que tem a ilusão de atuar;
- o educador é o sujeito do processo; o educando, mero objeto;
- o educador identifica a autoridade do saber com a autoridade funcional; o educando, o que deve adaptar-se, submeter-se.

Na concepção bancária, cabe à educação apassivar mais ainda os sujeitos que já são seres passivos, adaptando-os ao mundo: quanto mais adaptados, tanto mais educados (*ibid.*, p. 63). É uma educação que anula o poder criador dos educandos ou o minimiza, estimulando sua ingenuidade, e não sua criticidade (*ibid.*, p. 62):

> Se o educador é o que sabe, se os educandos são os que nada sabem, cabe àquele dar, entregar, levar, transmitir o seu saber aos segundos... Quanto mais se exercitem os educandos no arquivamento dos depósitos que lhes são feitos, tanto menos desenvolverão em si a consciência crítica de que resultaria sua inserção no mundo, como transformadores dele... Quanto mais se lhes imponha a passividade, tanto mais ingenuamente, em lugar de transformar, tendem a adaptar-se ao mundo, à realidade parcializada nos depósitos recebidos (*ibid.*, p. 60).

Nos dias de hoje, em que o discurso pedagógico e político é o *aprender a aprender* e o *ensino centrado no aluno*, a concepção de educação bancária de Freire, no mínimo, leva a uma reflexão o que é a escola e o que deveria ser para ser coerente com esse discurso.

A educação dialógica, problematizadora

Como se depreende das concepções de *pedagogia do oprimido* e *educação bancária*, a criticidade – a consciência crítica – é fundamental para a libertação. Para isso, segundo Freire, a dialogicidade – essência da educação como prática da liberdade (*ibid.*, p. 77) – é imprescindível. Diálogo, no entanto, não é palavreria, verbalismo, blá-blá-blá. Também não é a discussão guerreira, polêmica, entre sujeitos que buscam impor a sua verdade. Para Freire, não há diálogo se não há um profundo amor ao mundo e às pessoas (*ibid.*, p. 79).

E esse diálogo começa na busca do conteúdo programático. Contrariamente ao educador-bancário, para o educador-dialógico, problematizador:

> o conteúdo programático da educação não é uma doação ou uma imposição – um conjunto de informes a ser depositado nos educandos – mas a devolução organizada, sistematizada e acrescentada ao povo daqueles elementos que este lhe entregou de forma desestruturada (*ibid.*, p. 84).

Nessa perspectiva, a educação autêntica não se faz do educador para o educando ou do educador sobre o educando, mas do educador com o educando.

Decorre daí que o conteúdo programático deve ser de ambos, um conteúdo que deve ser buscado. Essa busca é o que inaugura o diálogo da educação como prática da liberdade. É o momento em que se realiza a investigação do que Freire chama de *universo temático* dos educandos ou o conjunto de seus *temas geradores* (*ibid.*, p. 87). É uma investigação que implica uma metodologia que não pode contradizer a dialogicidade da educação libertadora, sendo, portanto, igualmente dialógica, conscientizadora – e proporcionando ao mesmo tempo a apreensão dos temas geradores e a tomada de consciência dos indivíduos em torno dos mesmos (*ibid.*).

Tema gerador não é uma criação arbitrária ou uma hipótese de trabalho que deva ser comprovada (*ibid.*, p. 88). É importante também esclarecer que o tema gerador não se encontra nas pessoas isoladas da realidade nem tampouco na realidade separada das pessoas (*ibid.*, p. 98), mas sim nas relações pessoa-mundo.

A investigação de temas geradores implica a busca de *palavras geradoras*, uma pesquisa inicial do universo vocabular do educando: palavras típicas do povo, vocábulos mais carregados de certa emoção, ligados à experiência existencial dos educandos da qual a experiência profissional faz parte (Freire, 2007, p. 73).

Na etapa da alfabetização, a educação problematizadora, dialógica, busca e investiga as palavras geradoras; na pós-alfabetização, busca e investiga os temas geradores (*id.*, 1988, p. 102). A tarefa do educador dialógico é devolver o universo temático recolhido na investigação como problema, e não como dissertação, às pessoas de quem recebeu (*ibid.*). Essas palavras são escolhidas segundo critérios de riqueza fonética, dificuldades fonéticas e aspecto pragmático – maior entrosamento em determinada realidade social, cultural e política (*id.*, 2007, p. 74). Inicialmente devem codificar ou representar o modo de vida das pessoas do lugar; mais tarde, devem ser decodificadas de modo que a elas sejam associados temas geradores. Assim, por exemplo, à palavra geradora *governo*, podem ser associados temas geradores como plano político, poder político, papel do povo, participação popular (Gadotti, 2001, p. 35). Analogamente, à palavra geradora *salário* podem ser associados temas geradores como, por exemplo, seguridade social, trabalho escravo, classes sociais.

As palavras e os temas geradores constituem o núcleo do método de alfabetização freireano, no qual se pode distinguir três etapas: *investigação* (levantamento de palavras e temas geradores), *tematização* (descoberta de novos temas geradores relacionados com os iniciais; elaboração de fichas para a decomposição das famílias fonéticas) e *problematização* (a conscientização como objetivo final do método; saber ler e escrever torna-se instrumento de luta, atividade social e política) (*ibid.*, p. 40).

O estudar, o conhecer e o perguntar

Na educação bancária, estudar é memorizar conteúdos mecanicamente, sem significados. O que se espera do educando é a memorização dos conteúdos nele depositados. A compreensão e a significação não são requisitos – a memorização, sim.

Na educação dialógica, estudar requer apropriação da significação dos conteúdos, a busca de relações entre os conteúdos e entre eles e aspectos históricos, sociais e culturais do conhecimento. Requer também que o educando se assuma como sujeito do ato de estudar e adote uma postura crítica e sistemática. No entanto, a dimensão individual do sujeito que se assume como educando não é suficiente para explicar o processo de conhecimento dos conteúdos. Para conhecer, é preciso o outro. *Conhecer é um processo social, e o diálogo é justamente o cimento desse processo* (*ibid.*, p. 46). O diálogo é essencial como estratégia de ensino. *A educação problematizadora funda-se na relação dialógico-dialética entre educador e educando: ambos aprendem juntos* (*op. cit.*, p. 69).

Qual é, então, o papel do educador nessa educação? Antes de tudo, ele ou ela deve sair da posição de detentor de todo o saber e considerar o educando como também portador de saberes. No entanto, isso não significa que seja igual ao educando. Educador e educando são diferentes, mas essa diferença não pode ser antagônica. O educador deve dirigir o estudar do educando, porém sem autoritarismo e sem licenciosidade dos alunos. O processo educativo é sempre diretivo, mesmo em uma educação libertadora, mas essa diretividade não deve ser confundida com comando, domesticação. O educador freireano dirige os trabalhos do educando para, com ele, ultrapassar sua ingenuidade inicial. É um educador diretivo libertador, não manipulador, opressor, domesticador.

Nesse processo, a pergunta é essencial: perguntar é a própria essência do conhecer. O ato *de perguntar está ligado ao ato de existir, de ser, de estudar, de pesquisar, de conhecer* (*op. cit.*, p. 97).

Na educação bancária, o educador é quem pergunta e cobra do educando respostas memorizadas. Suas perguntas geralmente são questionamentos que os educandos não se fazem.

Na educação dialógica, o educando é quem deve perguntar, questionar. Entretanto, isso não significa que o educador seja um repositório de respostas nem que existam respostas definitivas. Não há respostas definitivas. Todas são provisórias. O importante é o perguntar que leva ao conhecer, que também não é definitivo.

Educação permanente, amor e consciência crítica

A educação na perspectiva freireana é permanente: *Não há seres educados e não educados. Estamos todos nos educando. Existem graus de educação, mas estes não são absolutos. O homem, por ser inacabado, incompleto, não sabe de maneira absoluta* (Freire, 1983, p. 28). No entanto, para Freire, essa educação permanente não existe sem amor: *O amor implica luta contra o egoísmo. Quem não é capaz de amar os seres inacabados não pode educar. Não há educação imposta, como não há amor imposto. Quem não ama não compreende o próximo, não o respeita* (*op. cit.*, p. 29). Esse conceito de educação permanente e com amor não é o que predomina na escola. Nesta, o que mais se vê é a educação bancária, enfatizando a *consciência ingênua* em prejuízo da *consciência crítica*.

A consciência ingênua tende a um simplismo na interpretação dos problemas, a aceitar formas gregárias ou massificadoras do comportamento, a ser frágil na discussão dos problemas, a aceitar a realidade como não mutável, a apresentar compreensões mágicas... (*op. cit.*, p. 40).

A consciência crítica não se satisfaz com aparências: reconhece que a realidade é mutável, indagadora, investigadora, intensamente inquieta, procura verificar as explicações, não aceita explicações mágicas, ama o diálogo, está sempre disposta a revisões... (*op. cit.*, p. 41).

O desenvolvimento da consciência crítica estaria vinculado a outra escola na qual predominasse uma *pedagogia da autonomia*.

A pedagogia da autonomia

Paulo Freire sempre se destacou por uma pedagogia libertadora, uma educação política, mas, em sua obra *Pedagogia da autonomia:* saberes necessários à prática educativa (2007), encontramos muitos princípios sobre a docência que cabem perfeitamente em qualquer curso sobre metodologia de ensino.

Os princípios gerais são: *1. não há docência sem discência; 2. ensinar não é transferir conhecimento; 3. ensinar é uma especificidade humana.*

O primeiro deles implica que quem ensina aprende ao ensinar, e quem aprende ensina ao aprender; que ensinar inexiste sem aprender, e vice-versa (*op. cit.*, p. 23). Esse princípio incorpora vários outros, por exemplo:

Ensinar exige rigorosidade metódica: reforçar no educando a capacidade crítica, a curiosidade, a insubmissão; trabalhar com ele a rigorosidade metódica com que deve se aproximar dos objetivos cognoscíveis; evidenciar-lhe que é tão fundamental adquirir, dominar e reconstruir o conhecimento existente estando aberto e apto à produção de conhecimento ainda não existente (*ibid.*, p. 28).

Ensinar exige criticidade: na verdade, a curiosidade ingênua que, "desarmada", está associada ao saber do senso comum é a mesma curiosidade que, criticizando-se, aproximando-se de forma cada vez mais metodicamente rigorosa do objeto cognoscível, se torna curiosidade epistemológica (*ibid.*, p. 31).

Ensinar exige reflexão sobre a prática: na formação permanente dos professores, o momento fundamental é o da reflexão crítica sobre a prática; é pensando criticamente a prática de hoje ou de ontem que se pode melhorar a próxima prática (*ibid.*, p. 39).

Ao referir-se à formação docente, Paulo Freire, em outra passagem, reitera a importância da crítica, mas a considera indissociável de aspectos humanistas:

> Nenhuma formação docente verdadeira pode fazer-se alheada, de um lado, do exercício da criticidade que implica a promoção da curiosidade ingênua à curiosidade epistemológica e, de outro, sem o reconhecimento do valor das emoções, da sensibilidade, da efetividade, da intuição ou adivinhação (*ibid.*, p. 45).

O segundo princípio geral da pedagogia da autonomia de Freire é o de que *ensinar não é transferir conhecimento*, mas criar as possibilidades para sua própria produção ou a sua construção (*ibid.*, p. 47). Para ele, *o educador que, ensinando qualquer matéria, castra a curiosidade do educando em nome da eficácia da memorização mecânica do ensino dos conteúdos, tolhe a liberdade do educando, a sua capacidade de aventurar-se. Não forma, domestica* (*ibid.*, p. 56).

O terceiro princípio geral da pedagogia freireana é o de que *ensinar é uma especificidade humana*, ao qual estão subordinados vários outros que serão aqui apenas listados, deixando ao leitor a tarefa – e o prazer – de ler o que Freire diz de cada um deles (*ibid.*, p. 91-146):

- Ensinar exige segurança, competência profissional e generosidade.
- Ensinar exige comprometimento.
- Ensinar exige compreender que a educação é uma forma de intervenção no mundo.
- Ensinar exige liberdade e autoridade.
- Ensinar exige tomada consciente de decisões.
- Ensinar exige saber escutar.
- Ensinar exige reconhecer que a educação é ideológica.
- Ensinar exige disponibilidade para o diálogo.
- Ensinar exige querer bem aos educandos.

Aprendizagem e ensino

Como já foi dito, a abordagem freireana vai além da pedagogia do oprimido, da alfabetização popular libertadora. Suas concepções sobre educação e ensino são atuais e têm implicações para a aprendizagem e o ensino na escola seja qual for a libertação que dela se espere. Grande parte do discurso pedagógico atual está assentado em duas premissas: *aprender a aprender* e *ensino centrado no aluno*. Para isso, o professor deve ser o mediador; a interação social é fundamental; os conteúdos são importantes, mas mais importante do que eles é a significação, a aprendizagem significativa desses conteúdos; o conhecimento prévio é o ponto de partida; as situações de ensino devem fazer sentido para o aluno; os significados devem ser construídos criticamente. Tudo isso está em Freire e em outros conhecidos autores como Carl Rogers (aprender a aprender, liberdade para aprender, crescimento pessoal), Lev Vygotsky (interação social, captação de significados, mediação humana e semiótica), David Ausubel (aprendizagem significativa e mecânica, conhecimento prévio como variável mais importante para a aprendizagem), Gérard Vergnaud (situações-problemas são o que dão sentido aos conceitos; o domínio de um campo conceitual é progressivo, lento, com continuidades e rupturas), assim como com a aprendizagem significativa crítica (Moreira, 2005) defendida pelo autor desta monografia (perguntas em vez de respostas, incerteza do conhecimento, desaprendizagem).

Mesmo que Freire estivesse sempre buscando a libertação dos oprimidos – e opressores – na perspectiva social, sua pedagogia da autonomia pode ser interpretada como libertadora de um modo geral, particularmente em uma escola na qual ainda predomina a educação bancária. A pedagogia da autonomia, assim como a educação bancária e a educação dialógica, estão destacadas no diagrama conceitual apresentado na Figura 10.1.

Bibliografia

FREIRE, P. *Educação e mudança*. 9. ed. São Paulo: Paz e Terra, 1983, 175 p.

FREIRE, P. *Pedagogia do oprimido*. 18. ed. São Paulo: Paz e Terra, 1988. 184 p.

FREIRE, P. *Pedagogia da autonomia:* saberes necessários à prática educativa. 36. ed. São Paulo: Paz e Terra, 2007. 79 p.

GADOTTI, M. *Convite* à *leitura de Paulo Freire*. 2. ed. São Paulo: Scipione, 2001.

MOREIRA, M. A. *Aprendizagem significativa crítica*. Porto Alegre: Ed. do Autor, 2005. 47 p.

STRECK, D. R., REDIN, E.; ZITKOSKI, J. J. (Orgs.). *Dicionário Paulo Freire*. Belo Horizonte: Autêntica, 2008. 445 p.

130 Teorias de Aprendizagem

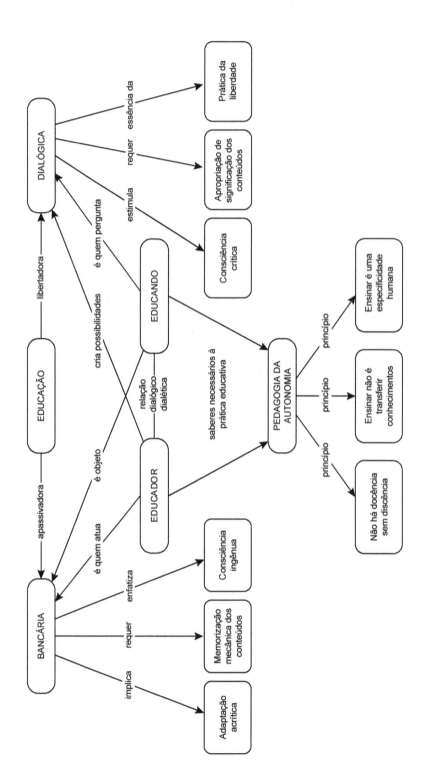

Figura 10.1 Um diagrama conceitual destacando a educação bancária, a educação dialógica e a pedagogia da autonomia de Paulo Freire.

Capítulo 11

A teoria da experiência de John Dewey

TEORIAS DE
TEORIAS
TEORIAS
TEORIAS
TEORIAS
TEORIAS DE
APRENDIZAGEM
APRENDIZAGEM
APRENDIZAGEM
APRENDIZAGEM
APRENDIZAGEM
APRENDIZAGEM

Objetivo

De certa forma, o objetivo deste capítulo é resgatar – como referencial em educação, ensino e aprendizagem – a teoria de Dewey, que, embora tenha sido proposta há muito tempo, ainda é bastante atual.

Introdução

John Dewey (1859-1952), reconhecido internacionalmente como grande educador e filósofo norte-americano, escreveu e atuou em áreas de educação, filosofia, psicologia, política, economia, democracia, entre outras. Contudo, neste texto, serão abordados somente alguns tópicos da vasta obra de Dewey que têm a ver com educação, ensino e aprendizagem. Não é, portanto, um texto completo sobre Dewey. Longe disso, mas serão destacados aspectos de suas posturas educacionais que têm muito a ver com a educação e o ensino contemporâneos, embora tenham sido por ele assumidas há décadas. Por exemplo, despertar o interesse dos alunos pela matéria de ensino é um dos grandes desafios do ensino contemporâneo, um tema que Dewey abordou muito apropriadamente em 1916 na primeira edição de seu livro *Democracy and Education*. Seu doutorado foi na Universidade Johns Hopkins em 1884, e sua tese foi sobre a filosofia de Kant. Depois, foi professor nas universidades de Michigan e Chicago. De 1905 até aposentar-se em 1930, foi professor na Universidade de Columbia, na cidade de Nova York, onde integrou-se ao *Teachers College*, uma das melhores faculdades de educação do mundo.

Educação progressiva

No âmbito das teorias educacionais, é comum situar Dewey como fundador da educação progressiva, a qual é identificada com instrução centrada na criança (Flinberg, 2018, p. xi).

Certamente outros educadores compartilharam essa proposta, mas Dewey destacou-se na luta contra a educação tradicional, conservadora. Para ele, a educação tradicional ocupava-se da entrega de conhecimentos já existentes e não dava atenção às experiências de aprendizagem do aprendiz.

Em suas palavras: *Que educação não é uma questão de narrar e ouvir, mas sim um processo ativo e construtivo*, é um princípio geralmente violado *na prática* (Dewey, 2018, p. 43).

> Se todos envolvidos na educação se dessem conta que a qualidade do processo mental, não a produção de respostas corretas, é a medida do crescimento educativo, algo como uma revolução no ensino aconteceria (*op. cit.*, p. 187).

São falas de Dewey há mais de 100 anos (a primeira edição da referência dada é de 1916), mas a cultura da resposta correta, do treinamento para as provas (*o teaching for testing*) continua vigente. Escolas e professores têm que se submeter a essa "educação" conservadora, não progressiva. Dewey já dizia isso há muito tempo:

> O vício de objetivos externamente impostos tem raízes profundas. Professores os recebem de autoridades superiores; essas autoridades aceitam esses objetivos a partir de políticas correntes na comunidade. Professores, então, os impõem aos alunos (*op. cit.*, p. 116).

Para Dewey, a tarefa dos professores não deveria ser a de transferir conhecimentos e habilidades aos alunos, mas sim a de usar experiências de seus alunos como estratégia de ensino. Contudo, o desafio de uma educação baseada em experiências é o de prover aos alunos experiências de qualidade que resultarão em crescimento e criatividade (Bates, 2019, p. 20). Essas experiências devem engajar os alunos e levar à construção de conhecimentos usando suas próprias experiências já existentes, refletindo sobre elas.

O conteúdo da educação tradicional consiste em corpos de conhecimentos e habilidades desenvolvidos no passado; a obrigação da escola é transmiti-los às novas gerações, assim como padrões e regras de conduta. A principal meta é preparar essas gerações para futuras responsabilidades e sucessos na vida por meio da aquisição desses corpos de informações e procedimentos já existentes. Em uma educação progressiva, em uma nova educação, em vez de aprender memoristicamente por meio de professores e livros, jovens deveriam aprender por meio da experiência. Em vez de preparar, ou treinar, alunos para um futuro mais ou menos remoto, suas experiências nas suas vidas atuais deveriam ser usadas como estratégia de ensino e aprendizagem. Não significa banir conhecimentos – declarativos e procedimentais – já existentes, mas usá-los a partir de outra perspectiva e dar atenção à individualidade e à experiência na aprendizagem.

Educação e democracia

Dewey assumia que a democracia implicava certo tipo de pessoa e que o desenvolvimento desta era a responsabilidade básica das escolas públicas (Feinberg, 2018). Os valores básicos da democracia deveriam ser socialmente construídos, e as escolas públicas teriam essa responsabilidade. Ele defendia uma educação centrada na criança, porque entendia que essa democratização deveria começar nos primeiros anos de escolaridade. Sua filosofia de educação progressiva tinha subjacente a formação de um cidadão democrático. Para ele, *a meta da educação progressiva é participar da correção de injustos privilégios e deprivações, não a de perpetuá-los* (Dewey, 2018, p. 128).

Dewey acreditava que o desenvolvimento do caráter democrático era tarefa central das escolas. A educação centrada na criança era fundamental para ele, porque o engajamento ativo das crianças era essencial se fosse para que crescessem na perspectiva de cidadania democrática. O professor democrático deveria promover esse engajamento por meio de atividades significativas (Feinberg, 2018, p. xi).

Pragmatismo

Embora fosse primariamente um psicólogo behaviorista, Dewey abraçou uma visão verdadeiramente humanista na qual seres humanos, não crenças, são os principais agentes e a pesquisa científica, não determinismos dialéticos, é o principal instrumento de mudanças e possível progresso (Feinberg, 2008, p. 20).

Essa visão pragmática enfatiza a ciência não como fonte de certeza, mas de probabilidades e métodos estatísticos e desenfatiza a religião e a metafísica.

Para Dewey, nessa perspectiva pragmática, pensamento é um ato que envolve todo o ser humano, não algo que ocorre em um lugar secreto chamado mente. Mente é um processo, não um lugar ou uma coisa (*op. cit.*, p. 22). Pensamento e mente são instâncias com função instrumental.

Assim como Dewey não foi fundador da educação progressiva, mas um dos criadores desse paradigma e o defendeu em contraposição à educação tradicional, ele também não foi fundador do pragmatismo. Essa corrente filosófica teve diversos fundadores e uma pluralidade de abordagens, mas há em comum, como uma visão de mundo, uma atitude perante a vida, um modo de pensar e de enfrentar problemas.

O pragmatismo de Dewey não é aquele associado à concentração em resultados, ao "aprender fazendo" ou à "tentativa e erro", mas sim a um modo para pensar e agir de maneira criativa (imaginativa) e consequente, ou seja, orientada para o futuro. Segundo Elkjaer (2013, p. 91), o pragmatismo de Dewey detém a chave para uma teoria de aprendizagem para o futuro, uma teoria que deve defender o ensino de uma prontidão para responder de maneira criativa à diferença e à alteridade, incluindo a capacidade de agir imaginativamente em situações de incerteza.

Na versão de Dewey, o pragmatismo é um método para pensar e agir de maneira criativa (imaginativa) e orientada para o futuro (*i.e.*, consequente) (*op. cit.*, p. 95). Na sua interpretação filosófica do pragmatismo, a cognição está intimamente relacionada com a ação e não deve ser compreendida por meio de teorias abstratas e gerais. A compreensão da aprendizagem como inovadora baseia-se nessa relação aberta e criativa entre o pensamento e a ação como antecipatórios e reflexivos (*ibid.*, p. 95). A filosofia deve ter utilidade prática na vida das pessoas em vez de ser uma atividade puramente intelectual (*op. cit.*, p. 94).

Experiência

Já foi dito no início deste texto que Dewey defendia a importância das experiências como estratégia de ensino e criticava a educação tradicional por não dar atenção às experiências de aprendizagem dos alunos. No ensino, aprendizes deveriam ter experiências de qualidade que, junto com suas experiências já existentes, levassem a aprendizagens.

Porém, que experiências seriam essas? Qual seria o significado de experiência na visão de educação e ensino de Dewey?

Primeiramente, é preciso ficar claro que, para ele, uma mera atividade não constitui experiência (Dewey, 2018, p. 148).

A natureza da experiência pode ser entendida somente levando em conta que inclui dois elementos, um ativo e outro passivo, peculiarmente combinados. No lado ativo experiência é tentar, experimentar, enquanto no passivo é suportar, vivenciar, passar por. Quando experimentamos alguma coisa, atuamos, fazemos algo e, então, sofremos, vivenciamos, as consequências (*ibid.*).

A experiência, segundo Dewey, não está associada principalmente ao conhecimento, mas às vidas e ao modo de viver dos seres humanos (Elkjaer, 2013, p. 92). Essa visão da experiência como abrangendo a relação entre sujeito e mundos, a investigação como instrumental e o conhecimento como falível significa que o pragmatismo pode ser considerado uma teoria da aprendizagem para o futuro (*ibid.*).

Contudo, a suposição de que toda essa aprendizagem ocorre por meio da experiência não significa que quaisquer experiências são genuína ou igualmente educativas. Tudo depende da qualidade da experiência, e essa qualidade tem dois aspectos: o imediato refere-se a ser agradável ou desagradável, e o outro tem a ver com sua influência em experiências posteriores. O primeiro é óbvio e fácil de julgar, mas o segundo é um desafio para o educador, pois lhe cabe trabalhar com educandos experiências que não lhes desagradam, mas devem ir além disso, pois devem promover desejáveis experiências futuras (Dewey, 2015, p. 27).

A educação progressiva, segundo Dewey, requer uma filosofia da educação baseada em uma filosofia da experiência. Essa requisição, por sua vez, implica difíceis tarefas instrucionais no que se refere a materiais, métodos e relações sociais apropriadas. É para que a educação seja uma realidade, não apenas um nome ou *slogan*, que Dewey argumentava sobre a necessidade de uma filosofia da experiência.

Consequentemente, como já foi dito, o desafio de uma educação baseada em experiências é prover aos aprendizes experiências de qualidade que resultem em crescimento e criatividade (Bates, 2019, p. 20).

Interesse

Despertar o interesse dos alunos pelos conteúdos, declarativos ou procedimentais, que estão sendo trabalhados nas aulas, assim como pelas experiências de qualidade mencionadas na seção anterior, é um grande desafio (particularmente no ensino tradicional, voltado para conhecimentos e habilidades do passado).

Já na primeira edição de seu livro *Democracy and Education*, em 1916, Dewey definia interesse da seguinte maneira:

> A palavra interesse sugere etimologicamente, o que está *entre*, aquilo que conecta duas coisas que estariam distantes se não existisse. Na educação essa distância é muitas vezes pensada como sendo uma questão de tempo, não dando atenção ao fato de que há muito o que superar entre um estágio inicial do processo e o período de sua finalização; há alguma coisa entre [...]. (*ibid.*, p. 136)

Na aprendizagem, as capacidades do aprendiz constituem o estágio inicial; os objetivos do professor representam um limite remoto. Entre os dois está o *meio*, ou seja, condições intermediárias: ações a serem cumpridas; dificuldades a serem superadas; aplicações a serem feitas. Somente por meio delas, em certo tempo, é que atividades iniciais alcançarão uma consumação satisfatória.

Interesse significa que quem está aprendendo se identifica com os objetos de estudo que definem a atividade e fornecem meios e obstáculos à sua realização (*op. cit.*, p. 147).

Recentemente, os autores Renninger, Nieswandt e Hidi (2015) identificaram cinco características do interesse com as quais tendem a concordar todos aqueles que o estudam como uma variável pedagógica distinta (*ibid.*, pp. 1-2):

1. interesse sempre se refere à interação com algum conteúdo em particular (*e.g.*, matemática, ciências, letras);
2. interesse existe em uma relação particular entre aprendiz e seu entorno;
3. interesse tem tanto componentes afetivos como cognitivos, apesar de que a influência de cada um varia dependendo da fase de desenvolvimento do interesse;
4. o aprendiz pode, ou não, estar consciente que seu interesse foi despertado;
5. interesse funciona como uma recompensa que leva o aprendiz a procurar novos recursos e desafios.

Estudos têm demonstrado que a presença do interesse influencia positivamente a atenção do aprendiz, o uso de estratégias e a definição de suas metas. Interesse pode ser usado como apoio mesmo quando a pessoa inicialmente tem baixa autoeficácia, falta de metas e/ou não é capaz de se autorregular (*ibid.*, p. 2).

Quatro *fases* caracterizam o desenvolvimento de interesse (*ibid.*, p. 4): *situacional despertadora, situacional mantida, situacional emergente e interesse individual bem desenvolvido*. Nas fases iniciais do interesse (despertado e mantido), aprendizes necessitam de apoio para fazer conexões entre tarefas e o mundo real, enquanto, em fases posteriores (emergente e interesse individual), essas conexões estão feitas, e os aprendizes estão prontos para trabalhar mais diretamente com desafios do conteúdo.

A *autorregulação* refere-se ao processo pelo qual aprendizes sistematicamente focam seus pensamentos, sentimentos e ações para alcançar metas de aprendizagem. Consiste em três processos: *auto-observação* (monitoramento), *autojulgamento* e *autorreação*.

Auto-observação significa dar atenção a seu próprio comportamento; autojulgamento, significa comparar o nível atual de desempenho com as metas individuais; autorreação, significa responder cognitiva, afetiva e comportamentalmente ao seu próprio autojulgamento (*ibid.*, p. 116).

Pensamento reflexivo

A experiência defendida por Dewey como essencial na educação envolve uma conexão entre fazer ou tentar alguma coisa que levará a uma consequência. A separação entre a fase ativa e a passiva da consequência destrói o significado da experiência (Dewey, 2008, p. 161). O pensamento reflexivo deve fazer parte desse processo, ou seja, do que é feito e suas consequências.

O pensar reflexivo é, para Dewey, investigação e segue os passos da metodologia científica, gerando hipóteses e pensando nas consequências de suas confirmações ou negações. Pensar de maneira reflexiva é usar a mente para examinar uma experiência, um problema, prever uma consequência e refletir sobre o que passará dependendo de sua concretização ou não.

Nessa linha, educar é, para Dewey, ensinar a pensar reflexivamente. Pensar e refletir devem ser um marco na prática docente (Bates, 2019, p. 21). Estimulando alunos a compartilhar seus pensamentos, o professor os conhecerá melhor e terá melhores resultados experienciais em sala de aula.

Contrariamente, na educação tradicional, em vez de serem ensinados a pensar, refletir e aprender a aprender, os alunos são estimulados a memorizar conteúdos mecanicamente e encarar experiências como acabadas, definitivas.

Ensino

Na perspectiva de educação progressiva, pragmática e experiencial de Dewey, ensinar não é facilitar a aprendizagem de conhecimentos já produzidos e a aquisição de habilidades já desenvolvidas. Esses conhecimentos e habilidades não devem ser ignorados, mas não devem ser o foco, o fim do ensino. Pouco resta dessa aprendizagem após seu uso nas provas.

O desafio do ensino nessa ótica é prover aos aprendizes experiências que, junto com experiências já existentes em suas vidas, levam a crescimento pessoal e criatividade. Pensamento e reflexão devem ter papel importante nesse ensino. Aprendizes devem ser estimulados a refletir sobre suas experiências e a compartilhá-las com seus colegas. Essas experiências já existentes interagindo com as proporcionadas no ensino devem despertar o interesse dos aprendizes pelos conhecimentos e habilidades subjacentes, assim como pela construção de novos conhecimentos e novos procedimentos. Sem interesse não haverá crescimento pessoal nem criatividade.

Conclusão

No começo deste texto, procurou-se deixar claro que seria uma espécie de "introdução" à filosofia educacional de Dewey, longe de ser um texto completo sobre sua obra. Foram abordados – sem aprofundamentos – educação progressiva, educação e democracia, pragmatismo (educação pragmática), experiência (educação experiencial, aprendizagem para o futuro) e interesse e aprendizagem.

Praticamente, todas ideias que estão subjacentes a essas concepções de Dewey refletem sua rejeição à educação tradicional, conservadora, reprodutora, massificadora, apassivadora. Na Figura 11.1, a seguir, é apresentado um diagrama conceitual para teorias educacionais, tendo Dewey como referência.

A educação hoje ainda é tradicional, reprodutora e preparadora para provas. O ensino treinador para provas é conhecido internacionalmente como *teaching for testing*. Mudar radicalmente essa cultura é inviável, mas por que não usar, em alguma medida ou como pontos de reflexão, os significados de Dewey para progressividade, pragmatismo, experiência, interesse e pensamento reflexivo sem confundi-los com interpretações simplistas do cotidiano?

Bibliografia

BATES, B. *Learning Theories Simplified*. 2nd ed. London: SAGE Publications, 2019. 358 p.

DEWEY, J. *Democracy and Education*. Gorham, ME: Myers Education Press, 2018. 386 p. First Edition 1916.

DEWEY, J. *Experience and Education*. New York, N.Y.: Free Press, 2015. 91 p. First Edition 1938.

ELKJAER, B. Pragmatismo: uma teoria da aprendizagem para o futuro. *In*: ILLERIS. K. (Org.). *Teorias contemporâneas da aprendizagem*. Porto Alegre: Penso, 2013. p. 91-108.

FEINBERG, W. *Dewey and Education*. New York, N.Y.: Routledge, 2018. 133 p.

ILLERIS, K. (Org.). *Teorias contemporâneas da aprendizagem*. Porto Alegre: Penso, 2013. 278 p.

RENNINGER, K. A.; NIESWANDT, M.; HIDI, S. (eds.). *Interest in mathematics and science learning*. Washington, D.C.: American Educational Research Association, 2015. 417 p.

138 Teorias de Aprendizagem

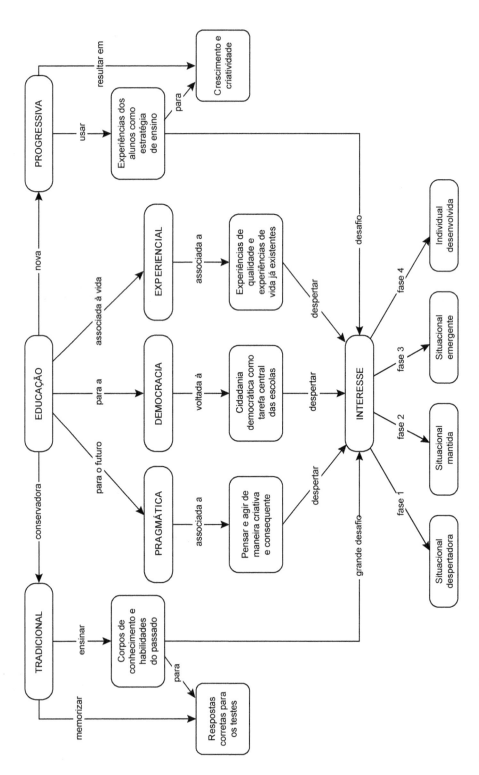

Figura 11.1 Um diagrama conceitual para teorias educacionais, tendo a Teoria da Experiência de John Dewey como referencial.

Capítulo 12

A teoria da aprendizagem significativa de Ausubel[1]

Objetivo

Este capítulo tem por finalidade oferecer uma visão geral da teoria de aprendizagem de David Ausubel (1968, 1978, 1980, 2000) e suas implicações para o ensino e a aprendizagem em sala de aula. Embora haja uma preocupação em atingir esse objetivo por meio de uma linguagem acessível, isso talvez nem sempre será possível a fim de não distorcer aspectos relevantes da teoria. Cabe também registrar que, em face do caráter relativamente superficial deste texto – decorrente do objetivo a que se propõe –, ele pode não ser suficiente para um perfeito entendimento da teoria de Ausubel. Para isso, deve-se obviamente recorrer à bibliografia indicada.

Ausubel foi Professor Emérito da Universidade de Columbia, em Nova York. Médico-psiquiatra de formação, dedicou sua carreira acadêmica à psicologia educacional. Ao aposentar-se, depois de muitos anos, voltou à psiquiatria. Desde então, Joseph D. Novak, Professor de Educação da Universidade de Cornell, é quem tem elaborado, refinado e divulgado a teoria da aprendizagem significativa – a tal ponto que, hoje, fosse mais adequado falar teoria de Ausubel e Novak. Ausubel faleceu em 2008, aos 90 anos.

Introdução

Podem-se distinguir três tipos gerais de aprendizagem: cognitiva, afetiva e psicomotora. A aprendizagem cognitiva é aquela que resulta no armazenamento organizado de informações na mente do ser que aprende, e esse complexo organizado é conhecido como estrutura

---

1 MOREIRA, M. A. (1995). Monografia n. 10 da *Série Enfoques Teóricos*. Porto Alegre, Instituto de Física da UFRGS. Originalmente divulgada, em 1980, na série *Melhoria do Ensino*, do Programa de Apoio ao Desenvolvimento do Ensino Superior (PADES)/UFRGS n. 15. Publicada, em 1985, no livro *Ensino e aprendizagem*: enfoques teóricos, São Paulo: Editora Moraes, p. 61-73. Revisada em 1995 e 2009.

cognitiva. A aprendizagem afetiva resulta de sinais internos ao indivíduo e pode ser identificada com experiências como prazer e dor, satisfação ou descontentamento, alegria ou ansiedade. Algumas experiências afetivas sempre acompanham as cognitivas. Portanto, as aprendizagens afetiva e congitiva são concomitantes. A aprendizagem psicomotora envolve respostas musculares adquiridas por meio de treino e prática, mas alguma aprendizagem cognitiva é geralmente importante na aquisição de habilidades psicomotoras.

A teoria de Ausubel focaliza primordialmente a aprendizagem cognitiva.

Ausubel é um representante do cognitivismo e, como tal, propõe uma explicação teórica do processo de aprendizagem segundo o ponto de vista cognitivista, embora reconheça a importância da experiência afetiva. Para ele, aprendizagem significa organização e integração do material na estrutura cognitiva. Como outros teóricos do cognitivismo, ele baseia-se na premissa de que existe uma estrutura na qual essa organização e integração se processam. É a estrutura cognitiva, entendida como o conteúdo total de ideias de um certo indivíduo e sua organização ou o conteúdo e organização de suas ideias em uma área particular de conhecimentos. É o complexo resultante dos processos cognitivos, ou seja, dos processos por meio dos quais se adquire e utiliza o conhecimento.

A atenção de Ausubel está constantemente voltada para a aprendizagem tal como ela ocorre na sala de aula no dia a dia da grande maioria das escolas. Para ele, o fator isolado que mais influencia a aprendizagem é aquilo que o aluno já sabe (cabe ao professor identificar isso e ensinar de acordo). Novas ideias e informações podem ser aprendidas e retidas na medida em que conceitos relevantes e inclusivos estejam adequadamente claros e disponíveis na estrutura cognitiva do indivíduo, funcionando, dessa forma, como ponto de ancoragem às novas ideias e conceitos. Entretanto, a experiência cognitiva não se restringe à influência direta dos conceitos já aprendidos acerca dos componentes da nova aprendizagem, mas também abrange modificações relevantes nos atributos da estrutura cognitiva pela influência do novo material. Há, pois, um processo de interação por meio do qual conceitos mais relevantes e inclusivos interagem com o novo material, funcionando como ancoradouro, isto é, abrangendo e integrando esse material e, ao mesmo tempo, modificando-se em função dessa ancoragem.

Os conceitos e ideias da teoria de Ausubel até aqui apresentados à guisa de introdução serão progressivamente diferenciados nas seções seguintes.

Aprendizagem significativa

O conceito central da teoria de Ausubel é o de *aprendizagem significativa*. Para ele, aprendizagem significativa é um processo por meio do qual uma nova informação relaciona-se com um aspecto especificamente relevante da estrutura de conhecimento do indivíduo, ou seja, esse processo envolve a interação da nova informação com uma estrutura de conhecimento específica, a qual Ausubel define como *conceito subsunçor*, ou simplesmente *subsunçor*,[2] existente na estrutura cognitiva do indivíduo. A aprendizagem significativa ocorre quando a nova informação é ancorada em *conceitos ou proposições relevantes*, preexis-

---

2 A palavra "subsunçor" não existe em português; trata-se de uma tentativa de aportuguesar a palavra inglesa *"subsumer"*. Seria mais ou menos equivalente a inseridor, facilitador ou subordinador.

tentes na estrutura cognitiva do aprendiz. Ausubel vê o armazenamento de informações no cérebro humano como sendo organizado, formando uma hierarquia conceitual na qual elementos mais específicos de conhecimento são ligados (e assimilados) a conceitos mais gerais, mais inclusivos. *Estrutura cognitiva* significa, portanto, uma estrutura hierárquica de conceitos que são representações de experiências sensoriais do indivíduo.

Em Física, por exemplo, se os conceitos de força e campo já existem na estrutura cognitiva do aluno, eles servirão de subsunçores para novas informações referentes a certos tipos de força e campo – como, por exemplo, a força e o campo eletromagnéticos. Entretanto, esse processo de "ancoragem" da nova informação resulta em crescimento e modificação do conceito subsunçor. Isso significa que os subsunçores existentes na estrutura cognitiva podem ser abrangentes e bem desenvolvidos ou limitados e pouco desenvolvidos, dependendo da frequência com que ocorre aprendizagem significativa em conjunção com um dado subsunçor. No exemplo dado, uma ideia intuitiva de força e campo serviria como subsunçor para novas informações referentes a forças e campos gravitacional, eletromagnético e nuclear; porém, na medida em que esses novos conceitos fossem aprendidos de maneira significativa, isso resultaria em um crescimento e uma elaboração dos conceitos subsunçores iniciais, isto é, os conceitos de força e campo ficariam mais elaborados, mais inclusivos e mais capazes de servir de subsunçores para novas informações relativas a forças e campos ou correlatas.

Contrastando com a aprendizagem significativa, Ausubel define *aprendizagem mecânica* (ou automática) como sendo a aprendizagem de novas informações com pouca ou nenhuma interação com conceitos relevantes existentes na estrutura cognitiva. Nesse caso, a nova informação é armazenada de maneira arbitrária. Não há interação entre a nova informação e aquela já armazenada. O conhecimento assim adquirido fica arbitrariamente distribuído na estrutura cognitiva sem ligar-se a conceitos subsunçores específicos. A aprendizagem de pares de sílabas sem sentido é um exemplo típico de aprendizagem mecânica; porém, a simples memorização de fórmulas, leis e conceitos em Física pode também ser tomada como exemplo, embora se possa argumentar que algum tipo de associação ocorrerá nesse caso. Na verdade, Ausubel não estabelece a distinção entre a aprendizagem significativa e a mecânica como sendo uma dicotomia, e sim como um contínuo. Da mesma forma, essa distinção não deve ser confundida com a distinção entre a aprendizagem por descoberta e a por recepção. Segundo Ausubel, na aprendizagem por recepção, o que deve ser aprendido é apresentado ao aprendiz em sua forma final, enquanto na aprendizagem por descoberta, o conteúdo principal a ser aprendido deve ser descoberto pelo aprendiz. Entretanto, após a descoberta em si, a aprendizagem só é significativa se o conteúdo descoberto ligar-se a conceitos subsunçores relevantes já existentes na estrutura cognitiva, ou seja, quer por recepção, quer por descoberta, a aprendizagem é significativa, segundo a concepção ausubeliana, se a nova informação incorpora-se de forma não arbitrária à estrutura cognitiva.

De onde vêm os subsunçores?

Supondo que a aprendizagem significativa deva ser preferida em relação à mecânica e que ela pressupõe a existência prévia de conceitos subsunçores, o que fazer quando eles não existem? Como pode a aprendizagem ser significativa nesse caso? De onde vêm os subsunçores? Como se formam?

Uma resposta plausível é que a aprendizagem mecânica é sempre necessária quando um indivíduo adquire informações em uma área de conhecimento completamente nova para ele, isto é, a aprendizagem mecânica ocorre até que alguns elementos de conhecimento, relevantes a novas informações na mesma área, existam na estrutura cognitiva e possam servir de subsunçores, ainda que pouco elaborados. À medida que a aprendizagem começa a ser significativa, esses subsunçores vão ficando cada vez mais elaborados e mais capazes de ancorar novas informações.

Outra possível resposta é que, em crianças pequenas, conceitos são adquiridos por meio de um processo conhecido como *formação de conceitos*, que envolve abstrações e generalizações de instâncias específicas. Porém, ao atingir a idade escolar, a maioria das crianças já possui um conjunto adequado de conceitos que permite a ocorrência da aprendizagem significativa. A partir daí, apesar de que ocasionalmente ocorra ainda a formação de conceitos, a maioria dos novos conceitos é adquirida mediante *assimilação*, *diferenciação progressiva* e *reconciliação integrativa* de conceitos, processos que serão discutidos posteriormente.

Ausubel recomenda o uso de *organizadores prévios* que sirvam de âncora para a nova aprendizagem e levem ao desenvolvimento de conceitos subsunçores que facilitem a aprendizagem subsequente. O uso de organizadores prévios é uma estratégia proposta por Ausubel para deliberadamente manipular a estrutura cognitiva a fim de facilitar a aprendizagem significativa. Organizadores prévios são materiais introdutórios apresentados antes de o material ser aprendido em si. Diferentemente de sumários – que são, em geral, apresentados no mesmo nível de abstração, generalidade e inclusividade, simplesmente destacando certos aspectos do assunto –, organizadores são apresentados em um nível mais alto de abstração, generalidade e inclusividade. Segundo o próprio Ausubel, no entanto, a principal função do organizador prévio é servir de ponte entre o que o aprendiz já sabe e o que ele deve saber a fim de que o material possa ser aprendido de forma significativa, ou seja, organizadores prévios são úteis para facilitar a aprendizagem na medida em que funcionam como "pontes cognitivas".

Condições para ocorrência da aprendizagem significativa

Segundo Ausubel (1978, p. 41),

> a essência do processo de aprendizagem significativa é que ideias simbolicamente expressas sejam relacionadas de maneira substantiva (não literal) e não arbitrária ao que o aprendiz já sabe, ou seja, a algum aspecto de sua estrutura cognitiva especificamente relevante para a aprendizagem dessas ideias. Este aspecto especificamente relevante pode ser, por exemplo, uma imagem, um símbolo, um conceito, uma proposição, já significativo.

Uma das condições para a ocorrência da aprendizagem significativa, portanto, é que o material a ser aprendido seja relacionável (ou incorporável) à estrutura cognitiva do aprendiz de maneira não arbitrária e não literal. Um material com essa característica é dito *potencialmente significativo*. Essa condição implica não só que o material seja suficientemente não arbitrário em si de modo que possa ser aprendido, mas também que o aprendiz tenha disponível em sua estrutura cognitiva os subsunçores adequados.

A outra condição é que o aprendiz manifeste uma disposição para relacionar de maneira substantiva e não arbitrária o novo material, potencialmente significativo, à sua estrutura cognitiva. Essa condição implica que, independentemente de quão potencialmente significativo seja o material a ser aprendido, se a intenção do aprendiz for simplesmente a de memorizá-lo arbitrária e literalmente, tanto o processo de aprendizagem como seu produto serão mecânicos (ou automáticos). De maneira recíproca, independentemente de quão disposto para aprender estiver o indivíduo, nem o processo nem o produto da aprendizagem serão significativos se o material não for potencialmente significativo.

Evidência da aprendizagem significativa

De acordo com Ausubel, a compreensão genuína de um conceito ou proposição implica a posse de significados claros, precisos, diferenciados e transferíveis. Porém, ao se testar essa compreensão simplesmente pedindo ao aluno que diga quais são os atributos essenciais de um conceito ou os elementos essenciais de uma proposição, pode-se obter apenas respostas mecanicamente memorizadas. Ele argumenta que uma longa experiência em fazer exames faz que os estudantes se habituem a memorizar não só proposições e fórmulas, mas também causas, exemplos, explicações e maneiras de resolver "problemas típicos". Propõe, então, que, ao procurar evidência de compreensão significativa, a melhor maneira de evitar a "simulação da aprendizagem significativa" é formular questões e problemas de uma maneira nova e não familiar, que requeira máxima transformação do conhecimento adquirido. Testes de compreensão, por exemplo, devem, no mínimo, ser fraseados de maneira diferente e apresentados em um contexto de alguma forma diferente daquela originalmente encontrada no material instrucional.

Tipos de aprendizagem significativa

Ausubel distingue três tipos de aprendizagem significativa: *representacional, de conceitos* e *proposicional.*

A *aprendizagem representacional* é o tipo mais básico de aprendizagem significativa, da qual os demais dependem. Envolve a atribuição de significados a determinados símbolos (tipicamente palavras), isto é, a identificação, em significado, de símbolos com seus referentes (objetos, eventos, conceitos). Os símbolos passam a significar ao indivíduo aquilo que seus referentes significam.

A *aprendizagem de conceitos* é, de certa forma, uma aprendizagem representacional, pois conceitos são também representados por símbolos particulares; porém, são genéricos ou categóricos, representam abstrações dos atributos essenciais dos referentes, *i.e.*, representam regularidades em eventos ou objetos.

Na *aprendizagem proposicional*, contrariamente à aprendizagem representacional, a tarefa não é aprender significativamente o que palavras isoladas ou combinadas representam, mas sim aprender o significado de ideias em forma de proposição. De modo geral, as palavras combinadas em uma sentença para constituir uma proposição representam conceitos. A tarefa, no entanto, também não é aprender o significado dos conceitos (embora seja pré-requisito), e sim o significado das ideias expressas verbalmente por meio desses conceitos sob forma de uma proposição, ou seja, a tarefa é aprender o significado que está além da soma dos significados das palavras ou conceitos que compõem a proposição.

Assimilação

Para tornar mais claro e preciso o processo de aquisição e organização de significados na estrutura cognitiva, Ausubel propõe a "teoria da assimilação". Essa "teoria" – que, segundo ele, possui valor explanatório tanto para a aprendizagem como para a retenção – pode ser representada esquematicamente da seguinte maneira:

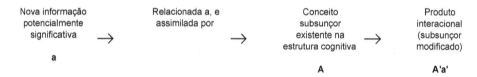

A assimilação, portanto, é um processo que ocorre quando um conceito ou proposição **a**, potencialmente significativo, é assimilado sob uma ideia ou conceito mais inclusivo já existente na estrutura cognitiva, como um exemplo, extensão, elaboração ou qualificação do mesmo. Tal como sugerido no diagrama, não só a nova informação **a** mas também o conceito subsunçor **A** com o qual ela se relaciona são modificados pela interação. Além disso, **a′** e **A′** permanecem relacionados como coparticipantes de uma nova unidade **a′A′** – que, em última análise, é o subsunçor modificado.

Por exemplo, se o conceito de força nuclear deve ser aprendido por um aluno que já possui o conceito de força bem estabelecido em sua estrutura cognitiva, o novo conceito específico (força nuclear) será assimilado pelo conceito mais inclusivo (força) já adquirido. Entretanto, considerando que esse tipo de força é de curto alcance (em contraposição aos outros que são de longo alcance), não somente o conceito de força nuclear adquirirá significado para o aluno, mas também o conceito geral de força que já tinha será modificado, tornando-se mais inclusivo (*i.e.*, seu conceito de força incluirá agora também forças de curto alcance).

Ausubel sugere que a assimilação, ou ancoragem, provavelmente tem um efeito facilitador na retenção. Para explicar como novas informações recentemente assimiladas permanecem disponíveis durante o período de retenção, ele admite que, durante um período de tempo variável, elas permanecem dissociáveis como entidades individuais:

$$A'a' \Longleftrightarrow A' + a'$$

Dessa maneira, o produto interacional $\mathbf{A'a'}$, durante certo período de tempo, é dissociável em $\mathbf{A'}$ e $\mathbf{a'}$, favorecendo, assim, a retenção de $\mathbf{a'}$. No entanto, apesar de a retenção ser favorecida pelo processo de assimilação, o conhecimento adquirido está ainda sujeito à influência erosiva de uma tendência reducionista da organização cognitiva: é mais simples e econômico reter apenas as ideias, conceitos e proposições mais gerais e estáveis do que as novas ideias assimiladas. Imediatamente após a aprendizagem significativa, começa um segundo estágio da assimilação: a *assimilação obliteradora*. As novas informações tornam-se espontânea e progressivamente menos dissociáveis de suas ideias-âncora (subsunçores) até que não mais estejam disponíveis, *i.e.*, não mais reproduzíveis como entidades individuais. Atinge-se, então, um grau de dissociabilidade nulo, e $\mathbf{A'a'}$ reduz-se simplesmente a $\mathbf{A'}$. O esquecimento é, portanto, uma continuação temporal do mesmo processo de assimilação que facilita a aprendizagem e a retenção de novas informações.

Observe-se, no entanto, que a ocorrência da assimilação obliteradora como uma continuação natural da assimilação não significa que o subsunçor volta à sua forma original. O resíduo da assimilação obliteradora é $\mathbf{A'}$, o membro mais estável do produto $\mathbf{A'a'}$, *i.e.*, o subsunçor modificado. Outro aspecto a ser destacado é que, obviamente, descrever o processo de assimilação em termos de uma única interação $\mathbf{A'a'}$ é uma simplificação, pois, em menor escala, uma nova informação interage também com outros subsunçores, e o grau de assimilação em cada caso depende da relevância do subsunçor.

Aprendizagem subordinada, superordenada e combinatória

O processo até aqui enfatizado, segundo o qual a nova informação adquire significado por meio da interação com subsunçores, reflete uma relação de subordinação do novo material em relação à estrutura cognitiva preexistente. A essa forma de aprendizagem dá-se o nome de *subordinada*.

Já a *aprendizagem superordenada* é a que se dá quando um conceito ou proposição potencialmente significativo $\mathbf{A}$ – mais geral e inclusivo do que ideias ou conceitos já estabelecidos na estrutura cognitiva a_1, a_2, a_3 – é adquirido a partir destes e passa a assimilá-los. As ideias a_1, a_2, a_3 são identificadas como instâncias mais específicas de uma nova ideia superordenada $\mathbf{A}$, definida por um novo conjunto de atributos essenciais que abrange os das ideias subordinadas.

A *aprendizagem combinatória*, por sua vez, é a aprendizagem de proposições e, em menor escala, de conceitos que não guardam uma relação de subordinação ou superordenação com proposições ou conceitos específicos, e sim com conteúdo amplo, *relevante de uma maneira geral*, existente na estrutura cognitiva, isto é, a nova proposição não pode ser assimilada por outras já estabelecidas na estrutura cognitiva nem é capaz de assimilá-las. É como se a nova informação fosse potencialmente significativa por ser relacionável à estrutura cognitiva como um todo de uma maneira bem geral, e não com aspectos específicos dessa estrutura, como ocorre na aprendizagem subordinada e mesmo na superordenada.

Observa-se que essa categorização de formas de aprendizagem (subordinada, superordenada e combinatória) é obviamente compatível com a de tipos de aprendizagem (representacional, de conceitos e proposicional). Por exemplo, a aprendizagem de conceitos pode ser subordinada, superordenada ou, em menor escala, combinatória, e a aprendizagem de proposições pode também ser subordinada, superordenada ou combinatória.

Diferenciação progressiva e reconciliação integrativa

Como já foi dito, quando um novo conceito ou proposição é aprendido por subordinação – *i.e.*, por um processo de interação e ancoragem em um conceito subsunçor –, este também se modifica. A ocorrência desse processo uma ou mais vezes leva à *diferenciação progressiva* do conceito subsunçor. Na verdade, esse é um processo quase sempre presente na aprendizagem significativa subordinada.

Na aprendizagem superordenada (ou na combinatória), ideias estabelecidas na estrutura cognitiva podem, no curso de novas aprendizagens, ser reconhecidas como relacionadas. Assim, novas informações são adquiridas, e elementos existentes na estrutura cognitiva podem reorganizar-se e adquirir novos significados. Essa recombinação de elementos previamente existentes na estrutura cognitiva é referida por Ausubel como *reconciliação integrativa*.

Esses são, portanto, dois processos relacionados que ocorrem durante a aprendizagem significativa: o primeiro (diferenciação progressiva), mais ligado à aprendizagem subordinada; e o segundo (reconciliação integrativa), às aprendizagens superordenada e combinatória. No fundo, toda aprendizagem que resultar em reconciliação integrativa acabará também em diferenciação progressiva adicional de conceitos e proposições, isto é, a reconciliação integrativa é uma forma de diferenciação progressiva da estrutura cognitiva que ocorre na aprendizagem significativa.

Ausubel refere-se também à diferenciação progressiva e à reconciliação integrativa do ponto de vista instrucional.

A diferenciação progressiva é vista como um princípio programático da matéria de ensino segundo o qual as ideias, conceitos, proposições mais gerais e inclusivos do conteúdo devem ser apresentados no início da instrução, e progressivamente, diferenciados em termos de detalhe e especificidade. Ao propor isso, Ausubel baseia-se em duas hipóteses (1978, p. 190): 1) é menos difícil para seres humanos captar aspectos diferenciados de um todo mais inclusivo previamente aprendido do que chegar ao todo a partir de suas partes diferenciadas previamente aprendidas; e 2) a organização do conteúdo de uma certa disciplina na mente de um indivíduo é uma estrutura hierárquica na qual as ideias mais inclusivas e gerais estão no topo e, progressivamente, incorporam proposições, conceitos e fatos menos inclusivos e mais diferenciados.

A reconciliação integrativa, por sua vez, é o princípio segundo o qual a instrução deve também explorar relações entre ideias, apontar similaridades e diferenças importantes e reconciliar discrepâncias reais ou aparentes.

Segundo Ausubel, esses dois princípios programáticos podem, na prática, ser implementados pelo uso de organizadores prévios adequados. Outra maneira de promover a diferenciação progressiva e a reconciliação integrativa é pela utilização de "mapas conceituais" (Moreira; Buchweitz, 1993).

O processo instrucional segundo uma abordagem ausubeliana

Naturalmente, do ponto de vista ausubeliano, o primeiro e mais importante fator cognitivo a ser considerado no processo instrucional é a estrutura cognitiva do aprendiz no momento da aprendizagem. É ela, tanto em termos de conteúdo como de organização em certa área de conhecimento, o principal fator influenciando a aprendizagem significativa e a retenção nessa área.

A estrutura cognitiva, no entanto, pode ser influenciada de duas maneiras: 1) *substantivamente*, pela apresentação, ao aprendiz, de conceitos e princípios unificadores e inclusivos com maior poder explanatório e propriedades integradoras; e 2) *programaticamente*, pelo emprego de métodos adequados de apresentação do conteúdo e utilização de princípios programáticos apropriados na organização sequencial da matéria de ensino.

Em termos de conteúdo, segundo um ponto de vista ausubeliano, a primeira e usualmente difícil tarefa é a identificação dos conceitos básicos da matéria de ensino e como eles estão estruturados. Uma vez resolvido esse problema, atenção pode ser dada a outros aspectos. De acordo com palavras do próprio Ausubel (1978, p. 189):

> Uma vez que o problema organizacional substantivo (identificação dos conceitos organizadores básicos de uma dada disciplina) está resolvido, a atenção pode ser dirigida para os problemas organizacionais programáticos envolvidos na apresentação e organização sequencial das unidades componentes. Aqui, hipotetiza-se, vários princípios relativos à programação eficiente do conteúdo são aplicáveis, independentemente da área de conhecimento.

Os princípios a que se refere Ausubel são *diferenciação progressiva, reconciliação integrativa, organização sequencial* e *consolidação*. Destes, os dois primeiros já foram discutidos. Quanto à organização sequencial, Ausubel argumenta que a disponibilidade de ideias-âncora relevantes para uso na aprendizagem significativa e na retenção pode obviamente ser maximizada caso se tire partido das dependências sequenciais naturais existentes na disciplina e do fato de que a compreensão de um dado tópico frequentemente pressupõe o entendimento prévio de algum relacionado. Além disso, Ausubel argumenta também que, insistindo na consolidação ou mestria do que está sendo estudado antes que novos materiais sejam introduzidos, assegura-se contínua prontidão na matéria de ensino e sucesso na aprendizagem sequencialmente organizada.

Do que foi exposto, pode-se inferir que o papel do professor na facilitação da aprendizagem significativa envolve pelo menos quatro tarefas fundamentais.

1. Identificar a estrutura conceitual e proposicional da matéria de ensino, isto é, identificar os conceitos e princípios unificadores, inclusivos, com maior poder explanatório e propriedades integradoras, e organizá-los hierarquicamente de modo que, progressivamente, abranjam os menos inclusivos até chegar aos exemplos e dados específicos.

2. Identificar quais os subsunçores (conceitos, proposições, ideias claras, precisas, estáveis) relevantes à aprendizagem do conteúdo a ser ensinado que o aluno deveria ter em sua estrutura cognitiva para poder aprender significativamente esse conteúdo.

3. Diagnosticar aquilo que o aluno já sabe; determinar, entre os subsunçores especificamente relevantes (previamente identificados ao "mapear" e organizar a matéria de ensino), quais são os que estão disponíveis na estrutura cognitiva do aluno.

4. Ensinar utilizando recursos e princípios que facilitem a aquisição da estrutura conceitual da matéria de ensino de uma maneira significativa. A tarefa do professor aqui é auxiliar o aluno a assimilar a estrutura da matéria de ensino e organizar sua própria estrutura cognitiva nessa área de conhecimentos por meio da aquisição de significados claros, estáveis e transferíveis. É óbvio que, para isso, deve levar em conta não só a estrutura conceitual da matéria de ensino mas também a cognitiva do aluno no início da instrução e tomar providências adequadas (por exemplo, usando organizadores ou "instruções-remédio") se estas não forem adequadas.

No fundo, tudo o que foi dito até agora acerca do processo instrucional segundo uma abordagem ausubeliana é simplesmente uma diferenciação da ideia central que caracteriza essa abordagem, qual seja:

> ... o fator isolado mais importante que influencia a aprendizagem é aquilo que o aluno já sabe; descubra isso e ensine-o de acordo. (Ausubel, 1968, 1978, 1980, 2000)

Assim, foram enfatizadas a importância da estrutura cognitiva preexistente e a necessidade de identificá-la de alguma forma a fim de ensinar com base no que foi constatado. Em função disso, deixou-se de fazer referências específicas a métodos instrucionais e técnicas de avaliação. Isso, no entanto, não significa que eles não sejam componentes importantes da programação instrucional: apenas reflete a ênfase que Ausubel coloca no papel da estrutura cognitiva preexistente e na organização potencialmente significativa da matéria de ensino como preocupações principais no planejamento da instrução.

Conclusão

A teoria de Ausubel, como dito na introdução, focaliza a aprendizagem cognitiva ou, mais especificamente, a significativa. De uma maneira ainda mais específica, pode-se dizer *aprendizagem verbal significativa receptiva*. Seria *verbal* porque Ausubel considera a linguagem como importante facilitador da aprendizagem significativa. A manipulação de conceitos e proposições é aumentada pelas propriedades representacionais das palavras. A linguagem clarifica os significados, tornando-os mais precisos e transferíveis. O significado emerge quando é estabelecida uma relação entre a entidade e o signo verbal que a representa. A linguagem tem, então, um papel integral e operacional na teoria, e não meramente comunicativo. E seria *receptiva* porque, embora sem negar o valor da descoberta, Ausubel argumenta que a aprendizagem significativa receptiva (*i.e.*, por recepção) é o mecanismo humano por excelência para adquirir e armazenar a vasta quantidade de ideias e informações de qualquer campo de conhecimento. Argumenta, também, que o ensino em sala de aula é predominantemente organizado em termos de aprendizagem receptiva e o ser que aprende não precisa descobrir princípios, conceitos e proposições a fim de aprendê-los e usá-los significativamente. No entanto, receptiva não é sinônimo de passiva, pois o mecanismo da aprendizagem significativa é fundamentalmente um processo cognitivo dinâmico.

Finalmente, cabe esclarecer uma das dúvidas que talvez tenha surgido ao longo da descrição feita: a abordagem de Ausubel é dedutiva ou indutiva?

À primeira vista, principalmente levando em conta a diferenciação progressiva, pode-se supor que a teoria da assimilação é coerente com uma abordagem dedutiva à organização e ao funcionamento cognitivo. Entretanto, segundo Ausubel (1978, p. 139), essa suposição é correta apenas em relação ao caso relativamente raro da aprendizagem subordinada *derivativa* (*i.e.*, aquela em que o novo material é entendido como um exemplo específico de um conceito já estabelecido na estrutura cognitiva ou é apenas corroborante ou ilustrativo de uma proposição geral previamente aprendida). Na aprendizagem subordinada *correlativa* (*i.e.*, o novo material é aprendido como uma extensão, elaboração, modificação ou qualificação de conceitos ou proposições previamente aprendidos) ou nas aprendizagens superordenada e combinatória, é praticamente óbvio que os novos materiais não guardam uma relação dedutiva com suas ideias-âncora estabelecidas na estrutura cognitiva, simplesmente porque a assimilação não é um processo indutivo, não se pode considerá-la de natureza necessariamente dedutiva, ou seja, a teoria de Ausubel apresenta tanto aspectos indutivos como dedutivos – o que, aliás, seria de se esperar, pois, em termos de aprendizagem e solução de problemas, é questionável a existência de abordagens puramente indutivas ou dedutivas.

Coerentemente com o objetivo deste capítulo, tentou-se dar ao leitor uma visão geral da teoria de aprendizagem de David Ausubel e suas implicações para o ensino. Entretanto, na tentativa de resumir e simplificar a teoria, podem ter ocorrido omissões e distorções. Por isso, reitera-se que, para melhor entendimento das proposições ausubelianas, é indispensável recorrer à bibliografia indicada.

A modo de conclusão, na Figura 12.1 é apresentado um mapa conceitual para a aprendizagem significativa de Ausubel, destacando conceitos-chave de sua teoria.

Bibliografia

AUSUBEL, D. P. *Educational psychology:* a cognitive view. 1. ed. Nova York: Holt, Rinehart and Winston, 1968. 685 p.

AUSUBEL, D. P. *The Acquisition and retention of knowledge:* A cognitive view. Dordrecht: Kluwer Academic Publisher, 2000. 210 p.

AUSUBEL, D. P.; NOVAK, J. D.; HANESIAN, H. *Educational psychology:* a cognitive view. 2. ed. Nova York: Holt, Rinehart and Winston, 1978. 733 p.

AUSUBEL, D. P.; NOVAK, J. D.; HANESIAN, H. *Psicologia educacional.* Trad. de Eva Nick *et al.* Rio: Interamericana, 1980. 625 p.

MASINI, E. F. S.; MOREIRA, M. A. *Aprendizagem significativa:* condições para ocorrência e lacunas que levam a comprometimentos. São Paulo: Vetor Editora, 2008. 295p.

MOREIRA, M. A. *Aprendizagem significativa e sua implementação em sala de aula.* Brasília: Editora da UnB, 2006. 185 p.

MOREIRA, M. A.; MASINI, E. A. F. S. *Aprendizagem significativa:* a teoria de David Ausubel. São Paulo: Moraes, 1982. 112 p. São Paulo: Centauro, 2006. 109 p.

MOREIRA, M. A.; BUCHWEITZ, B. *Mapas conceituais.* São Paulo: Moraes, 1987. 83 p.

MOREIRA, M. A.; SOUSA, C. M. S. G. Organizadores prévios como recursos instrucionais. *Melhoria do Ensino,* n. 7. Porto Alegre: PADES/UFRGS, 1980. *In:* MOREIRA, M. A. (Org.). *Ação docente na universidade:* textos relativos a componentes básicos do ensino. Porto Alegre: Editora da Universidade. 214 p.

MOREIRA, M. A.; BUCHWEITZ, B. *Novas estratégias de ensino e aprendizagem; os mapas conceituais e o Vê epistemológico.* Lisboa: Plátano, 1993. 114 p.

NOVAK, J. D. *Uma teoria de educação.* Trad. de M. A. Moreira. São Paulo: Pioneira, 1981. 252 p.

Capítulo 12   A teoria da aprendizagem significativa de Ausubel   **151**

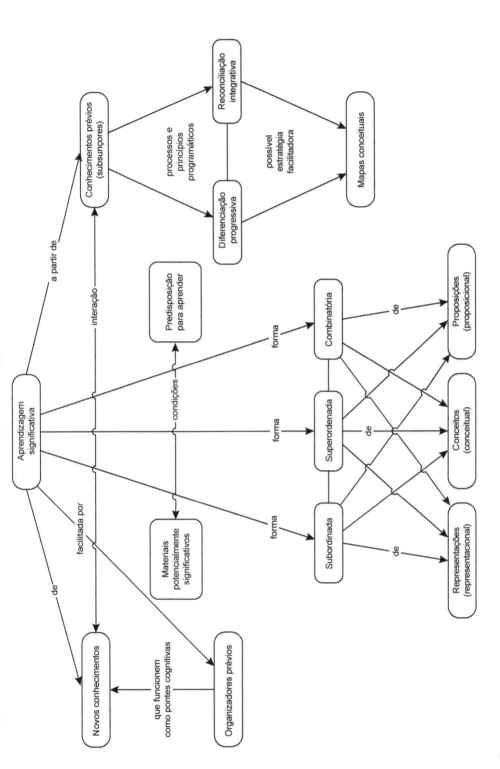

Figura 12.1 Um mapa conceitual para a Teoria da Aprendizagem Significativa de David Ausubel.

Capítulo 13

A teoria de educação de Novak e o modelo de ensino-aprendizagem de Gowin

TEORIAS DE
TEORIAS
TEORIAS
TEORIAS
TEORIAS
**TEORIAS DE
APRENDIZAGEM**
APRENDIZAGEM
APRENDIZAGEM
APRENDIZAGEM
APRENDIZAGEM
APRENDIZAGEM

Objetivo

A ideia deste capítulo é resumir a contribuição de Novak e Gowin – principalmente do primeiro – ao desenvolvimento da teoria da aprendizagem significativa de Ausubel. Trata-se, no entanto, de um texto introdutório; para aprofundamento, recomenda-se recorrer à bibliografia indicada ao final, em particular, às obras de Novak e Gowin.

A teoria de educação de Novak[1]

Joseph D. Novak, Professor da Universidade de Cornell, nos Estados Unidos, é coautor da segunda edição do livro básico sobre a teoria da aprendizagem significativa de David P. Ausubel (Ausubel *et al.*, 1980). A colaboração entre Novak e Ausubel é muito antiga; porém, já faz vários anos – certamente mais do que dez – desde que Ausubel praticamente abandonou a psicologia educacional e que todo o trabalho de refinamento e testagem da teoria tem sido feito por Novak e seus colaboradores, entre os quais se inclui o autor deste trabalho. A rigor, portanto, a "teoria de Ausubel" deveria ser, hoje, a "teoria de Ausubel e Novak" ou "teoria de aprendizagem significativa de Ausubel e Novak".

Novak, contudo, tem uma proposta mais ampla da qual a teoria da aprendizagem significativa é parte integrante. Partindo da ideia de que educação é o conjunto de experiências (cognitivas, afetivas e psicomotoras) que contribuem para o engrandecimento *(empowerment)* do indivíduo, para lidar com a vida diária, ele chega ao que chama de uma *teoria de educação* (Novak, 1981).

A premissa básica da teoria de Novak é que os seres humanos fazem três coisas: *pensam, sentem* e *atuam* (fazem). Uma teoria de educação, segundo ele, deve considerar

---

1 MOREIRA, M. A. (1995). Monografia n. 11 da *Série Enfoques Teóricos.* Porto Alegre, Instituto de Física da UFRGS.

cada um desses elementos e ajudar a explicar como se pode melhorar as maneiras por meio das quais os seres humanos pensam, sentem e atuam (fazem). Qualquer evento educativo é, de acordo com Novak, uma *ação* para trocar *significados* (pensar) e *sentimentos* entre o aprendiz e o professor.

Para entender melhor essa última asserção, é conveniente introduzir aqui a ideia de "lugares-comuns" da educação – originalmente proposta por Schwab (1973) e posteriormente ampliada por Novak. Segundo Schwab, qualquer fenômeno educativo envolve, direta ou indiretamente, quatro elementos que ele chama de "lugares-comuns": *aprendiz* (aprendizagem), *professor* (ensino), *matéria de ensino* (currículo)[2] e *matriz social* (meio, contexto). Quer dizer, em um fenômeno educativo, de alguma maneira alguém (aprendiz) aprende algo (adquire conhecimento) interagindo (trocando significados) com alguém (professor) ou com alguma coisa (um livro ou um programa de computador, por exemplo) em um certo contexto (em uma escola, uma sociedade, uma cultura, um regime político). A estes quatro elementos – *aprendiz, professor, matéria de ensino* e *contexto* – Novak acrescentou mais um, sempre presente (ou que deveria estar sempre presente) nos eventos educacionais: a *avaliação*. Além disso, ele prefere o termo *conhecimento* em vez de matéria de ensino e "elemento" em vez de "lugar-comum".

Os cinco elementos de Novak são, então, *aprendiz, professor, conhecimento, contexto* e *avaliação*. Estes são os constituintes básicos de um número infinito de eventos educativos. De alguma maneira, em um evento educacional, um ser humano adquire um conhecimento, em um certo contexto, interagindo com um professor (ou com algo que o substitua). A avaliação encaixa aí porque muito do que acontece no processo ensino-aprendizagem-conhecimento-contexto depende da avaliação ou, como propõe Novak, muito do que acontece na vida das pessoas depende da avaliação.

Na Figura 13.1, esses elementos estão esquematizados em um mapa conceitual. Mais adiante, voltaremos a esse mapa conceitual para esclarecer algumas relações e completar outras.

Figura 13.1 Um mapa conceitual com os cinco elementos de Novak (Moreira, 1993).

---

2   Não se trata aqui de simplesmente equacionar currículo e matéria de ensino ou conteúdo. O que se pretende é estabelecer uma correspondência entre o que propõe Schwab e conceitos frequentemente utilizados. Assim, o "aprendiz" de Schwab corresponde à "aprendizagem", "professor" a "ensino", "matriz social" a "meio social" ou "contexto". Neste sentido, a "matéria de ensino" corresponderia a "currículo". Novak, por outro lado, prefere usar o conceito de "conhecimento" em vez de matéria de ensino – ou seja, ao aprender, o aprendiz adquire um conhecimento.

É levando em conta esses cinco elementos que Novak propõe, como fundamental em sua teoria, a ideia de que qualquer evento educativo implica uma *ação* para *trocar significados* e *sentimentos* entre professor e aluno.

A questão da troca de significados será abordada com mais detalhe na segunda parte deste trabalho ao enfocarmos o modelo de Gowin. Por enquanto, basta considerar que o objetivo dessa troca é a aprendizagem significativa de um novo conhecimento contextualmente aceito. Significados são contextuais; aprendizagem significativa implica dar significados ao novo conhecimento por interações com significados claros, estáveis e diferenciados previamente existentes na estrutura cognitiva do aprendiz. Ao ensinar, o professor apresenta ao aluno significados que são aceitos como válidos em um determinado contexto, que são compartilhados por uma certa comunidade de usuários. O aluno, de alguma maneira, externaliza os significados que está captando. Esse processo continua até que professor e aluno compartilhem significados – ou, em outras palavras, até que o aluno passe a compartilhar significados já compartilhados por uma comunidade de usuários. Vejamos um exemplo: o que é aprender Física de maneira significativa? Cada conceito físico tem certos significados. Tais significados são ditos cientificamente corretos, mas talvez fosse melhor dizer cientificamente aceitos ou, melhor ainda, compartilhados por físicos, professores de Física e outras pessoas que aprenderam Física de maneira significativa. Esta é a comunidade de usuários. Aprender Física de maneira significativa é vir a compartilhar significados com essa comunidade. A troca de significados entre professor e aluno tem esse objetivo.

É preciso deixar claro, no entanto, que aprendizagem significativa não é sinônimo de aprendizagem "correta". Um aluno pode aprender de maneira significativa, porém "errada" – isto é, pode dar aos conceitos significados que, para ele, implicam aprendizagem significativa, mas que, para o professor, são errôneos porque não são compartilhados pela comunidade de usuários. Tais significados, comumente presentes na estrutura cognitiva dos alunos e abundantemente detectados nas pesquisas relativas ao conhecimento prévio dos alunos, poderiam ser chamados de "contextualmente errôneos". Portanto, um estudante pode aprender Física de maneira significativa porque relaciona o novo conhecimento de maneira não arbitrária e não literal ao conhecimento prévio, claro, estável e diferenciado que já existe em sua estrutura cognitiva. É essa interação com o novo conhecimento prévio – por meio da qual o novo adquire significados e o prévio se torna mais diferenciado, mais rico, mais elaborado – que caracteriza a aprendizagem significativa, não o fato de que tais significados sejam corretos do ponto de vista científico.

Naturalmente, o professor de Física espera que seus alunos captem e incorporem à sua estrutura cognitiva os significados cientificamente aceitos ou contextualmente compartilhados. É com essa finalidade que o professor interage com o aluno e com ele troca significados.

Novak também seguramente está se referindo a esse tipo de aprendizagem quando diz que um evento educativo é uma ação para trocar significados. Mas ele se refere também a uma troca de sentimentos, ou seja, um evento educativo é também acompanhado de uma experiência afetiva. Aliás, uma das condições para aprendizagem significativa, segundo Ausubel e Novak, é que o aprendiz apresente uma predisposição para aprender (a outra é que o material de aprendizagem seja potencialmente significativo). Esta predisposição está intimamente relacionada com a experiência afetiva que o aprendiz tem no evento educativo. A hipótese de Novak é que a experiência afetiva é positiva e intelectualmente construtiva quando o aprendiz tem ganhos em compreensão; reciprocamente, a sensação afetiva é negativa e gera sentimentos de inadequação quando o aprendiz não sente que está aprendendo o novo conhecimento ou a nova experiência de aprendizagem. Predisposição para aprender e aprendizagem significativa guardam entre si uma relação praticamente circular: a aprendizagem significativa requer predisposição para aprender e, ao mesmo tempo, gera esse tipo de experiência afetiva.

Neste ponto, pode-se apresentar a ideia central da teoria de educação de Novak – ou, talvez, a teoria em si se não formos muito rigorosos com o conceito de teoria:

A aprendizagem significativa subjaz à integração construtiva entre pensamentos, sentimentos e ações que conduzem ao engrandecimento (empowerment) *humano.*

Aprendizagem significativa é, então, um conceito-chave da teoria de Novak. Por isso mesmo, ele propõe sua teoria como mais abrangente do que a teoria da aprendizagem significativa, como foi dito no começo. A partir daí, Novak dedica grande parte de sua teoria ao conceito de aprendizagem significativa e à facilitação dessa aprendizagem por meio de duas estratégias instrucionais: o mapeamento conceitual e o Vê epistemológico de Gowin. Tanto a teoria da aprendizagem significativa como essas duas estratégias estão detalhadamente descritas em três outros trabalhos da *Série Enfoques Didáticos* (Moreira, 1993, a, b, c). Estes aspectos da teoria não serão, assim, abordados nesta monografia. Em vez disso, optei por relacionar a seguir alguns princípios (proposições norteadoras) considerados consistentes com a teoria de Novak – não em ordem de importância nem necessariamente da maneira como ele os formularia:

1. Todo evento educativo envolve cinco elementos: aprendiz, professor, conhecimento, contexto e avaliação.

2. Pensamentos, sentimentos e ações estão interligados positiva ou negativamente.

3. A aprendizagem significativa requer: a) disposição para aprender; b) materiais potencialmente significativos; e c) algum conhecimento relevante.

4. Atitudes e sentimentos positivos em relação à experiência educativa têm suas raízes na aprendizagem significativa e, por sua vez, a facilitam.

5. O conhecimento humano é construído; a aprendizagem significativa subjaz a essa construção.

6. O conhecimento prévio do aprendiz tem grande influência sobre a aprendizagem significativa de novos conhecimentos.

7. Significados são contextuais; aprendizagem significativa não implica aquisição de significados "corretos".

8. Conhecimentos adquiridos por aprendizagem significativa são muito resistentes à mudança.

9. O ensino deve ser planejado de modo a facilitar a aprendizagem significativa e a ensejar experiências afetivas positivas.

Capítulo 13 A teoria de educação de Novak e o modelo... **157**

10. A avaliação da aprendizagem deve procurar evidências de aprendizagem significativa.

11. O ensino, o currículo e o contexto também devem ser avaliados.

12. Mapas conceituais podem ser representações válidas da estrutura conceitual/proposicional de conhecimento de um indivíduo; podem ser instrumentos de meta-aprendizagem.

13. O Vê epistemológico pode ser útil para compreender a estrutura do conhecimento e da produção do conhecimento; pode ser instrumento de metaconhecimento.

14. Mapas conceituais e diagramas Vê podem ser instrumentos efetivos de avaliação da aprendizagem.

A maioria desses princípios é autoexplicativa e não requer comentários. Outros talvez devam ser mais esclarecidos. O terceiro, por exemplo, enuncia aquilo que normalmente se coloca como condições para a aprendizagem significativa: 1) predisposição para aprender, ou seja, o aprendiz deve manifestar a intenção de dar significado ao novo conhecimento e de relacioná-lo de maneira não literal e não arbitrária a algum aspecto de seu conhecimento prévio; 2) "materiais potencialmente significativos" quer dizer que tais materiais têm significado lógico e que o aprendiz tem uma estrutura cognitiva adequada (conhecimento prévio relevante para a nova aprendizagem) para aprender de maneira significativa o novo conhecimento; 3) acrescente-se aqui que o aprendiz deve perceber alguma relevância no novo conhecimento para, então, manifestar disposição para aprender. Esta terceira condição pode ser considerada como implícita na primeira, assim como a segunda implica que o aprendiz tenha, em sua estrutura cognitiva, o conhecimento prévio adequado que lhe permita transformar em significado psicológico (dando significados) o significado lógico dos materiais educativos. É no curso da aprendizagem significativa que o lógico passa a psicológico e, ao mesmo tempo, é essa passagem do lógico para o psicológico que caracteriza a aprendizagem significativa.

O quinto desses princípios apenas deixa claro que a base psicológica da teoria de Novak é construtivista. A teoria da aprendizagem significativa é a base maior da teoria de Novak, e tal teoria é construtivista. Em outro trabalho desta série, procuro explicar o construtivismo de Ausubel e Novak (Moreira, 1993a).

Os três princípios seguintes têm muito a ver com as chamadas concepções alternativas e com a mudança conceitual. Concepções alternativas são aquelas que o aluno constrói à medida que vai se situando no mundo em que vive. São representações, conceitos, modelos, teorias que o ser humano vai construindo para explicar objetos e eventos que observa em seu mundo. Naturalmente, grande parte dessas concepções – se não todas – são fruto de aprendizagem significativa. Tais concepções têm significados para o aprendiz e estão relacionadas entre si de maneira não arbitrária. Pode-se dizer que o indivíduo vai construindo uma estrutura de significados que é essencialmente sua estrutura cognitiva. É com essa estrutura (ou com esse conhecimento prévio) que ele entra na sala de aula ou em qualquer outra situação de ensino e aprendizagem. Ocorre que os significados trazidos para a sala de aula frequentemente estão em desacordo com aqueles aceitos no contexto da matéria de ensino. Simplistamente, tais significados poderiam ser considerados errôneos, e um bom ensino se encarregaria de fazer com que o aluno aprendesse os "significados corretos" das coisas. Mas, em educação, dificilmente funcionam soluções simplistas. Esses significados prévios do aluno são hoje considerados alternativos, e se reconhece que são extremamente resistentes à mudança. Desde os anos oitenta, os professores e pesquisadores têm buscado exaustivamente estratégias facilitadoras da mudança conceitual. Os resultados têm sido, na melhor das hipóteses, modestos.

O descompasso entre os significados alternativos e os significados aceitos no contexto da matéria de ensino tem sido o grande desafio enfrentado – agora conscientemente[3] – por aprendizes, professores e pesquisadores em ensino.

Minha interpretação deste assunto, tendo como pano de fundo as teorias de Ausubel, Novak e Gowin, é a seguinte:

O grande erro da pesquisa sobre mudança conceitual está implícito no próprio foco da pesquisa: a mudança conceitual tem sido interpretada como *substituição* de um significado por outro. Troca do significado alternativo do aluno por aquele aceito no contexto da matéria de ensino. A mudança conceitual, da maneira como tem sido pensada por professores e pesquisadores que propõem modelos e estratégias de mudança conceitual, implica o abandono – se não imediato, pelo menos a médio e longo prazos – dos significados alternativos e adoção daqueles tidos como corretos, os quais devem ser apresentados ao aluno como plausíveis, frutíferos e com maior poder explicativo.

Este tipo de mudança provavelmente não existe e, por isso, os resultados com esse enfoque têm sido desapontadores. Os significados alternativos são, na verdade, contextualmente errôneos. Quer dizer, no contexto da matéria de ensino, eles são errôneos, não são aceitos, não são compartilhados pelos usuários. Mas, para o aprendiz, eles são resultados de aprendizagem significativa. Se um aprendiz jamais entrasse em uma sala de aula, continuaria explicando o mundo com seus significados alternativos e provavelmente teria uma vida perfeitamente normal.

Se a teoria de Ausubel está correta, a aprendizagem significativa jamais oblitera totalmente: existe sempre um significado residual. Cada aprendizagem significativa vai gerando significados que passam a fazer parte da história cognitiva do indivíduo. Esta história, além de ser única para cada indivíduo, é provavelmente "inapagável".

Por outro lado, a assimilação obliteradora é parte integrante da teoria de Ausubel e Novak: imediatamente após a interação entre o novo conhecimento e o conhecimento especificamente relevante, claro e diferenciado por meio do qual o novo adquire significados e o preexistente ganha significados adicionais, começa um segundo estágio da aprendizagem significativa, que é a assimilação obliteradora. Os significados adquiridos vão sendo progressivamente obliterados até atingirem o estágio final de significados residuais. A etapa entre aquisição do novo significado e a sua transformação em significado residual é a chamada fase de retenção. A duração dessa fase é variável: se o indivíduo está frequentemente usando os significados adquiridos, a retenção é grande e a obliteração

---

3 Obviamente, esse descompasso sempre existiu, mas somente a partir de meados dos anos setenta os resultados das pesquisas sobre as representações dos alunos o expuseram de maneira irretorquível.

praticamente inexiste. É o caso de muitos significados alternativos na área científica: os fenômenos do cotidiano parecem permanentemente reforçar tais significados. Por exemplo, a experiência diária parece mostrar que há uma proporcionalidade entre a velocidade que um corpo adquire e a intensidade da força que atua sobre ele. A concepção força proporcional à velocidade é aparentemente corroborada a todo instante e, portanto, retida longamente. Contudo, a concepção cientificamente aceita é a de que existe uma proporcionalidade entre aceleração e força em vez de velocidade e força. Além disso, do ponto de vista científico, é perfeitamente possível que um corpo se mantenha em movimento sem que nenhuma força resultante esteja atuando sobre ele.

A mudança conceitual, nesse caso em particular, tem sido uma das mais difíceis de se conseguir. Por melhor que os alunos sejam instruídos na mecânica newtoniana e por melhor que entendam que o significado científico da relação entre força e movimento é a proporcionalidade entre aceleração e força, em determinadas situações voltarão a utilizar o significado de que a velocidade é proporcional à força. Analogamente, embora adquiram os significados científicos da lei da inércia, em determinadas situações poderão voltar a usar a concepção de que, se um corpo está em movimento, é porque há uma força líquida atuando sobre ele.

Acontece que tais concepções alternativas foram construídas por meio de aprendizagens significativas e, portanto, incorporadas de maneira não literal e não arbitrária à estrutura cognitiva do aprendiz, passando a fazer parte de uma estrutura cognitiva. É uma ilusão pensar que algumas aulas de ciências bem dadas poderão levar a uma mudança conceitual no sentido de abandono definitivo dos significados alternativos e adoção dos significados científicos. O que fazer, então?

Talvez uma saída seja mudar o enfoque instrucional: em vez de buscar a mudança conceitual em termos de *substituição* de significados, pensá-la como a *construção* de novas estruturas de significados que simultaneamente vão obliterando significados alternativos. Trata-se de uma abordagem que, em vez de rechaçar significados alternativos, interpreta-os como resultados de aprendizagens significativas e, portanto, definitivamente incorporados à estrutura cognitiva do aprendiz – porém, obliteráveis até o nível de significados residuais. Esse enfoque, ao mesmo tempo que admite a impossibilidade de uma completa mudança conceitual, aponta uma saída: a aquisição significativa de significados contextualmente aceitos por meio de um ensino explicitamente planejado para essa finalidade. O nono princípio enunciado anteriormente parece sugerir esse caminho. Poder-se-ia também pensar a mudança conceitual como uma evolução conceitual.

Para finalizar a primeira parte deste trabalho, mostra-se na Figura 13.2 um mapa conceitual da teoria de Novak. Nessa figura, procura-se centralizar a aprendizagem significativa como elemento integrador tanto dos cinco elementos de educação como de pensamentos, sentimentos e ações. Mapas conceituais (Moreira, 1993, b) e diagramas Vê (Moreira, 1993, c) aparecem como possíveis estratégias facilitadoras da aprendizagem significativa, assim como possíveis instrumentos de avaliação dessa aprendizagem.

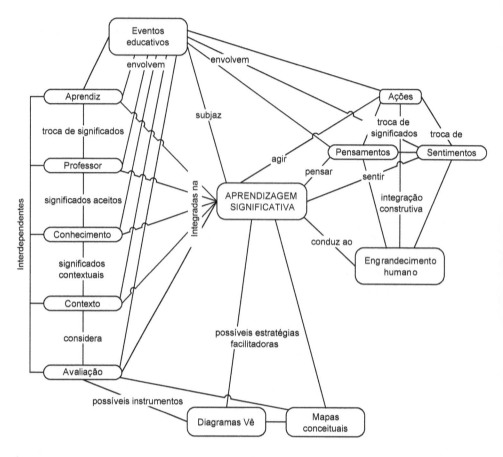

Figura 13.2 Um mapa conceitual da teoria de Novak (Moreira, 1993).

O modelo de Gowin

D. Bob Gowin é também Professor (Emérito) da Universidade de Cornell, nos Estados Unidos. Seu campo de trabalho é o dos fundamentos da educação, da filosofia da educação e da estrutura do conhecimento. Nesta última área, Gowin é bastante conhecido pelo Vê epistemológico ou "Vê de Gowin" (Novak e Gowin, 1984; Moreira, 1993c). O Vê, no entanto, é apenas um instrumento heurístico proposto por Gowin para analisar a estrutura do processo de produção do conhecimento ou para "desempacotar" (desvelar) conhecimentos documentados (por exemplo, em artigos de pesquisa). Sua teoria de educação, apresentada na obra "Educating" (Gowin, 1981), é muito mais do que o Vê. Desta teoria, explorarei aqui apenas o que chamo de "modelo de Gowin".

Gowin vê uma relação triádica entre *Professor, Materiais Educativos e Aluno*. Para ele, um episódio de ensino-aprendizagem se caracteriza pelo compartilhar significados entre aluno e professor a respeito de conhecimentos veiculados por materiais educativos do currículo, tal como sugere a Figura 13.3.

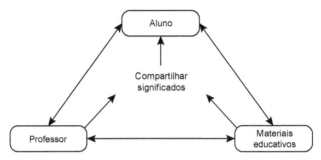

Figura 13.3 O modelo triádico de Gowin (Moreira, 1993).

Nesta relação triádica, cabem algumas relações diádicas:

Professor – Materiais Educativos
Professor – Aluno
Aluno – Aluno
(Professor – Professor)
Aluno – Materiais Educativos

Cada uma dessas relações pode ser educativa ou degenerativa. As primeiras são as que são estabelecidas de modo a ter um lugar na relação triádica. As relações degenerativas são aquelas que se tornam tão autocontidas que interferem com a concretização da relação triádica.

O produto da relação triádica entre professor, materiais educativos e aluno é o compartilhar significados:

> O ensino se consuma quando o significado do material que o aluno capta é o significado que o professor pretende que esse material tenha para o aluno. (Gowin, 1981, p. 81.)

O modelo triádico de Gowin pode ser descrito da seguinte maneira:

- *Um episódio de ensino ocorre quando é alcançado o compartilhar significados entre professor e aluno.*
- *Usando materiais educativos do currículo, professor e aluno buscam congruência de significados.*
- *Em uma situação de ensino, o professor atua de maneira intencional para mudar significados da experiência do aluno, utilizando materiais educativos do currículo.*
- *Se o aluno manifesta uma disposição para a aprendizagem significativa, atua intencionalmente para captar o significado dos materiais educativos.*
- *O objetivo é compartilhar significados.*
- *O professor apresenta ao aluno os significados já compartilhados pela comunidade a respeito dos materiais educativos do currículo.*

- *O aluno, por sua vez, devolve ao professor os significados que captou.*

- *Se o compartilhar significados não é alcançado, o professor deve, outra vez, apresentar, de outro modo, os significados aceitos no contexto da matéria de ensino.*

- *O aluno, de alguma maneira, deve externalizar, novamente, os significados que captou.*

- *O processo pode ser mais ou menos longo, mas o objetivo é sempre o de compartilhar significados.*

- *Professor e aluno têm responsabilidades distintas nesse processo.*

- *O professor é responsável por verificar se os significados que o aluno capta são aqueles compartilhados pela comunidade de usuários.*

- *O aluno é responsável por verificar se os significados que captou são aqueles que o professor pretendia que ele captasse, i.e., os significados compartilhados no contexto da matéria de ensino.*

- *Se é alcançado o compartilhar significados, o aluno está pronto para decidir se quer aprender significativamente ou não.*

- *O ensino requer reciprocidade de responsabilidades; porém, aprender significativamente é uma responsabilidade do aluno que não pode ser compartilhada pelo professor.*

- *Para aprender significativamente, o aluno tem que manifestar uma disposição para relacionar, de maneira não arbitrária e não literal, à sua estrutura cognitiva os significados que capta dos materiais educativos, potencialmente significativos, do currículo.*

Conclusão

As teorias de Ausubel, Novak e Gowin formam um corpo teórico coerente sobre aprendizagem e ensino, particularmente adequado como referencial para o dia a dia da sala de aula. Ausubel enfatiza a construção cognitiva por meio da aprendizagem significativa. Novak assume que a aprendizagem significativa subjaz à integração construtiva de pensamentos, sentimentos e ações e que esta integração conduz ao engrandecimento (*empowerment*) humano. Gowin propõe uma relação triádica entre aluno, materiais educativos e professor, cujo objetivo é o compartilhar significados. Quando esse objetivo é alcançado, o aluno está pronto para decidir se quer ou não aprender significativamente.

Creio que este corpo de conhecimentos oferece perspectivas novas, estimulantes e, sobretudo, viáveis para a organização do ensino em sala de aula. É também uma bela visão de ensino e aprendizagem. Por tudo isso, escrevi este texto, o qual está diagramado conceitualmente na Figura 13.4.

Bibliografia

AUSUBEL, D. P.; NOVAK, J. D.; HANESIAN, H. *Psicologia educacional.* Rio de Janeiro: Interamericana, 1980. Tradução de Eva Nick *et al.* do original *Educational psychology.* New York: Holt, Rinehart and Winston, 1978.

GOWIN, D. B. *Educating.* Ithaca: NY, Cornell University Press, 1981. 210 p.

MOREIRA, M. A. A teoria de aprendizagem significativa de David Ausubel. Porto Alegre, Instituto de Física da UFRGS, Monografias do Grupo de Ensino, *Série Enfoques Didáticos* n. 1, *Série Enfoques Teóricos* n. 10, 1993a.

MOREIRA, M. A. Mapas conceituais como recurso instrucional e curricular em Física. Porto Alegre, Instituto de Física da UFRGS, Monografias do Grupo de Ensino, *Série Enfoques Didáticos* n. 2, 1993b.

MOREIRA, M. A. O Vê epistemológico de Gowin como recurso instrucional e curricular em Física. Porto Alegre, Instituto de Física da UFRGS, Monografias do Grupo de Ensino, *Série Enfoques Didáticos* n. 3, 1993c.

NOVAK, J. D. *Uma teoria de educação.* São Paulo: Pioneira, 1981. 252 p. Tradução de M. A. Moreira do original A *theory of education,* Cornell University Press, 1977.

SCHWAB, J. The practical 3: translation into curriculum. *School Review,* 81 (4): 501-522, 1973.

164 Teorias de Aprendizagem

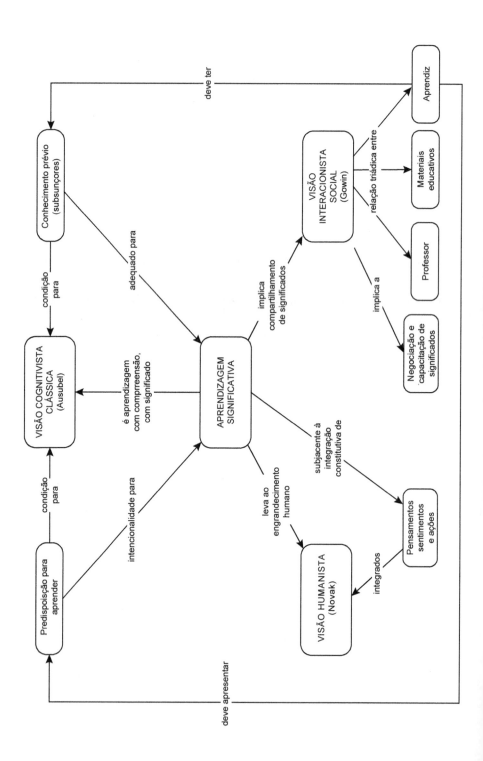

Capítulo 14

A teoria social cognitiva de Bandura

TEORIAS DE
TEORIAS
TEORIAS
TEORIAS
TEORIAS
TEORIAS DE APRENDIZAGEM
APRENDIZAGEM
APRENDIZAGEM
APRENDIZAGEM
APRENDIZAGEM
APRENDIZAGEM

Objetivo

O objetivo deste capítulo é destacar alguns conceitos da *Teoria Social Cognitiva* de Albert Bandura, particularmente aqueles mais diretamente relacionados à aprendizagem e ao ensino. Não é uma ampla descrição de sua teoria e princípios; para isso, é preciso recorrer a suas obras acadêmicas, algumas das quais estão referenciadas ao final deste texto. A Teoria Social Cognitiva de Bandura é também conhecida como *Teoria da Aprendizagem Social,* o que deixa claro porque está sendo incluída como capítulo de um livro sobre *Teorias de* Aprendizagem.

Introdução

Albert Bandura nasceu em 1925 em uma pequena cidade no interior do Canadá. Concluiu a Graduação em Psicologia em 1949 na Universidade de British Columbia, em Vancouver. Seu doutorado foi em Psicologia Clínica na Universidade de Iowa em 1952. Logo após, em 1953, passou a trabalhar como docente na Universidade de Stanford. É um dos psicólogos mais reconhecidos e influentes do mundo. Foi Presidente da *American Psychological Association* (APA) e, ao longo de sua carreira, recebeu inúmeros prêmios acadêmicos.

Aprendizagem social

Contrariamente à perspectiva behaviorista, segundo a qual o aprendizado depende de recompensas e punições, Bandura defende que o comportamento humano está enraizado em sistemas sociais. Portanto, a agência pessoal opera dentro de uma ampla rede de

165

influências socioestruturais (Bandura, 2008, p. 16). Grande parte daquilo que aprendemos ocorre por meio do poder da *modelação social*. Nela, as pessoas padronizam seus estilos de pensamento e comportamentos segundo exemplos funcionais de outras pessoas (*ibid.*). As pessoas não aprendem por causa de reforços positivos ou negativos, mas sim por meio da observação do comportamento de outras pessoas. O produto da aprendizagem social é o conhecimento do que é socialmente aceitável (Lefrançois, 2016, p. 365).

Há uma relação de causalidade recíproca triádica entre determinantes ambientais (contextuais), pessoais e comportamentais. O ser humano não é mero fruto de seu ambiente. Embora receba dele influências significativas, pode assumir mais o controle de sua vida por meio de mecanismos de autoeficácia, de metas e da autorregulação (Bzuneck, 2008, p. 12).

Essa causalidade recíproca triádica é denominada, na Teoria Social Cognitiva de Bandura, *determinismo recíproco*. O pensamento humano e a ação humana são considerados produtos de uma interrelação dinâmica entre influências pessoais, comportamentais e ambientais (contextuais). Essa teoria baseia-se em uma visão da agência humana segundo a qual os indivíduos são agentes que podem fazer coisas acontecerem com seus atos e se envolvem de forma proativa em seu próprio desenvolvimento. As pessoas possuem um certo grau de controle sobre seus pensamentos, sentimentos e ações. As crenças que as pessoas têm sobre si mesmas são elementos críticos em seu exercício de controle e agência pessoal (Pajares; Olaz, 2008, p. 97).

Das referências acima, fica claro que aprendizagem social vai muito além da aprendizagem behaviorista, associada ao condicionamento operante, e implica aspectos cognitivos (pensamentos) e afetivos (sentimentos), alguns dos quais serão abordados nas seções seguintes.

Modelos e modelação[1] social

Como foi dito na seção anterior, na perspectiva da aprendizagem social, grande parte daquilo que o ser humano aprende se dá através da modelação social, na qual as pessoas padronizam seus estilos de pensamento e comportamento segundo exemplos de outras pessoas. A modelação social, ou a construção de modelos sociais, vem da aprendizagem por observação (observacional) ou aprendizagem por meio da imitação. Contudo, isso não significa que a modelação somente produziria mimetismo de comportamentos ou que a modelação é oposta à criatividade. Modelos são dinâmicos, podem ser modificados e, inclusive, gerar novos modelos. Podem também se estabilizar e funcionar com esquemas de assimilação ou serem abandonados se não funcionarem para o ser humano observador, modelador.

Bandura *et al.* (2008, p. 137) destacam que a aprendizagem por meio da modelação é dependente de quatro subprocessos: *atenção, retenção* (ou lembrança do comportamento), *reprodução motora* e *motivação* (e reforço).

---

1 Modelação é o termo usado para traduzir *modeling* no contexto da Teoria Social Cognitiva. Na Ciência, usa-se modelagem.

O primeiro significa que uma pessoa não pode aprender muito pela observação se não está atenta ou não identifica características do modelo externo a ser reconstruído internamente. Para Dias e Silva (2019), *atenção* corresponde à habilidade da pessoa em ser seletiva em relação ao que observa; essa habilidade é fundamental para captar os aspectos significativos do comportamento a aprender.

O segundo – *retenção*, lembrança, memória – quer dizer que se a pessoa não se recorda do comportamento do modelo construído por modelação social esse modelo terá muito pouca influência no seu comportamento (Bandura *et al.*, 2008). Segundo Dias e Silva (2019), o processo de retenção/memorização permite que os dados observados sejam codificados e armazenados cognitivamente, e a probabilidade de reproduzir essas informações dependerá da capacidade de retenção e organização dessa codificação.

O terceiro subprocesso da aprendizagem por meio da modelação é o da *reprodução motora*. A representação decorrente da codificação resultante da retenção pode ser imagística ou simbólica (verbal). A influência e a importância das imagens e símbolos verbais decorrem de que tais códigos trazem informações que podem ser armazenadas e prontamente utilizáveis (se houver retenção). Este terceiro processo de modelação refere-se a como as representações simbólicas guiam a ação. A quantidade de aprendizagem observacional que uma pessoa pode exibir depende da aquisição (ou não) de habilidades necessárias para o desempenho da ação observada (Bandura *et al.*, 2008). A reprodução motora, ou a produção de comportamentos, corresponde à conversão das representações simbólicas memorizadas em ações. Dependendo das condições cognitivas e condições motoras, as habilidades comportamentais serão desenvolvidas e aperfeiçoadas por meio de ajustamentos, com retroalimentação e corretivos, no sentido de se aproximarem do padrão das concepções simbólicas (Dias; Silva, 2019).

O quarto processo de modelação social é o da *motivação*, que tem a ver com reforço, mas não no sentido behaviorista. O reforço direto, extrínseco, pode ser facilitador, mas não uma condição necessária para a aprendizagem social por modelo, pois nela o comportamento é controlado não só pelas consequências diretamente experimentadas a partir de fontes externas, mas também pelo esforço vicário (observando os outros) e pelo autorreforçamento (Bandura *et al.*, 2008), ou seja, pelo reforço intrínseco. As pessoas são seletivas relativamente ao que desejam e querem; o desempenho do aprendido pela observação é influenciado por sua motivação. A pessoa compara o seu comportamento com padrões internos em um processo de autoavaliação, autodireção e autorreforço (positivo ou negativo). Quando o comportamento está nivelado ou acima de seus padrões, surgem sentimentos de satisfação e orgulho ou, inversamente, a sensação de culpa, a insatisfação por não cumprir padrões internos (Dias; Silva, 2019).

Resumindo, a aprendizagem por observação inicia com um evento modelado e culmina com algum tipo de desempenho correspondente por parte do observador. Para isso, o observador deve prestar atenção, representar cognitivamente o comportamento observado e armazená-lo em sua memória, ser capaz de reproduzir e refinar o comportamento observado em condições emocionais adequadas e desempenhar o comportamento aprendido (Lefrançois, 2016, p. 370).

Enfim, aprende-se muito por meio da aprendizagem observacional, também conhecida como aprendizagem vicariante (aprender com a observação dos outros). Seria impossível viver em uma sociedade e em uma cultura sem observar e modelar cognitivamente eventos, valores, práticas, comportamentos e competências dessa sociedade, dessa cultura. O ser humano tem capacidade de aprender com a observação e expandir seus conhecimentos e suas habilidades com base no aprendido por meio da modelação social. Grande parte – ou a maior – da aprendizagem comportamental, cognitiva e afetiva é aprendida de forma vicária, ou seja, observando o comportamento dos outros e suas consequências.

Mas isso não significa que essa aprendizagem seja passiva, acrítica. Tudo começa com a modelação social, porém modelos não são únicos, definitivos. Modelos podem ser modificados, melhorados, estabilizados cognitivamente; podem também perder seu valor, sua utilidade, ser abandonados...

É preciso ter cuidado para não interpretar a aprendizagem observacional como mera observação e repetição do que foi observado – vai muito além disso. A seguir, essa suposição será reforçada por meio da abordagem de outros conceitos inerentes à Teoria Social Cognitiva de Bandura.

Autoeficácia

Como já foi dito, segundo a teoria social cognitiva de Bandura, há um determinismo recíproco entre fatores pessoais (cognições, afetos e eventos biológicos), influências comportamentais (capacidades e habilidades) e fatores ambientais (contextuais).

Fatores ambientais podem ser muito importantes nesse determinismo, mas o ser humano não é simplesmente um produto de seu ambiente, de seu contexto social.

> A teoria social cognitiva baseia-se em uma visão da agência humana, segundo a qual os indivíduos são agentes que podem fazer coisas acontecerem com seus atos e se envolvem de forma proativa em seu próprio desenvolvimento. Fundamental a esse sentido de agência, há o fato de que, entre outros fatores pessoais, os indivíduos possuem autocrenças que lhes possibilitam exercer um certo grau de controle sobre seus pensamentos, sentimentos e ações. (Bandura *et al.*, 2008, p. 99)

Como agentes, as pessoas podem assumir mais controle de suas vidas por meio de mecanismos como *autoeficácia* e *autorregulação*. Vejamos que mecanismos são esses, começando pela autoeficácia.

Como o próprio nome sugere, autoeficácia tem a ver com autoestima e capacidade de lidar com problemas da vida. Autoeficácia significa a crença que um indivíduo tem sobre sua capacidade de realizar com sucesso uma determinada atividade. O fato de a pessoa acreditar que é capaz pode afetar tanto suas escolhas como o seu desempenho, ou seja, determina como ela se sente, pensa, se motiva e se comporta (Nascimento, 2016, p. 33).

> Entre todos os pensamentos que afetam o funcionamento humano, localizadas no núcleo fundamental da teoria social cognitiva, destacam-se as crenças de autoeficácia, julgamentos das pessoas em suas capacidades para organizar e executar cursos de ação

necessários para alcançar certos tipos de desempenho. Essencialmente, as crenças de autoeficácia são percepções que os indivíduos têm sobre suas próprias capacidades. Essas crenças de competência pessoal proporcionam a base para motivação humana, o bem estar e as realizações pessoais. (Bandura *et al.*, p. 101)

São quatro as fontes principais das crenças de *autoeficácia: experiência de domínio, experiência vicária, persuasões sociais e estados físicos emocionais* (*op. cit.*, p. 104-105). A primeira – e mais influente – é a interpretação do resultado do comportamento anterior do indivíduo. À medida que as pessoas realizam tarefas e atividades, elas interpretam os resultados do que fizeram e usam essas interpretações para desenvolver crenças sobre suas capacidades de participar de tarefas e atividades subsequentes. A segunda – a *experiência vicária* – ocorre quando as pessoas formam crenças de autoeficácia observando outras pessoas executando tarefas e atividades. Essa fonte é mais fraca do que a anterior para criar crenças de autoeficácia, mas funciona quando as pessoas não estão certas de suas capacidades ou quando tiveram pouca experiência anterior – entra aí a modelação. A terceira fonte de crenças de autoeficácia são *persuasões sociais* que as pessoas sofrem de outras pessoas, podendo envolver a exposição a julgamentos verbais feitos por outros. Persuasões podem ser positivas (e cultivar as crenças de autoeficácia das pessoas) ou negativas (*i.e.*, avaliações negativas que enfraquecem essas crenças). *Estados físicos e emocionais* como ansiedade, estresse, excitação, fadiga, dores e estados de humor também são fontes de autoeficácia no sentido de que influenciam crenças de autoeficácia. Por exemplo, quando as pessoas têm pensamentos negativos e temores, essas reações afetivas podem reduzir as percepções de autoeficácia.

Crenças de autoeficácia têm grande influência no comportamento humano, naquilo que as pessoas fazem ou não fazem, desistem. Embora tenha essa poderosa influência nas ações humanas, a relação autoeficácia e ação pode ser afetada por diversos fatores como, por exemplo, desincentivos e limitações ao desempenho.

A autoeficácia afeta o comportamento humano diretamente. As crenças de eficácia determinam objetivos e aspirações. Quanto mais forte for a percepção de eficácia, maiores serão os desafios que as pessoas estabelecem para si mesmas – e mais fortes seus compromissos com eles. As crenças de autoeficácia delineiam os resultados que as pessoas esperam que seus esforços produzam. Aqueles com autoeficácia alta esperam resultados favoráveis; aqueles com baixa autoeficácia esperam que seus esforços conduzam a resultados pobres (Bandura; Azzi., 2017, p. 85).

Autoeficácia tem um papel fundamental no processo de ensino-aprendizagem. Por exemplo, estudantes com baixa autoeficácia podem acabar abandonando a escola ou, na universidade, optar por carreiras que não envolvam certas disciplinas nas quais, no seu julgamento, não seriam aprovados – das quais acreditam não dar conta.

Autorregulação

Muito próximo da autoeficácia está a autorregulação do comportamento por meio de contingências pessoais autoaplicadas. Em termos de aprendizagem, autorregulação se refere aos processos por meio dos quais estudantes sistematicamente focam seus pensamentos, sentimentos e ações para atingir o objetivo de aprendizagem. São três esses processos: *auto-observação, autojulgamento e autorreação* (Shawn *et al.*, 2015, p. 191).

- *Auto-observação* significa dar atenção a seu próprio comportamento. As pessoas podem ser seletivas em certos aspectos de seu comportamento, considerando alguns mais relevantes e valorizados e considerando outros irrelevantes.

- *Autojulgamento* significa comparar o nível atual de desempenho com as metas individuais. Padrões pessoais determinam se um determinado comportamento pode ser julgado apropriado/meritório ou inadequado/insatisfatório.

- *Autorreação* significa responder cognitiva, afetiva e comportamentalmente ao autojulgamento. Por exemplo, as pessoas podem se orgulhar de suas realizações quando atribuem seus êxitos às próprias capacidades e habilidades. Podem também se considerar fracassadas por considerar inadequados seus comportamentos.

> Essas avaliações de desempenho levam a consequências autoproduzidas. Julgamentos favoráveis abrem caminho para reações pessoais gratificantes, ao passo que avaliações desfavoráveis ativam reações pessoais negativas. Os desempenhos que são avaliados como sem significância pessoal não produzem nenhum tipo de reação. (Bandura *et al.*, 2008, p. 52)

Embora no início desta seção a autorregulação tenha sido definida no contexto da aprendizagem de estudantes, ela é também um fator fundamental na vida ocupacional/profissional. Passou o tempo em que aprender uma determinada ocupação era para toda vida. As mudanças no contexto profissional/ocupacional hoje são muitas e rápidas.

Autorreflexão

Na teoria social cognitiva de Bandura, as pessoas não são apenas agentes da ação, mas também autoavaliadoras de suas ações. A capacidade metacognitiva de refletir sobre si mesmo – a autorreflexão – e sobre a adequação de seus próprios pensamentos e ações é mais uma característica fundamental da agência humana. É por meio da autorreflexão que as pessoas avaliam suas motivações e valores, bem como o significado das buscas em suas vidas. É nesse nível superior de reflexão que os indivíduos abordam conflitos entre incentivos motivacionais e tomam decisões. Por meio da autorreflexão, as pessoas tiram sentido de suas experiências, exploram suas próprias cognições e crenças pessoais, se autoavaliam e alteram seus pensamentos e comportamentos. É uma capacidade distintamente humana. (*op. cit.*, p. 78; 101)

Ensino

Modelação, autoeficácia, autorregulação e autorreflexão foram abordadas até aqui enfatizando a aprendizagem de conteúdos e procedimentos. Porém, no contexto da educação, primária, secundária ou superior – presencial ou a distância –, o ensino é fundamental. Rigorosamente falando, só há ensino quando há aprendizagem. Então, ao ensinar, é preciso levar em conta, em alguma medida, que o aprendiz modela, observa, imita, se autorregula, autorreflete e tem alta ou baixa autoeficácia, além de talvez ainda existirem outros fatores que influenciam suas aprendizagens. Ensinar é um grande desafio, mas vale a pena.

Conclusão

Como foi dito no início, este texto não tem a pretensão de ser uma abordagem ampla, completa, da Teoria da Aprendizagem Social – ou Teoria Social Cognitiva – de Albert Bandura. Foram abordados resumidamente somente alguns aspectos básicos dessa teoria, como aprendizagem social, modelação social, autoeficácia, autorregulação e autorreflexão. A Figura 14.1 apresenta esses aspectos básicos em um mapa conceitual.

Contudo, deve ter ficado claro que aprendizagem e ensino vão muito além do enfoque behaviorista estímulo-resposta, que busca explicar o comportamento por meio de fatores externos sem recorrer a determinantes internos que, segundo Bandura (*op. cit.*, p. 50), ocupam posição central na aprendizagem social. É este o propósito deste capítulo.

Bibliografia

BANDURA, A. *Modificação do comportamento*. Rio de Janeiro: Editora Interamericana Ltda, 1979. Tradução e adaptação da 1. edição do original *Principles of Behavior Modification*. 1969, Holt, Rinehart and Winston Inc. 390 p.

BANDURA, A.; WALTERS, R. A. *Aprendizaje social y desarrollo de la personalidad*. 11. ed. Madrid: Alianza Editorial, 2002. 293 p.

BANDURA, A.; AZZI, R. G.; POLYDORO, S. *Teoria Social Cognitiva:* conceitos básicos. Porto Alegre: Artmed, 2008. 176 p.

BANDURA, A.; AZZI, R. G.; TOGNETTA, L. R. P. (Orgs.). *Desengajamento moral:* teoria e pesquisa a partir da teoria social cognitiva. Campinas: Mercado de Letras, 2015. 286 p.

BANDURA, A.; AZZI, R. G. *Teoria Social Cognitiva:* diversos enfoques. Campinas: Mercado de Letras, 2017. 200 p.

BZUNECK, J. A. *Prefácio. In*: BANDURA, A. *et al. Teoria Social Cognitiva:* conceitos básicos. Porto Alegre: Artmed, 2008. 176 p.

DIAS, C. M.; SILVA, C. F. Teoria da aprendizagem social de Bandura na formação de habilidades de conversação. *Psicologia, Saúde & Doenças*, 2019, 20:(1).

LEFRANÇOIS, G. R. *Teorias de aprendizagem:* o que o professor disse. São Paulo: Cengage Learning, 2016. Tradução da 6. ed. norte-americana. Capítulo 11 – "Aprendizagem Social: A Teoria Cognitiva Social de Bandura". p. 364-389.

LEFRANÇOIS, G. R. *Teorias da Aprendizagem:* o que o professor disse. 2. edição da tradução da 6. edição norte-americana. São Paulo: Cengage Learning, 2016. 475 p.

NASCIMENTO, L. C. Biografia Albert Bandura. Psicanálise. *Grandes Temas do Conhecimento*. 2016, n. 23:26-35.

PAJARES F.; OLAZ, F. *Teoria Social Cognitiva*: uma visão geral. *In*: BANDURA, A. *et al. Teoria Social Cognitiva: conceitos básicos*. Porto Alegre: Artmed, 2008. 176 p.

RENNINGER, K. A.; NIESWANDT, M.; HIDI, S. *Interest in Mathematics and Science Learning*, Washington D.C.: American Educational Research Association, 2015. 417 p.

SCHUNK, D. H. *Learning theories:* an educational perspective. 7. ed. Hoboken, NJ: Pearson Education, Inc, 2016. 564 p. Chapter 4: Social Cognitive Theory. p. 116-158.

SHAWN, M. G.; BRYAN, P. G.; ARMSTRONG, N. *Intrinsic motivation, self-efficacy, and interest in science. In*: RENNINGER, K. A.; NIESWANDT, M.; HIDI, S. *Interest in Mathematics and Science Learning*, 2015. p. 189-201.

ZEE, M.; KOOMEN, H. M. Y. Teacher self-efficacy and its effects on classroom processes, student academic adjustment, and teacher well-being: A synthesis of 40 years of research. *Review of Educational Research*, 2016, 86(4): 981-1015.

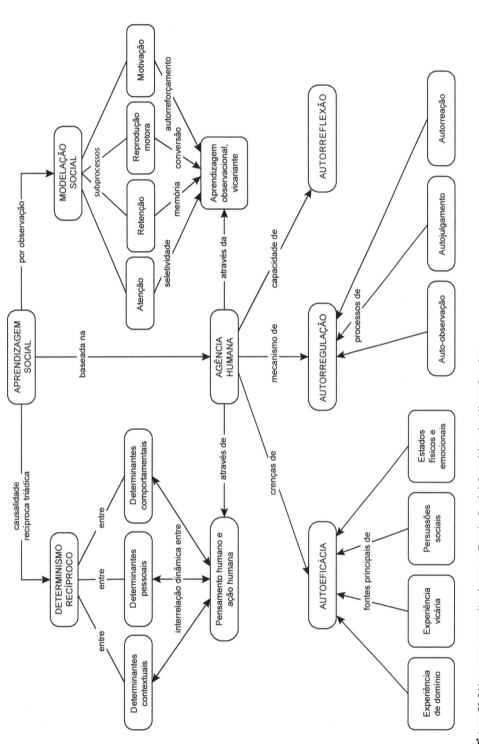

Figura 14.1 Um mapa conceitual para a Teoria Social Cognitiva de Albert Bandura.

Capítulo 15

A teoria dos modelos mentais de Johnson-Laird[1]

TEORIAS DE
TEORIAS
TEORIAS
TEORIAS
TEORIAS
**TEORIAS DE
APRENDIZAGEM**
APRENDIZAGEM
APRENDIZAGEM
APRENDIZAGEM
APRENDIZAGEM
APRENDIZAGEM

Objetivo

Este capítulo focaliza a questão das representações mentais somente sob a óptica de Johnson-Laird e, dentro dela, enfoca particularmente o tema dos modelos mentais. Trata-se, no entanto, de um texto que pretende ser apenas uma introdução ao assunto. Para aprofundamento, recomenda-se recorrer à bibliografia indicada.

Introdução – Representações mentais

Uma *representação* é qualquer notação, signo ou conjunto de símbolos que "representa" alguma coisa para nós na ausência dessa coisa que é tipicamente algum aspecto do mundo externo ou de nosso mundo interior, *ou seja*, nossa imaginação (Eisenck e Keane, p. 203). As representações podem ser divididas em externas e internas ou mentais. As *representações externas* são coisas do tipo mapas, diagramas, pinturas, manuais, descrições escritas. De um modo geral, há duas grandes classes de representações externas: as que são pictóricas ou diagramáticas e as que fazem uso de palavras ou outras notações simbólicas – ou, simplesmente, representações pictoriais e representações linguísticas (*op. cit.*, p. 203).

As representações internas (ou *representações mentais,* como o próprio nome sugere) são maneiras de "representar" internamente o mundo externo. As pessoas não captam o mundo exterior diretamente: elas constroem representações mentais (*i.e.*, internas) dele. Segundo Vega (1984, p. 213), o estudo de tais representações constitui um dos temas mais polêmicos, difíceis e interessantes da Psicologia Cognitiva: a compreensão do sistema

---

1 MOREIRA, M. A. (1996). Monografia n. 12 da série *Enfoques Teóricos,* Porto Alegre, Instituto de Física da UFRGS.

cognitivo humano passa necessariamente pelo entendimento das propriedades funcionais e estruturais do formato de nossos pensamentos.

As representações mentais (i.e., internas) também podem ser divididas em duas grandes classes: as *analógicas* e as *proposicionais*. A imagem visual é o exemplo típico de representação analógica, mas há outras – como as imagens auditivas, as olfativas e as tácteis e os modelos mentais. *As representações analógicas* são não discretas (não individuais), organizadas por meio de regras frouxas de combinação, concretas (representam entidades particulares do mundo exterior) e específicas da modalidade por meio da qual a informação é recebida (Eisenck e Keane, 1990, p. 206).

As *representações proposicionais,* por sua vez, são mais abstratas: são "tipo-linguagem" no sentido de que captam os conceitos subjacentes a uma situação, não porque sejam necessariamente constituídas de palavras. Uma fórmula matemática, por exemplo, é uma representação proposicional. As proposições são representações mentais discretas, organizadas por meio de regras rígidas, abstratas e exclusivamente referenciais: elas captam o conteúdo ideacional da mente, independentemente da modalidade original em que a informação foi encontrada (*ibid.*).

De outra perspectiva, as representações mentais podem ser divididas em *localizadas* e *distribuídas*. As localizadas são também conhecidas por simbólicas, embora essa terminologia não seja boa, porque as representações distribuídas também envolvem símbolos (*op. cit.*, p. 201). Nessa perspectiva, as representações simbólicas (localizadas) se subdividem em analógicas e proposicionais, tal como referidas anteriormente. Quer dizer, até agora estivemos falando de representações mentais do ponto de vista tradicional, simbólico, localizado. A ideia básica desse enfoque é a de que a cognição humana é centralmente dependente da manipulação de representações simbólicas por meio de determinadas regras (*op. cit.*, p. 239). Estas representações são analógicas ou proposicionais e, nelas, a informação está "representada", ou seja, a informação está "localizada" em entidades simbólicas, como proposições e imagens, e a cognição humana depende fundamentalmente da manipulação dessas entidades por meio de processos "tipo-regras".

Em contraposição a esse enfoque, aparece o *conexionismo,* que usa modelos computacionais que consistem de redes de unidades "tipo-neurônio". Os modelos conexionistas, em vez de supor que a informação está "representada" em entidades simbólicas – como proposições e imagens –, admitem que ela está subsimbolicamente em *representações distribuídas* (*op. cit.*, p. 239). As redes conexionistas podem ser usadas para representar objetos ou eventos de uma maneira distribuída como padrões de ativação de uma dada rede. Eisenck e Keane (1990, p. 241) usam o exemplo de uma rosa para ilustrar a diferença entre representações simbólicas e distribuídas: no primeiro caso, a hipótese é a de que a visão e o perfume de uma rosa podem ser "representados" por uma imagem e/ou por uma proposição (ROSA, no caso); no segundo, a informação está armazenada não em símbolos que explicitamente "representam" a rosa, mas nas intensidades das conexões entre unidades "tipo-neurônio" que permitirão "recriar" tanto a imagem como o perfume da rosa. É a ativação das conexões, de acordo com certos padrões, que "recriará" a rosa ou o perfume. Quer dizer, nessa ótica, não se armazena a imagem de uma rosa ou o nome dela nem seu perfume: o que fica "armazenado" são as intensidades de determinadas conexões entre unidades "tipo-neurônio". Quando tais conexões são ativadas em tais intensidades, a imagem da rosa e seu perfume são "recriados" ou "representados". É isso que significa padrão de ativação ou matriz de ativação.

Uma maneira de compatibilizar esses dois enfoques às representações mentais é considerar o simbólico como caracterizando a macroestrutura da representação cognitiva e considerar o conexionista como caracterizando a microestrutura dessa representação. Para alguns teóricos da área, as representações distribuídas são representações simbólicas em um nível mais detalhado. Por outro lado, há modelos conexionistas que usam representações locais de modo que essa compatibilização parece ser viável; porém, para isso, é claro que é preciso respeitar as especificidades das representações distribuídas.

Feita a distinção entre representações simbólicas (locais) e distribuídas (conexionistas), volta-se a dar mais atenção às primeiras, que são as que mais interessam aos propósitos desta monografia. Como foi destacado anteriormente, as *representações simbólicas* podem ser divididas em dois grandes tipos: *analógicas* e *proposicionais*. Contudo, há controvérsias sobre se tal distinção existe mesmo, pois alguns teóricos da Psicologia Cognitiva argumentam que as imagens não são um tipo especial, separado, de representações mentais. Para eles, as imagens podem ser reduzidas a representações proposicionais. Este é um tema atual e polêmico na Psicologia Cognitiva e que não será abordado nesse trabalho. Em vez disso, será usado como ponte para chegar ao objeto do trabalho, que é uma breve descrição da Teoria dos Modelos Mentais.

Johnson-Laird (1983) propõe um terceiro construto representacional que são os *modelos mentais*. Para ele, um modelo mental é uma representação que pode ser totalmente analógica ou parcialmente analógica e parcialmente proposicional, que é distinta de uma imagem – porém, relacionada a ela (Eisenck e Keane, 1990, p. 235).

A teoria de Johnson-Laird

Johnson-Laird distingue entre três tipos de construtos representacionais: *modelos mentais, imagens* e *proposições*. Ele considera que os modelos mentais e as imagens são representações de alto nível, essenciais para compreender a cognição humana. Embora, em última análise, o processamento mental seja feito por meio de algum código proposicional, inclusive para imagens e modelos mentais, para entender a cognição humana é importante estudar como as pessoas usam essas representações de alto nível. Ele compara as imagens e modelos mentais com as linguagens de programação de alto nível, como BASIC, PASCAL e outras. Em última instância, o computador trabalha com zeros e uns e "entende" linguagens de máquina, mas os programadores podem trabalhar muito mais facilmente com linguagens de alto nível, que podem ser traduzidas em linguagem de máquina quando compiladas. Analogamente, as imagens e os modelos mentais liberam a cognição humana de operar diretamente com algum código proposicional básico que corresponderia à linguagem de máquina dos computadores.

Nas seções seguintes, busca-se esclarecer o que são, para Johnson-Laird, modelos mentais, imagens e proposições, focalizando mais os primeiros.

Modelos mentais

Johnson-Laird credita a Craik (1943) a formulação moderna do conceito de modelo mental: seres humanos traduzem eventos externos em modelos internos, raciocinam manipulando essas representações simbólicas e podem traduzir em ações os símbolos resultantes dessa manipulação. A ideia básica da proposta de Craik é a de que a mente humana é um sistema simbólico. Ele considerava o substrato físico do cérebro menos importante do que a maneira como ele funciona. Modelo, para Craik, era qualquer sistema físico ou químico com uma estrutura similar à do processo imitado, ou seja, um modelo de trabalho que funciona da mesma maneira que funciona o sistema que ele paraleliza. Portanto, modelo mental, para Craik, era essencialmente uma representação dinâmica ou simulação do mundo (Johnson-Laird, 1989, p. 469). Mas ele não foi muito além disso: nada disse sobre a forma de tais representações nem como manipulá-las (*ibid.*).

Modelos mentais são, então, análogos estruturais do mundo. Seres humanos entendem o mundo construindo modelos mentais (*i.e.*, modelos de trabalho, modelos que predizem e explicam eventos) dele em suas mentes. Entender um evento é saber como ele é causado, o que resulta dele, como provocá-lo, influenciá-lo, evitá-lo. Na linguagem de Johnson-Laird, a partir da conceitualização de Craik, é ter um modelo de trabalho, um análogo estrutural mental, desse evento.

Proposições e modelos mentais

Como foi dito na introdução, as representações proposicionais são do tipo linguagem, não porque sejam necessariamente constituídas de palavras, mas porque captam os conceitos subjacentes a uma situação: captam o conteúdo ideacional da mente independentemente da modalidade original em que a informação foi encontrada.

É preciso, portanto, ter cuidado com a expressão "tipo linguagem" e não pensar as proposições simplesmente como frases na língua que falamos. Do ponto de vista da Psicologia Cognitiva, uma representação proposicional é considerada como uma expressão em uma linguagem mental, o que poderíamos chamar de "mentalês". Embora não conheçamos a sintaxe e a semântica do "mentalês", é conveniente considerar que a mente trabalha com uma linguagem própria, independente das linguagens que nos são familiares.

Isso significa que a proposição "A força líquida que atua sobre um corpo lhe imprime uma aceleração que é na direção da força e tem uma intensidade inversamente proporcional à massa do corpo", que conhecemos como segunda lei de Newton e que pode ser enunciada em português ou em qualquer outra língua (ou por meio de uma equação como $a = F/m$), é expressa na mente em uma linguagem que independe da linguagem que usamos para nos comunicar, da Matemática e de qualquer outro sistema de signos. Aliás, seria muito difícil – se não impossível – fazer uma ciência objetiva da mente se assim não fosse.

Johnson-Laird, no entanto, adota um conceito menos abstrato de representação proposicional. Segundo Eisenck e Keane (1990, p. 235), a definição de Johnson-Laird é mais próxima daquela usada pelos filósofos: *uma representação mental de uma proposição exprimível verbalmente*. Para ele, portanto, proposições são representações mentais verbalmente exprimíveis de objetos, eventos, estados de coisas. Uma característica importante das *proposições,* na ótica de Johnson-Laird, é que elas *geralmente são indeterminadas,* tal como as representações linguísticas. A escolha da estrutura sintática das representações mentais proposicionais não está governada por nenhuma consideração lógica ou analógica (Johnson-Laird, 1987, p. 209). Por exemplo, a descrição verbal (de uma representação mental proposicional) "O quadro está na parede" é verdadeira se o quadro estiver virado, de cabeça para baixo, bem perto do chão etc.

As proposições, portanto, descrevem vários possíveis estados de coisas. A descrição proposicional de um estado de coisas complexo pode, então, consistir de um elevado número de proposições. A questão, nesse caso, é determinar a natureza das relações estruturais entre elas (*op. cit.,* p. 210).

Contrariamente às proposições, *modelos mentais são analógicos, determinados e concretos* (no sentido de que representam entidades específicas do mundo exterior). Eles podem incluir vários graus de estrutura analógica; em alguns casos, podem ser espacialmente analógicos ao mundo exterior no sentido de que são tridimensionais ou bidimensionais e, em outros, podem representar analogicamente a dinâmica de uma sequência de eventos.

Um modelo mental da proposição "O quadro está na parede", portanto, provavelmente se referiria a um quadro específico, não virado, não de cabeça para baixo e em uma posição particular na parede. Os modelos mentais se tornam determinados por meio de uma série de inferências e entendimentos da parte de quem os constrói. Se proposições adicionais contradizem o modelo, ele pode ser revisado.

Da mesma forma, é provável que alguém que entendesse a segunda lei de Newton formasse um modelo mental no qual um móvel específico estivesse sendo acelerado por uma determinada força em uma certa direção.

Proposições e modelos mentais são, portanto, representações mentais cujas características básicas são dicotômicas (indeterminadas × determinados, arbitrárias × analógicos, abstratas × concretos). Seriam, então, incompatíveis ou excludentes? Para Johnson-Laird, não. Para ele, uma representação proposicional é uma descrição que, em última análise, é verdadeira ou não em relação ao mundo: como os seres humanos *não* apreendem o mundo diretamente, mas têm tão somente uma representação interiorizada dele, por conseguinte uma proposição é verdadeira ou falsa em relação a um modelo mental do mundo (*ibid.*).

A percepção é fonte primária de modelos mentais do mundo. Contudo, seres humanos podem evidentemente construir modelos mentais também por atos de imaginação. Isso significa que as proposições podem também ser referidas a mundos hipotéticos ou imaginários. Reside aí uma suposição básica da teoria de Johnson-Laird: *representações proposicionais são interpretadas em relação a modelos mentais* (1983, p. 156). Isso quer dizer que, para ele, a semântica – *i.e.,* a parte do significado – da linguagem mental remete representações proposicionais a modelos mentais de mundos reais ou imaginários.

Imagens e modelos mentais

Na introdução, foi mencionado brevemente que, para alguns teóricos da Psicologia Cognitiva, as imagens não constituem um tipo separado de representação mental, pois podem ser reduzidas a representações proposicionais. Estes seriam os "proposicionalistas", enquanto aqueles que acreditam que as imagens são um tipo distinto de representação mental poderiam ser chamados de "imagistas". Johnson-Laird está, de certa forma, entre os últimos. Para ele, as imagens correspondem a *vistas* dos modelos, quer dizer, *são modelos mentais vistos de uma certa perspectiva* (*op. cit.*, p. 157). Portanto, as imagens, assim como os modelos, são determinadas, analógicas e concretas: como resultado de percepção ou imaginação, elas representam aspectos perceptíveis de objetos ou eventos do mundo real.

Imagens e modelos mentais parecem a mesma coisa, mas não são. A diferença crucial está em considerar as imagens como vistas, perspectivas, particulares de modelos. Por exemplo, podemos ter um modelo mental de quadro, mas não conseguimos imaginar um quadro em geral: sempre formamos a imagem de um quadro específico. Podemos construir infinitas imagens de quadros, mas nunca um quadro em geral, pois o que temos construído é um modelo mental de quadro.

Imagens, proposições e modelos mentais

Resumindo as seções anteriores, para Johnson-Laird, existem pelo menos três tipos principais de representações mentais: imagens, proposições e modelos mentais. Na verdade, ele está introduzindo um terceiro construto representacional além das proposições e imagens: o modelo mental. Do ponto de vista da Psicologia Cognitiva, a mente, em última instância, trabalha com um código proposicional próprio, o "mentalês", ao qual, argumenta-se, qualquer representação mental, inclusive imagens, poderia ser reduzida. Johnson-Laird não se opõe a esse ponto de vista, que é básico na Psicologia Cognitiva. Digamos que ele o aceita, mas propõe os modelos mentais (e as imagens que, para ele, são vistas particulares dos modelos) como representações de alto nível que são essenciais para entender a cognição humana. Quer dizer que, em nível micro, não consciente, a mente processa a informação trabalhando com uma linguagem proposicional própria, o "mentalês"; em nível macro, inconsciente ou consciente, ela trabalha com linguagens de alto nível – os modelos mentais e as imagens. Além disso, o autor define representações proposicionais como representações mentais de proposições verbalmente exprimíveis. As proposições são interpretadas como verdadeiras ou falsas à luz de modelos mentais.

O âmbito da teoria de Johnson-Laird, portanto, é o nível macro inconsciente ou consciente do funcionamento da mente; nele, as proposições, as imagens e os modelos mentais são logicamente distinguíveis: *representações proposicionais são cadeias de símbolos que correspondem à linguagem natural, modelos mentais são análogos estruturais do mundo e imagens são modelos vistos de determinada perspectiva* (*op. cit.*, p. 165). Sua teoria relaciona modelos mentais tanto a proposições (interpretadas à luz de modelos mentais) como a imagens (vistas de modelos). Os três tipos de representações mentais são distinguíveis e harmonicamente relacionados, mas, no contexto da teoria, modelo mental é, sem dúvida, o conceito central, o construto superordenado.

A natureza dos modelos mentais (1983, pp. 396-446)

No Capítulo 15 – o penúltimo – de seu livro *Mental Models* (1983), referência básica deste capítulo, Johnson-Laird reconhece que o leitor pode ainda estar se perguntando o que seriam exatamente modelos mentais e como difeririam de outras formas postuladas de representações mentais, como os esquemas de Piaget, os subsunçores de Ausubel ou os construtos pessoais de Kelly. Reconhece também que, pelo menos até a publicação do livro, era prematuro tentar dar respostas a essas perguntas, pois os modelos mentais deviam estar na cabeça das pessoas e sua exata constituição era ainda uma questão de pesquisa empírica (p. 398). Em vez disso, ele preferiu apontar princípios que impõem vínculos a possíveis modelos. Os três primeiros são (*ibid.*):

1. *Princípio da computabilidade:* modelos mentais são computáveis e devem poder ser descritos na forma de procedimentos efetivos que possam ser executados por uma máquina. Este vínculo vem do "núcleo duro" da Psicologia Cognitiva, que supõe a mente como um sistema de cômputo.

2. *Princípio da finitude:* modelos mentais são finitos em tamanho e não podem representar diretamente um domínio infinito. Este vínculo decorre da premissa de que o cérebro é um organismo finito.

3. *Princípio do construtivismo:* modelos mentais são construídos a partir de alguns elementos básicos (*tokens*) organizados em uma certa estrutura para representar um estado de coisas. Este terceiro vínculo resulta da própria função primordial dos modelos mentais, que é a de representar estados de coisas: como existe um número potencialmente infinito de estados de coisas que poderiam ser representados, mas apenas um mecanismo finito para construí-los, resulta que os modelos devem ser construídos a partir de constituintes mais básicos.

A percepção é a fonte primária de modelos mentais cinemáticos tridimensionais do mundo. No entanto, modelos mentais podem ter outras formas e servir para outras coisas – em particular, para interpretar o discurso linguístico e para fazer inferências. Isso significa que modelos mentais podem ser construídos também a partir do discurso para interpretar o estado de coisas que ele descreve, o qual pode ser fictício ou imaginário (p. 406).

Se um modelo mental resultar da percepção visual, ele será uma única entidade correspondente a um único estado de coisas. Se, no entanto, ele for construído a partir de discurso, há um problema, pois o discurso é invariavelmente indeterminado e compatível com muitos estados de coisas diferentes. Por outro lado, é natural supor que qualquer representação mental deva ser tão parcimoniosa quanto possível. Isso leva ao quarto vínculo, aplicável a modelos mentais do discurso (*ibid.*).

4. *Princípio da economia:* uma descrição de um estado de coisas é representada por um só modelo mental mesmo se a descrição estiver incompleta ou indeterminada. Um único modelo mental pode representar uma quantidade infinita de possíveis estados de coisas, porque esse modelo pode ser revisado recursivamente. Cada nova asserção (*token*) pode implicar revisão de modelo para acomodá-la.

Outro aspecto a ser considerado na construção de modelos é o conceitual. Os modelos têm forma e conteúdo que servem seus objetivos, sejam eles explicativos, preditivos ou controladores. Mas a concepção que o ser humano tem do mundo é função do aparato conceitual humano, *i.e.*, de sua capacidade cognitiva. Isso significa que o conteúdo conceitual dos modelos mentais é limitado pela natureza do aparato cognitivo humano. Johnson-Laird expressa essa limitação por meio de três outros vínculos que afetam o conteúdo possível dos modelos mentais.

5. *Princípio da não indeterminação:* modelos mentais podem representar indeterminações diretamente se – e somente se – seu uso não for computacionalmente intratável, *i.e.*, se não existir um crescimento exponencial em complexidade. Este vínculo parece ser um corolário do primeiro e do anterior: caso se trate de acomodar cada vez mais indeterminações em um modelo mental, isso levará rapidamente a um crescimento intratável do número de possíveis interpretações do modelo que, na prática, deixará de ser um modelo mental (*op. cit.*, p. 409).

6. *Princípio da predicabilidade:* um predicado pode ser aplicável a todos os termos aos quais um outro predicado é aplicável, mas eles não podem ter âmbitos de aplicação que não se intersectam. Por exemplo, os predicados "animado" e "humano" são aplicáveis a certas coisas em comum: "animado" aplica-se a algumas coisas às quais "humano" não se aplica, mas não existe nada a que "humano" se aplique e "animado" não (*op. cit.*, p. 411). Para Johnson-Laird, a virtude deste vínculo é que ele permite identificar um conceito artificial ou não natural. Um conceito que fosse definido por predicados que não tivessem nada em comum violaria o vínculo da predicabilidade e não estaria normalmente representado em modelos mentais.

7. *Princípio do inatismo:* todos os primitivos conceituais são inatos. Primitivos conceituais subjazem a nossas experiências perceptivas, habilidades motoras, estratégias cognitivas – enfim, nossa capacidade de representar o mundo (*ibid.*). Indefinibilidade é uma condição suficiente, mas não necessária para identificar conceitos primitivos. Movimento, por exemplo, é uma palavra que corresponde a um primitivo conceitual e que pode ser definida (além de primitivos conceituais inatos, Johnson-Laird admite também a existência de primitivos procedimentais, que são acionados automaticamente quando um indivíduo constrói um modelo mental).

8. *Existe um número finito de primitivos conceituais* que dá origem a um conjunto correspondente de campos semânticos e um outro conjunto finito de conceitos, ou "operadores semânticos", que ocorre em cada campo semântico e serve para construir conceitos mais complexos a partir dos primitivos subjacentes. Um campo semântico se reflete no léxico por um grande número de palavras que compartilham no núcleo de seus significados um conceito comum. Por exemplo, verbos associados à percepção visual – como avistar, olhar, espiar, escrutinar e observar – compartilham um núcleo subjacente que corresponde ao conceito de ver. Operadores semânticos incluem os conceitos de tempo, espaço, possibilidade, permissibilidade, causa e intenção. Por exemplo, se as pessoas olham alguma coisa, elas focalizam seus olhos durante um certo intervalo de tempo com a intenção de ver o que acontece. Os campos semânticos nos proveem de nossa concepção sobre o que existe no mundo, sobre o mobiliário do mundo, enquanto os operadores semânticos

nos proveem de nosso conceito sobre as várias relações que podem ser inerentes a esses objetos (*op. cit.*, p. 414).

O nono vínculo proposto por Johnson-Laird para os modelos mentais se refere à sua estrutura.

9. *Princípio da identidade estrutural:* as estruturas dos modelos mentais são idênticas às estruturas dos estados de coisas, percebidos ou concebidos, que os modelos representam. Este vínculo decorre, em parte, da ideia de que as representações mentais devem ser econômicas e, portanto, cada elemento de um modelo mental, incluindo suas relações estruturais, deve ter um papel simbólico. Não deve haver na estrutura do modelo nenhum aspecto sem função ou significado (*op. cit.*, p. 419).

Tipologia dos modelos mentais

Considerando essas nove restrições, Johnson-Laird propõe o que ele chama (*op. cit.*, p. 422) de uma tipologia informal e tentativa para os modelos mentais.

Primeiramente, ele distingue entre *modelos físicos*, que são os que representam o mundo físico, e *modelos conceituais*, que são os que representam abstrações. Dentre os modelos físicos, ele identifica seis tipos principais:

1. *Modelo relacional* é um quadro (*frame*) estático que consiste de um conjunto finito de elementos (*tokens*) que representam um conjunto finito de entidades físicas de um conjunto finito de propriedades desses elementos que representam propriedades físicas de tais entidades, além de um conjunto finito de relações entre os elementos (*tokens*) representando relações físicas entre as entidades (*ibid.*, p. 422).

2. *Modelo espacial* é um modelo relacional no qual as relações entre as entidades são somente espaciais e estão nele representadas pela localização dos elementos (*tokens*) em um espaço dimensional (tipicamente bi ou tridimensional) – este tipo de modelo pode satisfazer as propriedades do espaço métrico ordinário (*ibid.*).

3. *Modelo temporal* é o que consiste de uma sequência de quadros (*frames*) espaciais (de dimensão constante) que ocorre em uma ordem temporal correspondente à ordem temporal dos eventos (embora não necessariamente em tempo real) (*ibid.*).

4. *Modelo cinemático* é o que consiste de um modelo temporal que é psicologicamente contínuo – é o modelo que representa mudanças e movimentos nas entidades representadas, sem descontinuidades temporais. Naturalmente, esse tipo de modelo pode funcionar em tempo real – e certamente o fará – se for derivado da percepção (*ibid.*, p. 423).

5. *Modelo dinâmico* é um modelo cinemático no qual existem também relações entre certos quadros (*frames*) representando relações causais entre os eventos representados (*ibid.*).

6. *Imagem* é uma representação, centrada no observador, das características visíveis de um modelo espacial tridimensional ou cinemático subjacente. Corresponde, portanto,

a uma vista (ou projeção) do objeto ou estado de coisas representado no modelo subjacente (*ibid.*).

Dentre os *modelos conceituais*, Johnson-Laird distingue quatro tipos principais (*ibid.*, p. 425):

1. *Modelo monádico* é o que representa asserções (como aquelas típicas do raciocínio silogístico) sobre entidades individuais, suas propriedades e identidades entre eles. Este tipo de modelo tem três componentes: um número finito de elementos (*tokens*) que representam as entidades individuais; duas relações binárias, identidade (=) e não identidade (≠); e alguma notação especial que indique que é incerto se existem determinadas identidades. Por exemplo, o modelo conceitual monádico da asserção "Todos os escultores são artistas" poderia ser o seguinte:

    em que o elemento (*token*) escultor é uma notação para indicar que o correspondente elemento (*token*) mental representa um indivíduo que é escultor, enquanto a notação que inclui um elemento entre parêntesis é essa notação especial dos modelos conceituais que indica que é incerto se a individualidade correspondente existe ou não no domínio do modelo. Quer dizer, pode haver artista não escultor – obviamente, estas notações são arbitrárias (*ibid.*).

2. *Modelo relacional* é o que inclui um número finito de relações possivelmente abstratas entre as entidades representadas no modelo monádico. Este tipo de modelo é necessário para representar uma asserção do tipo "Existem mais ás do que bês" (*ibid.*, p. 425), que requer algo da forma:

    a ——— b

    a ——— b

    a

3. *Modelo metalinguístico* é o que contém elementos (*tokens*) correspondentes a expressões linguísticas e certas relações abstratas entre elas e elementos do modelo (de qualquer tipo). Por exemplo, uma asserção como "Um dos homens chama-se João" requer um modelo do seguinte tipo:

    em que as aspas estão sendo usadas para significar um elemento que representa uma expressão linguística (um signo, no caso) e a flecha denota referência: a expressão linguística "João" se refere (—>) a tal homem (*ibid.*, p. 426).

4. *Modelo conjunto-teórico* é o que contém um número finito de elementos (*tokens*) representando conjuntos diretamente. Este tipo de modelo pode também conter um número finito de elementos, representando propriedades abstratas do conjunto,

e um número finito de relações entre os elementos que representam conjuntos. Por exemplo, consideremos a asserção "Algumas bibliografias listam a si mesmas, outras, não"; um modelo mental da forma:

$$b_1 \left\{ \begin{array}{l} b_1 \\ b_2 \\ b_3 \end{array} \right.$$

representa uma bibliografia de três nomes, incluindo o próprio. Analogamente, um modelo da forma:

$$b_6 \left\{ \begin{array}{l} b_3 \\ b_4 \\ b_5 \end{array} \right.$$

representa uma das bibliografias que não listam a si mesmas. Nesses modelos, os elementos (*tokens*) $b_1, b_2, ..., b_6$ representam conjuntos (bibliografias) diretamente, e a chave representa a relação de inclusão (p. 428).

Conclusão

O núcleo duro da teoria de Johnson-Laird é a ideia de modelo mental. Para ele, modelo mental é uma representação de alto nível que está no cerne psicológico da compreensão. Compreender alguma coisa implica ter um modelo mental, um "modelo de trabalho", dessa coisa. Os seres humanos não captam o mundo diretamente: fazem representações mentais do mundo – e, para Johnson-Laird, os *modelos mentais* são as representações básicas para a compreensão do mundo, pois as *proposições* são interpretadas à luz dos modelos e as *imagens* são projeções particulares dos modelos.

Modelos mentais podem ser construídos por meio da percepção, do discurso ou da concepção. A percepção é a fonte básica de modelos cinemáticos e dinâmicos tri-dimensionais do mundo. Tais modelos são análogos estruturais do mundo, *i.e.*, têm a mesma estrutura dos objetos ou eventos que representam. Mas um modelo mental pode também ser construído a partir de um conjunto de asserções sobre objetos ou eventos. Reciprocamente, a compreensão do discurso implica a construção de um modelo mental.

Modelos mentais não precisam ser completos, lógicos ou "corretos": eles podem ser permanentemente revisados. Há vários tipos de modelos mentais, e sua construção tem uma série de restrições – implícitas nos "princípios" sugeridos por Johnson-Laird.

Todos esses aspectos da teoria de Johnson-Laird – mais uma introdução ao tema das representações mentais – foram enfocados de maneira superficial neste capítulo.

Por isso, reitera-se a recomendação feita no início de que, para aprofundamento, é preciso recorrer a textos do próprio Johnson-Laird.

A ideia de modelos mentais como representações de alto nível, indispensáveis para a compreensão, tem profundas implicações instrucionais, pois, nessa ótica, aprender é construir modelos mentais do que está sendo ensinado e ensinar é facilitar a construção e revisão de modelos mentais. Quer dizer, o professor ensina modelos conceituais – que são representações precisas, consistentes e completas de estados de coisas do mundo, projetadas para facilitar seu entendimento e ensino – e espera que o aluno construa modelos mentais consistentes com esses modelos conceituais. Os modelos conceituais são instrumentais: a mente humana opera só com modelos mentais, mas modelos conceituais podem ajudar na construção de modelos mentais que explicam e predizem consistentemente o conhecimento aceito em certa área. Naturalmente, os modelos mentais que os alunos trazem para a situação instrucional influenciam o ensino e a aprendizagem e, portanto, deveriam ser levados em conta pelo professor. Como fazer tudo isso? O primeiro passo é conhecer um pouco da teoria de Johnson-Laird – e precisamente até aí vai o presente capítulo, que finaliza com o mapa conceitual para representações e modelos mentais apresentado na Figura 15.1.

Bibliografia

CRAIK, K. J. W. *The nature of explanation*. Cambridge, UK: Cambridge University Press, 1943.

EISENCK, Michael, W.; KEANE, M. T. *Cognitive psychology:* a student's handbook. Hove, U. K., Lawrence Erlbaum, 1990. 557 p.

JOHNSON-LAIRD, P. N. Modelos mentales en ciencia cognitiva. *In:* NORMAN, Donald A. *Perspectivas de la ciencia cognitiva*. Barcelona: Paidós, 1987. p. 179-231.

JOHNSON-LAIRD, P. N. Mental models. *In:* POSNER, Michael I. (Ed.). *Foundations of cognitive science*. Cambridge, M.A., The MIT Press, 1989. p. 469-449.

JOHNSON-LAIRD, P. N. *Mental models*. Cambridge, MA, Harvard University Press, 1983. 513 p.

VEGA, M. de. *Introducción a la Psicología Cognitiva*. Madrid: Alianza Editorial, 1984. 562 p.

Capítulo 15 A teoria dos modelos mentais de Johnson-Laird **187**

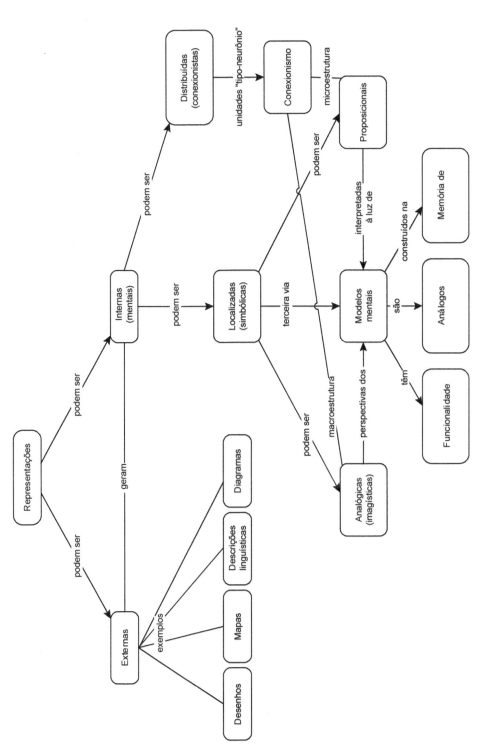

Figura 15.1 Um mapa conceitual para representações e modelos mentais.

Capítulo 16
A teoria dos campos conceituais de Vergnaud[1]

TEORIAS DE
TEORIAS
TEORIAS
TEORIAS
TEORIAS
TEORIAS DE APRENDIZAGEM
APRENDIZAGEM
APRENDIZAGEM
APRENDIZAGEM
APRENDIZAGEM
APRENDIZAGEM

Objetivo

Este texto tem por objetivo descrever a *teoria dos campos conceituais* de Vergnaud e suas implicações para o ensino e para a pesquisa nesta área.

Introdução

Gérard Vergnaud, diretor de pesquisa do Centro Nacional de Pesquisa Científica (CNRS) da França e discípulo de Piaget, amplia e redireciona, em sua teoria, o foco piagetiano das operações lógicas gerais, das estruturas gerais do pensamento, para o estudo do funcionamento cognitivo do "sujeito-em-situação". Além disso, diferentemente de Piaget, toma como referência o próprio conteúdo do conhecimento e a análise conceitual do domínio desse conhecimento (Vergnaud, 1994, p. 41; Franchi, 1999, p. 160). Para Vergnaud, Piaget não se deu conta de quanto o desenvolvimento cognitivo depende de situações e de conceitualizações específicas necessárias para lidar com elas (1998, p. 181). Segundo ele, Piaget também não percebeu o infrutífero que é tentar reduzir a complexidade conceitual, progressivamente dominada pelas crianças, a algum tipo de complexidade lógica geral (1994, p. 41). Vergnaud argumenta que, embora Piaget tenha feito um trabalho muito importante para a educação, ele não trabalhou dentro da sala de aula ensinando conteúdos como, por exemplo, Matemática e Ciências. No entanto, no momento em que nos interessamos por aquilo que se passa na sala de aula, somos obrigados a nos interessar pelo conteúdo do conhecimento (1996b, p. 10). O próprio Vergnaud, no que se refere à Matemática, foi obrigado a se interessar

---

1 Publicado por M. A. Moreira em *Investigações em Ensino de Ciências*, 7(1), 2002. Disponível em: <http://www. if.ufrgs.br/ienci>.

muito mais do que Piaget por questões como as estruturas aditivas e as estruturas multiplicativas para estudar as dificuldades dos alunos nessas áreas. Parece-lhe claro que as dificuldades dos estudantes não são as mesmas de um campo conceitual para outro (*ibid.*). Por outro lado, Vergnaud reconhece a importância da teoria de Piaget, destacando as ideias de adaptação, desequilibração e reequilibração como pedras angulares para a investigação em didática das Ciências e da Matemática; porém, acredita que a grande pedra angular colocada por Piaget foi o conceito de *esquema* (1996c, p. 206). Tal conceito, como veremos mais adiante, é fundamental na teoria de Vergnaud.

Vergnaud reconhece igualmente que sua teoria dos campos conceituais foi desenvolvida também a partir do legado de Vygotsky. Isso se percebe, por exemplo, na importância atribuída à interação social, à linguagem e à simbolização no progressivo domínio de um campo conceitual pelos alunos. Para o professor, a tarefa mais difícil é a de prover oportunidades aos alunos para que desenvolvam seus esquemas na zona de desenvolvimento proximal (1998, p. 181).

Vergnaud toma como premissa que o conhecimento está organizado em *campos conceituais* cujo domínio, por parte do sujeito, ocorre ao longo de um largo período de tempo pela experiência, maturidade e aprendizagem (1982, p. 40). *Campo conceitual* é, para ele, um conjunto informal e heterogêneo de problemas, situações, conceitos, relações, estruturas, conteúdos e operações de pensamento, conectados uns aos outros e, provavelmente, entrelaçados durante o processo de aquisição (*ibid.*).

O domínio de um campo conceitual não ocorre em alguns meses – nem mesmo em alguns anos. Ao contrário, novos problemas e novas propriedades devem ser estudados ao longo de vários anos se quisermos que os alunos progressivamente os dominem. De nada serve tentar contornar as dificuldades conceituais: elas são superadas na medida em que são encontradas e enfrentadas, mas isso não ocorre de um só golpe (Vergnaud, 1983a, p. 401).

"A teoria dos campos conceituais supõe que o âmago do desenvolvimento cognitivo é a conceitualização" (*id.*, 1996a, p. 118). É ela a pedra angular da cognição (*id.*, 1998, p. 173). Logo, deve-se dar toda atenção aos aspectos conceituais dos esquemas e à análise conceitual das situações para as quais os estudantes desenvolvem seus esquemas – na escola ou fora dela (*id.*, 1994, p. 58).

Não é, no entanto, uma teoria de ensino de conceitos explícitos e formalizados. Trata-se de uma teoria psicológica do processo de conceitualização do real, que permite localizar e estudar continuidades e rupturas entre conhecimentos do ponto de vista de seu conteúdo conceitual (Vergnaud, 1990, p. 133). No estudo desse processo, qualquer reducionismo é perigoso na medida em que a conceitualização do real é específica de conteúdo e não pode ser reduzida nem às operações lógicas gerais, nem às operações puramente linguísticas, nem à reprodução social, nem à emergência de estruturas inatas, nem, enfim, ao modelo do processamento da informação (*id.*, 1983a, p. 392). Consequentemente, a teoria dos campos conceituais é uma teoria complexa, pois envolve a complexidade decorrente da necessidade de abarcar em uma única perspectiva teórica todo o desenvolvimento de situações progressivamente dominadas, dos conceitos e teoremas necessários para operar eficientemente nessas situações e das palavras e símbolos que podem representar eficazmente esses conceitos e operações para os estudantes dependendo de seus níveis cognitivos (*id.*, 1994, p. 43).

Resumindo, a teoria dos campos conceituais é uma teoria cognitivista neopiagetiana que pretende oferecer um referencial mais frutífero do que o piagetiano ao estudo do desenvolvimento cognitivo e da aprendizagem de competências complexas, particularmente aquelas implicadas nas ciências e na técnica, levando em conta os próprios conteúdos do conhecimento e a análise conceitual de seu domínio. Embora Vergnaud esteja especialmente interessado nos campos conceituais das estruturas aditivas e das estruturas multiplicativas (1983b, p. 128), a teoria dos campos conceituais não é específica desses campos – nem da Matemática. Em Física, por exemplo, há vários campos conceituais – como o da Mecânica, o da Eletricidade e o da Termologia – que não podem ser ensinados, de imediato, nem como sistemas de conceitos nem como conceitos isolados. É necessária uma perspectiva desenvolvimentista à aprendizagem desses campos. O mesmo é válido, segundo Vergnaud (1996a, p. 116), em Biologia: a compreensão da reprodução em vegetais não tem muito a ver com o entendimento da reprodução em animais ou com a compreensão de processos celulares. A História, a Geografia e a Educação Física, por exemplo, têm igualmente uma série de campos conceituais para os quais os alunos devem desenvolver esquemas e concepções específicas. Em todos esses casos, o modelo piagetiano da assimilação/acomodação funciona desde que não se tente reduzir a adaptação de esquemas e conceitos a estruturas lógicas (*ibid.*).

Os conceitos-chave da teoria dos campos conceituais são, além do próprio conceito de *campo conceitual,* os conceitos de *esquema* (a grande herança piagetiana de Vergnaud), *situação, invariante operatório (teorema-em-ação ou conceito-em-ação)* e a sua concepção de *conceito.* Nas seções seguintes, cada um desses conceitos-chave será abordado e exemplificado na perspectiva da teoria de Vergnaud. Após isso, serão retomados aspectos gerais da teoria e examinadas as implicações para o ensino – de Ciências, em particular – e para a pesquisa em ensino.

Campos conceituais

Uma definição de campo conceitual já foi dada na introdução deste trabalho, na página 198. Vejamos outras, bem como alguns exemplos.

Campo conceitual é também definido por Vergnaud como um conjunto de problemas e situações cujo tratamento requer conceitos, procedimentos e representações de tipos diferentes, mas intimamente relacionados (1983b, p. 127).

Em outros trabalhos (1988, p. 141; 1990, p. 146), Vergnaud define campo conceitual como sendo, em primeiro lugar, um conjunto de situações cujo domínio requer, por sua vez, o domínio de vários conceitos de naturezas distintas. Por exemplo, o campo conceitual das estruturas multiplicativas consiste de todas as situações que podem ser analisadas como problemas de proporções simples e múltiplas para os quais geralmente é necessária uma multiplicação, uma divisão ou uma combinação dessas operações (*ibid.*). Vários tipos de conceitos matemáticos estão envolvidos nas situações que constituem o campo conceitual das estruturas multiplicativas e no pensamento necessário para dominar tais situações. Entre tais conceitos, estão o de função linear, função não linear, espaço vetorial, análise dimensional, fração, razão, taxa, número racional, multiplicação e divisão (*ibid.*). Analogamente, o campo conceitual das estruturas aditivas é o conjunto de situações cujo domínio requer uma adição, uma subtração ou uma combinação de tais operações.

Como se pode observar, a definição referida na introdução – conjunto informal e heterogêneo de problemas, situações, conceitos, relações, estruturas, conteúdos e operações de pensamento, conectados uns aos outros e provavelmente entrelaçados durante o processo de aquisição – é mais abrangente. Posteriormente a ela, Vergnaud destaca a ideia de situações nas definições que dá de campo conceitual. Como será visto mais adiante, *situação* é um conceito-chave da teoria de Vergnaud, porém a definição inicial, mais ampla, de campo conceitual dá uma ideia melhor da complexidade daquilo que ele chama de campo conceitual.

Três argumentos principais levaram Vergnaud (1983a, p. 393) ao conceito de campo conceitual: 1) um conceito não se forma dentro de um só tipo de situações; 2) uma situação não se analisa com um só conceito; 3) a construção e apropriação de todas as propriedades de um conceito ou todos os aspectos de uma situação é um processo de muito fôlego que se estende ao longo dos anos – às vezes, uma dezena de anos –, com analogias e mal-entendidos entre situações, concepções, procedimentos, significantes.

Vergnaud considera o campo conceitual como uma unidade de estudo para dar sentido às dificuldades observadas na conceitualização do real e, como foi dito antes, a teoria dos campos conceituais supõe que a conceitualização é a essência do desenvolvimento cognitivo.

Além dos já citados campos conceituais das estruturas aditivas e multiplicativas, outros importantes campos conceituais, interferindo com esses dois, incluem: deslocamentos e transformações espaciais; classificações de objetos e aspectos discretos; movimentos e relações entre tempo, velocidade, distância, aceleração e força; relações de parentesco; medições de quantidades espaciais e físicas contínuas (*id.*, 1983b, p. 128).

Naturalmente, esses campos conceituais não são independentes e uns podem ser importantes para a compreensão de outros, mas, ainda assim, Vergnaud considera útil falar em distintos campos conceituais se eles puderem ser consistentemente descritos. Ele crê que é praticamente impossível estudar as coisas separadamente, mas, por isso mesmo, é preciso fazer recortes – e é nesse sentido que os campos conceituais são unidades de estudo frutíferas para dar sentido aos problemas de aquisição e às observações feitas em relação à conceitualização (*id.*, 1983a, p. 393).

Já que o núcleo do desenvolvimento cognitivo é a conceitualização, Vergnaud destaca que é preciso dar toda atenção aos aspectos conceituais dos esquemas e à análise conceitual das situações nas quais os aprendizes desenvolvem seus esquemas na escola ou na vida real (*id.*, 1994, p. 58). Isso nos leva ao conceito de *conceito* na teoria dos campos conceituais.

Conceitos

Vergnaud define *conceito* como um tripleto de conjuntos (1983a, p. 393; 1988, p. 141; 1990, p. 145; 1993, p. 8; 1997, p. 6), C = (*S, I, R*), em que:

- *S* é um conjunto de situações que dão sentido ao conceito;
- *I* é um conjunto de invariantes (objetos, propriedades e relações) sobre os quais repousa a operacionalidade do conceito, ou o conjunto de invariantes operatórios associados ao conceito, ou o conjunto de invariantes que podem ser reconhecidos e usados pelos sujeitos para analisar e dominar as situações do primeiro conjunto;
- *R* é um conjunto de representações simbólicas (linguagem natural, gráficos e diagramas, sentenças formais etc.) que podem ser usadas para indicar e representar esses invariantes e consequentemente representar as situações e os procedimentos para lidar com elas.

O primeiro conjunto – de situações – é o *referente* do conceito; o segundo – de invariantes operatórios – é o *significado* do conceito; o terceiro – de representações simbólicas – é o *significante*. Uma definição pragmática poderia considerar um conceito como um conjunto de invariantes utilizáveis na ação, mas essa definição implica também um conjunto de situações que constituem o referente e um conjunto de esquemas postos em ação pelos sujeitos nessas situações – daí, o tripleto (*S, R, I*), no qual, em termos psicológicos, *S* é a realidade e (*I, R*) é a representação que pode ser considerada como dois aspectos interagentes do pensamento: o significado (*I*) e o significante (*R*) (Vergnaud, 1998, p. 141). Isso implica que, para estudar o desenvolvimento e o uso de um conceito, ao longo da aprendizagem ou de sua utilização, é necessário considerar esses três conjuntos simultaneamente. Não há, em geral, correspondência biunívoca entre significantes e significados nem entre invariantes e situações; não se pode, portanto, reduzir o significado nem aos significantes nem às situações (*id.*, 1990, p. 146). Por outro lado, como foi dito, um único conceito não se refere a um só tipo de situação e uma única situação não pode ser analisada com um só conceito.

Por tudo isso, é necessário falar em campos conceituais. Mas, se os conceitos se tornam significativos por meio de situações, decorre naturalmente que as situações – e não os conceitos – constituem a principal entrada de um campo conceitual. Um campo conceitual é, em primeiro lugar, um conjunto de situações (*id.*, 1988, p. 141; 1990, p. 5) cujo domínio requer o domínio de vários conceitos de naturezas distintas.

Situações

O conceito de situação empregado por Vergnaud não é o de situação didática, mas sim o de tarefa, sendo que toda situação complexa pode ser analisada como uma combinação de tarefas para as quais é importante conhecer suas naturezas e dificuldades próprias. A dificuldade de uma tarefa não é nem a soma nem o produto das dificuldades das diferentes subtarefas envolvidas, mas é claro que o desempenho em cada subtarefa afeta o desempenho global (1990, p. 146; 1993, p. 9).

Vergnaud recorre também ao sentido que, segundo ele (*op. cit.*, p. 150 e p. 12), é atribuído usualmente pelo psicólogo ao conceito de situação: os processos cognitivos e as respostas do sujeito são função das situações com as quais é confrontado. Além disso, ele destaca duas ideias principais em relação ao sentido de situação: variedade e história. Isto é, em um certo campo conceitual, existe uma grande variedade de situações, e os conhecimentos dos alunos são moldados pelas situações que encontram e progressivamente dominam, particularmente pelas primeiras situações suscetíveis de dar sentido aos conceitos e procedimentos que queremos que aprendam (*ibid.*). Segundo Vergnaud, muitas de nossas concepções vêm das primeiras situações que fomos capazes de dominar ou de nossa experiência tentando modificá-las (1996a, p. 117). Como foi dito antes, as situações é que dão sentido ao conceito; as situações é que são responsáveis pelo sentido atribuído ao conceito (Barais e Vergnaud, 1990, p. 78); um conceito torna-se significativo mediante uma variedade de situações (Vergnaud, 1994, p. 46) – mas o sentido não está nas situações em si mesmas, assim como não está nas palavras nem nos símbolos (*id.*, 1990, p. 158).

O sentido é uma relação do sujeito com as situações e com os significantes. Mais precisamente, são os *esquemas – i.e.,* os comportamentos e sua organização, evocados no sujeito por uma situação ou por um significante (representação simbólica) – que constituem o sentido dessa situação ou desse significante para esse indivíduo (*ibid.*; *id.*, 1993, p. 18). Por exemplo, o sentido de adição para um sujeito individual é o conjunto de esquemas que pode utilizar para lidar com situações com as quais se defronta e que implicam a ideia de adição; é também o conjunto de esquemas que pode acionar para operar sobre os símbolos numéricos, algébricos, gráficos e linguísticos que representam a adição (*ibid.*). Por outro lado, uma dada situação ou um certo simbolismo não evocam no indivíduo todos os esquemas disponíveis, o que significa que o sentido de uma situação particular de adição não é o sentido de adição para esse indivíduo, assim como não o é o sentido de um símbolo particular. Trata-se de um subconjunto dos esquemas que o sujeito possui – ou dos esquemas possíveis (*ibid.*)

Vejamos onde estamos: a ideia de campo conceitual nos levou ao conceito de conceito como um tripleto (referente, significado e significante); porém, como são as situações que dão sentido ao conceito, chegamos ao conceito de situação – e dele ao de esquema, pois são os esquemas evocados no sujeito que dão sentido a uma dada situação. O conceito de esquema, como veremos, nos levará ao conceito de invariante operatório.

Esquemas

Vergnaud chama de esquema *a organização invariante do comportamento para uma determinada classe de situações* (1990, p. 136; 1993, p. 2; 1994. p. 53; 1996c, p. 201; 1998, p. 168). Segundo ele, é nos esquemas que se devem pesquisar os conhecimentos-em-ação do sujeito, isto é, os elementos cognitivos que fazem com que a ação do sujeito seja operatória.

Esquema é o conceito introduzido por Piaget para dar conta das formas de organização tanto das habilidades sensório-motoras como das habilidades intelectuais. Um esquema gera ações e deve conter regras, mas não é um estereótipo porque a sequência de ações depende dos parâmetros da situação (*id.*, 1994, p. 53). Um esquema é um universal que é eficiente para toda uma gama de situações e pode gerar diferentes sequências de ação, de coleta de informações e de controle dependendo das características de cada situação particular. Não é o comportamento que é invariante, mas a organização do comportamento (*id.*, 1998, p. 172). Há esquemas perceptivo-gestuais – como o de contar objetos ou de fazer um gráfico ou um diagrama –, mas há também esquemas verbais – como o de fazer um discurso – e esquemas sociais – como o de seduzir outra pessoa ou o de gerenciar um conflito (*ibid.*). Algoritmos, por exemplo, são esquemas, mas nem todos os esquemas são algoritmos. Quando algoritmos são utilizados repetidamente para tratar as mesmas situações, eles se transformam em esquemas ordinários – ou hábitos (*op. cit.*, p. 176).

Vergnaud considera que os esquemas necessariamente se referem a situações a tal ponto que, segundo ele (1996c, p. 203), dever-se-ia falar em *interação esquema-situação* em vez de *interação sujeito-objeto* (da qual falava Piaget). Decorre daí que o *desenvolvimento cognitivo* consiste, sobretudo e principalmente, no desenvolvimento de um *vasto repertório de esquemas*. Esse repertório afeta esferas muito distintas da atividade humana e, quando analisamos, por exemplo, os conteúdos da competência profissional de um indivíduo, frequentemente observamos que, junto a competências técnicas e científicas propriamente ditas, estão, com peso considerável, competências sociais e afetivas. A educação, portanto, deve contribuir para que o sujeito desenvolva um repertório amplo e diversificado de esquemas, porém procurando evitar que esses esquemas se convertam em estereótipos esclerosados (*ibid.*)

Voltemos à definição: esquema é a organização invariante do comportamento para uma dada classe de situações. Trata-se de uma definição precisa, mas que certamente necessita de maiores especificações para facilitar sua compreensão. Aquilo que Vergnaud chama de *ingredientes dos esquemas* (1990, p. 136, 142; 1994, p. 46; 1996a, p. 113-114; 1996b, p. 11; 1996c, p. 201-202, 206; 1998, p. 173) fornece tais especificações:

1. *metas e antecipações* (um esquema se dirige sempre a uma classe de situações nas quais o sujeito pode descobrir uma possível finalidade de sua atividade e, eventualmente, submetas; pode também esperar certos efeitos ou certos eventos);

2. *regras de ação* do tipo "se... então" que constituem a parte verdadeiramente geradora do esquema, aquela que permite a geração e a continuidade da sequência de ações do sujeito; são regras de busca de informação e controle dos resultados da ação;

3. *invariantes operatórios* (teoremas em ação e conceitos em ação) que dirigem o reconhecimento, por parte do indivíduo, dos elementos pertinentes à situação; são os conhecimentos contidos nos esquemas; são eles que constituem a base, implícita ou explícita, que permite obter a informação pertinente e dela inferir a meta a alcançar e as regras de ação adequadas;

4. *possibilidades de inferência* (ou raciocínios) que permitem "calcular", "aqui e agora", as regras e antecipações a partir das informações e invariantes operatórios de que dispõe o sujeito, ou seja, toda a atividade implicada nos três outros ingredientes requer cálculos "aqui e imediatamente" em situação.

Como foi dito, para Vergnaud, os esquemas se referem necessariamente a situações, ou classes de situações, em que ele (1993, p. 2) distingue entre:

1. classes de situações em que o sujeito dispõe, no seu repertório, em dado momento de seu desenvolvimento e sob certas circunstâncias, das competências necessárias ao tratamento relativamente imediato da situação;

2. classes de situações em que o sujeito não dispõe de todas as competências necessárias, o que lhe obriga a um tempo de reflexão e exploração, a hesitações, a tentativas frustradas, levando-o eventualmente ao sucesso ou ao fracasso.

Segundo Vergnaud (*ibid.*), o conceito de esquema não funciona do mesmo modo nas duas classes. Na primeira delas, observam-se, para uma mesma classe de situações, condutas amplamente automatizadas, organizadas por um só esquema, enquanto na segunda observa-se a sucessiva utilização de vários esquemas que podem entrar em competição e que, para atingir a meta desejada, devem ser acomodados, descombinados e recombinados.

De um modo geral, todas as condutas comportam uma parte automatizada e uma parte de decisão consciente. Os esquemas são frequentemente eficazes, mas nem sempre efetivos. Quando o sujeito usa um esquema ineficaz para uma certa situação, a experiência o leva a mudar de esquema ou a modificar o esquema (*id.*, 1990, p. 138). Está aí a ideia piagetiana de que os esquemas estão no centro do processo de adaptação das estruturas cognitivas, *i.e.*, na assimilação e na acomodação. Contudo, Vergnaud dá ao conceito de esquema um alcance muito maior do que Piaget e insiste que os esquemas devem relacionar-se com as características das situações às quais se aplicam.

Há muito de implícito nos esquemas. Muitos esquemas podem ser evocados sucessivamente – e mesmo simultaneamente – em uma situação nova para o sujeito (*ibid.*, p. 140). As condutas em uma dada situação repousam sobre o repertório inicial de esquemas que o sujeito dispõe. Como já foi dito, o desenvolvimento cognitivo pode ser interpretado como consistindo, sobretudo, no desenvolvimento de um vasto repertório de esquemas afetando esferas muito distintas da atividade humana. Do ponto de vista teórico, o conceito de esquema proporciona o indispensável vínculo entre a conduta e a representação (Vergnaud, 1996c, p. 202): a relação entre situações e esquemas é a fonte primária da representação e, portanto, da conceitualização (*id.*, 1998, p. 177). Por outro lado, são os invariantes operatórios que fazem a articulação essencial entre teoria e prática, pois a percepção, a busca e a seleção de informação baseiam-se inteiramente no sistema de *conceitos-em-ação* disponíveis para o sujeito (objetos, atributos, relações, condições, circunstâncias...) e nos *teoremas-em-ação* subjacentes à sua conduta (*id.*, 1996c, p. 202).

As expressões conceito-em-ação e teorema-em-ação designam os conhecimentos contidos nos esquemas. São também designados, por Vergnaud, pela expressão mais global *invariantes operatórios. Teorema-em-ação é uma proposição considerada como verdadeira sobre o real; conceito-em-ação é uma categoria de pensamento considerada como pertinente* (*ibid.*).

Esta seção foi dedicada ao conceito de esquema. Dos ingredientes de um esquema (metas e antecipações, regras de ação, invariantes operatórios e possibilidades de inferência), os invariantes operatórios – *i.e.*, os conhecimentos-em-ação (conceitos e teoremas-em-ação) – constituem a base conceitual, implícita ou explícita, que permite obter a informação pertinente e, a partir dela e da meta a atingir, inferir as regras de ação mais pertinentes para abordar uma situação (*ibid.*, p. 201).

Um exemplo de esquema dado por Franchi (1999, p. 165) pode ser útil para ilustrar esses aspectos e concluir esta seção. Trata-se do esquema da enumeração de uma pequena coleção de objetos discretos por uma criança de cinco anos. Por mais que varie a forma de contar, por exemplo, copos na mesa, cadeiras da sala, pessoas sentadas de maneira esparsa em um jardim, não deixa de haver uma organização invariante para o funcionamento do esquema: coordenação dos movimentos dos olhos e gestos dos dedos e das mãos, enunciação correta da série numérica, identificação do último elemento da série como o cardinal do conjunto enumerado (acentuação ou repetição do último "número" pronunciado). Vê-se facilmente que o esquema descrito recorre a atividades perceptivo-motoras, a significantes (as palavras-números) e a construções conceituais, tais como a de correspondência biunívoca entre conjuntos de objetos e subconjuntos de números naturais, a de cardinal e ordinal e outras. Recorre igualmente a conhecimentos, tais como os que identificam o último elemento da série ordinal ao cardinal do conjunto. Esses conceitos e conhecimentos são implícitos e praticamente insuscetíveis de explicitação por uma criança nas fases iniciais da aprendizagem de competências e conceitos aritméticos. Entretanto, orientam o desenvolvimento da ação, sendo chamados de conhecimentos-em-ação. A ausência de uma conceituação adequada está no centro da origem dos erros sistemáticos cometidos pelos alunos (*ibid.*).

Naturalmente, os esquemas usados por crianças maiores e por adultos em determinadas classes de situações podem ser muito mais elaborados, mas a ideia é mesma: o esquema é a forma estrutural da atividade, é a organização invariante do sujeito sobre uma classe de situações dadas (*op. cit.*, p. 164) e contém conhecimentos-em-ação que são implícitos.

Invariantes operatórios

Designam-se pelas expressões *"conceito-em-ação"* e *"teorema-em-ação"* os conhecimentos contidos nos esquemas. Pode-se também designá-los pela expressão mais abrangente *"invariantes operatórios"* (Vergnaud, 1993, p. 4). Esquema é a organização da conduta para uma certa classe de situações. Teoremas-em-ação e conceitos-em-ação são invariantes operacionais; logo, são componentes essenciais dos esquemas (*id.*, 1998, p. 167) e determinam as diferenças entre eles.

Teorema-em-ação é uma proposição tida como verdadeira sobre o real. Conceito-em-ação é um objeto, um predicado ou uma categoria de pensamento tida como pertinente, relevante (*id.*, 1996c, p. 202; *ibid.*).

Vejamos exemplos de *teoremas-em-ação*. Consideremos a seguinte situação proposta a alunos de 13 anos (*id.*, 1994, p. 49): O consumo de farinha é, em média, 3,5 kg por semana para dez pessoas. Qual a quantidade de farinha necessária para cinquenta pessoas durante 28 dias? Resposta de um aluno: 5 vezes mais pessoas, 4 vezes mais dias, 20 vezes mais farinha; logo, 3,5 × 20 = 70 kg.

É impossível, segundo Vergnaud (*ibid.*), dar conta desse raciocínio sem supor o seguinte teorema implícito na cabeça do aluno: $f(n1x1, n2x2) = n1n2 f(x1,x2)$, ou seja, *Consumo (5 × 10, 4 × 7) = 5 × 4 Consumo (10, 7).*

Naturalmente, este teorema funciona porque as razões de 50 pessoas para 10 pessoas e 28 dias para 7 dias são simples e evidentes. Ele não seria tão facilmente aplicado a outros valores numéricos. Portanto, seu escopo de aplicação é limitado. Ainda assim, é um teorema que pode ser expresso, por exemplo, em palavras: *o consumo é proporcional ao número de pessoas quando o número de dias é mantido constante e é proporcional ao número de dias quando o número de pessoas é mantido constante.* Pode também ser expresso pela fórmula $C = k \cdot P \cdot D$ – em que C é o consumo, P é o número de pessoas, D é o número de dias e k é o consumo por pessoa por dia.

É claro que essas diferentes maneiras de expressar o mesmo raciocínio não são cognitivamente equivalentes. A segunda é mais difícil. São maneiras complementares de explicitar a mesma estrutura matemática implícita em diferentes níveis de abstração.

Suponhamos agora outras situações (*id.*, 1998, p. 174):

A: Janete tinha 7 bolinhas de gude. Ela jogou e ganhou 5 bolinhas. Quantas bolinhas ela tem agora?

B: Paulo tinha 12 bolinhas de gude. Ele jogou e perdeu 5 bolinhas. Quantas bolinhas ele tem agora?

C: Hans tinha 9 bolinhas de gude. Ele jogou com Rute. Ele tem agora 14 bolinhas de gude. O que aconteceu no jogo?

D: Rute jogou bolinhas de gude com Hans e perdeu 5 bolinhas. Ela agora tem 7 bolinhas de gude. Quantas ela tinha antes de jogar?

Há vários *conceitos-em-ação* distintos implícitos na compreensão dessas situações: número cardinal, ganho e perda, aumento e diminuição, transformação e estado, estado inicial e final, transformação positiva e negativa, adição e subtração.

Os conceitos relevantes são os mesmos para todas as situações, mas a situação D é bem mais difícil para alunos de sete ou oito anos porque implica raciocinar para trás e achar o estado inicial adicionando as 5 bolinhas perdidas ao estado final de 7 bolinhas. Tal raciocínio depende de um forte teorema-em-ação (ibid.): $F = T(I) \rightarrow I = T^{-1}(F)$ – em que I é o estado inicial, F é o estado final, T é a transformação direta e T^{-1} é a transformação inversa.

Segundo Vergnaud (1994, p. 54), entre os mais importantes teoremas-em-ação desenvolvidos pelos estudantes, encontram-se as propriedades isomórficas da função linear

$$f(x + x') = f(x) + f(x')$$

$$f(x - x') = f(x) - f(x')$$

$$f(c_1\, x_1 + c_2\, x_2) = c_1 f(x_1) + c_2\, f(x_2)$$

e as propriedades de coeficiente constante dessa mesma função

$$f(x) = ax$$

$$x = f(x)/a$$

e algumas propriedades específicas de funções bilineares como a do primeiro exemplo:

$$f(c_1 x_1, c_2 x_2) = c_1 c_2\, f(x_1, x_2)$$

Entre os mais importantes conceitos-em-ação desenvolvidos pelos alunos, acham-se os de grandeza e magnitude, valor unitário, razão e fração, função e variável, taxa constante, dependência e independência, quociente e produto de dimensões.

Há uma relação dialética entre conceitos-em-ação e teoremas-em-ação, uma vez que conceitos são ingredientes de teoremas e teoremas são propriedades que dão aos conceitos seus conteúdos. Mas seria um erro confundi-los (*id.*, 1998, p. 174). Conceitos-em-ação são ingredientes necessários das proposições. Todavia, conceitos não são teoremas, pois não permitem derivações (inferências ou computações); derivações requerem proposições. Proposições podem ser verdadeiras ou falsas; conceitos podem ser apenas relevantes ou irrelevantes. Ainda assim, não existem proposições sem conceitos (*id.*, 1994, p. 55).

Reciprocamente, não há conceitos sem proposições, pois é a necessidade de derivar ações das representações do mundo e de ter concepções verdadeiras (ou pelo menos adequadas) do mundo que tornam necessários os conceitos. Um modelo computável do conhecimento intuitivo deve compreender conceitos-em-ação e teoremas-em-ação como ingredientes essenciais dos esquemas. Esquemas são fundamentais porque geram ações, incluindo operações intelectuais, mas podem gerá-las porque contêm invariantes operatórios (teoremas e conceitos-em-ação) que formam o núcleo da representação.

Por outro lado, um conceito-em-ação não é um verdadeiro conceito científico, nem um teorema-em-ação é um verdadeiro teorema a menos que se tornem explícitos. Na ciência, conceitos e teoremas são explícitos e pode-se discutir sua pertinência e sua veracidade, mas esse não é necessariamente o caso dos invariantes operatórios (*id.*, 1990, p. 144). Conceitos e teoremas explícitos não constituem mais do que a parte visível do *iceberg* da conceitualização: sem a parte escondida formada pelos invariantes operatórios, essa parte visível não seria nada. Reciprocamente, não se pode falar de invariantes operatórios integrados nos esquemas sem a ajuda de categorias do conhecimento explícito: proposições, funções proposicionais, objetos, argumentos (*ibid.*). Mas conceitos-em-ação e teoremas-em-ação podem, progressivamente, tornarem-se verdadeiros conceitos e teoremas científicos. O *status* do conhecimento é muito diferente quando ele é explicitado em vez de ficar totalmente imerso na ação. O conhecimento explícito pode ser comunicado a outros e discutido; o conhecimento implícito, não (*id.*, 1998, p. 175).

Em geral, os alunos não são capazes de explicar ou mesmo expressar em linguagem natural seus teoremas e conceitos-em-ação. Na abordagem de uma situação, os dados a serem trabalhados e a sequência de cálculos a serem feitos dependem de teoremas-em-ação e da identificação de diferentes tipos de elementos pertinentes. A maioria desses conceitos e teoremas-em-ação permanecem totalmente implícitos, mas eles podem também ser explícitos ou tornarem-se explícitos, e aí entra o ensino: ajudar o aluno a construir conceitos e teoremas explícitos – e cientificamente aceitos – a partir do conhecimento implícito. É nesse sentido que conceitos-em-ação e teoremas-em-ação podem progressivamente se tornar verdadeiros conceitos e teoremas científicos, mas isso pode levar muito tempo.

A teoria dos campos conceituais: um resumo

A teoria dos campos conceituais de Gérard Vergnaud é uma teoria psicológica cognitivista que supõe que o núcleo do desenvolvimento cognitivo é a conceitualização do real (1996a, p. 118). É uma teoria psicológica de conceitos na qual a conceitualização é considerada a pedra angular da cognição (1998, p. 173). Para Vergnaud, o conhecimento está organizado em *campos conceituais* cujo domínio, de parte do aprendiz, ocorre ao longo de um largo período de tempo pela experiência, maturidade e aprendizagem (1982, p. 40). Campo conceitual é um conjunto informal e heterogêneo de problemas, situações, conceitos, relações, estruturas, conteúdos e operações de pensamento conectados uns aos outros e provavelmente entrelaçados durante o processo de aquisição (*ibid.*). Campo conceitual é definido também como sendo, em primeiro lugar, um conjunto de *situações* cujo domínio requer, por sua vez, o domínio de vários conceitos, procedimentos e representações de naturezas distintas (*id.*, 1988, p. 141; 1990, p. 146). *Conceitos* são definidos por três conjuntos: o primeiro é um conjunto de situações que constituem o *referente* do conceito; o segundo é um conjunto de invariantes operatórios (teoremas e conceitos-em-ação) que dão o *significado* do conceito; e o terceiro é um conjunto de representações simbólicas que compõem seu *significante*.

Como são as situações que dão sentido aos conceitos, é natural definir campo conceitual como sendo, sobretudo, um conjunto de situações. Um conceito torna-se significativo mediante uma variedade de situações (*id.*, 1994, p. 46), mas o sentido não está nas situações em si mesmas, assim como não está nas palavras nem nos símbolos (*id.*, 1990, p. 158). O sentido é uma relação do sujeito com situações e significantes. Mais precisamente, são os *esquemas* – *i.e.*, as ações e sua organização, evocados no sujeito por uma situação ou por um significante – que constituem o sentido dessa situação ou desse significante para esse indivíduo (*ibid.*; *id.*, 1993, p. 18). Vergnaud considera que os esquemas necessariamente se referem a situações a tal ponto que dever-se-ia falar em interação esquema-situação em vez de interação sujeito-objeto. Esquemas têm como ingredientes essenciais aquilo que Vergnaud chama de *invariantes operatórios*, *i.e.*, conceitos-em-ação e teoremas-em-ação que constituem a parte conceitual dos esquemas – os conhecimentos contidos nos esquemas. *Teorema-em-ação* é uma proposição considerada como verdadeira sobre o real; *conceito-em-ação* é uma categoria de pensamento tida como pertinente (*id.*, 1996c, p. 202). Esse conhecimento é principalmente implícito, e o aprendiz tem dificuldades em explicá-lo ou expressá-lo, mas isso não significa que tal conhecimento não possa ser explicitado. É pelo processo de explicitação do conhecimento implícito – aí o professor tem um papel mediador fundamental – que os teoremas-em-ação e conceitos-em-ação podem tornar-se verdadeiros teoremas e conceitos científicos. Uma proposição explícita pode ser debatida; uma proposição tida como verdadeira de maneira totalmente implícita, não. Assim, o caráter do conhecimento muda se for comunicável, debatido e compartilhado (*op. cit.*, p. 204).

Ao mesmo tempo que se afasta de Piaget – ocupando-se do estudo do funcionamento cognitivo do sujeito-em-situação em vez de ocupar-se de operações lógicas gerais ou de estruturas gerais de pensamento, além de tomar como referência o próprio conteúdo do conhecimento e a análise conceitual do domínio desse conhecimento (*id.*, 1994, p. 41; Franchi, 1999, p. 160) –, a teoria de Vergnaud tem forte base piagetiana, que se manifesta principalmente no importante papel que o conceito de esquema tem nessa teoria. Por outro lado, tem também influência vygotskyana, pois considera o professor como importante mediador no longo processo que caracteriza o progressivo domínio de um campo conceitual pelo aluno. Sua tarefa consiste principalmente em ajudar o aluno a desenvolver seu repertório de esquemas e representações. Novos esquemas não podem ser desenvolvidos sem novos invariantes operatórios. A linguagem e os símbolos são importantes nesse processo de acomodação, e o professor faz amplo uso deles na sua função mediadora. Mas o principal ato mediador do professor é o de prover situações frutíferas aos alunos (Vergnaud, 1998, p. 181). Um conceito – ou uma proposição – torna-se significativo mediante uma variedade de situações, mas não se capta o significado sozinho. O papel mediador do professor é essencial (*id.*, 1994, p. 44).

A Figura 16.1 apresenta um mapa conceitual para a teoria dos campos conceituais de Vergnaud, destacando e relacionando seus principais conceitos.

Bibliografia

AUSUBEL, D. P.; NOVAK, J. D.; HANESIAN, H. *Psicologia educacional.* Rio de Janeiro: Interamericana, 1980. 625 p.

BARAIS, A. W.; VERGNAUD, G. Students' conceptions in physics and mathematics: biases and helps. *In*: CAVERNI, J. P.; FABRE, J. M.; GONZÁLEZ, M. (Eds.). *Cognitive biases.* North Holland: Elsevier Science Publishers, 1990. p. 69-84.

COSTA, S. S. C.; MOREIRA, M. A. *Modelos mentais e resolução de problemas em Física.* Doutorado (Programa de Pós-Graduação em Ensino de Física). Projeto de pesquisa. Porto Alegre: PPGEnFis/UFRGS, 2002.

ESCUDERO, C.; MOREIRA, M. A. *Inferencias y modelos mentales:* un estudio en resolución de problemas acerca de los primeros contenidos de Física abordados en el aula por estudiantes de nivel médio. Projeto de pesquisa em andamento, 2002.

FRANCHI, A. Considerações sobre a teoria dos campos conceituais. *In*: ALCÂNTARA MACHADO, S. D. *et al. Educação Matemática:* uma introdução. São Paulo: EDUC, 1999. p. 155-195.

GRECA, I. M.; MOREIRA, M. A. The kinds of mental representations — models, propositions and images — used by college physics students regarding the concept of field. *International Journal of Science Education*, 19(6): 711-724, 1997.

JOHNSON-LAIRD, P. *Mental models.* Cambridge, MA: Harvard University Press, 1983. 513 p.

LEMEIGNAN, G.; WEIL-BARAIS, A. A developmental approach to cognitive change in mechanics. *International Journal of Science Education*, 16(1): 99-120, 1994.

MOREIRA, M. A. Modelos mentais. *Investigações em Ensino de Ciências.* 1(3): 193-232, 1996.

MOREIRA, M. A. *Teorias de aprendizagem.* São Paulo: Editora Pedagógica e Universitária, 1999a. 195 p.

MOREIRA, M. A. *Aprendizagem significativa.* Brasília: Editora da UnB, 1999b. 129 p.

MOREIRA, M. A.; SOUSA, C. M. S. G. *Dificuldades de alunos de Física Geral com o conceito de potencial elétrico.* Mestrado (Programa de Pós-Graduação em Ensino de Física). Porto Alegre: PPGEnFis/UFRGS, 2002.

SOUSA, C. M. S. G. *A resolução de problemas e o ensino de Física: uma análise psicológica.* Tese de doutoramento. Instituto de Psicologia, Universidade de Brasília, 2001.

SOUSA, C. M. S. G., FÁVERO, M. H. *Um estudo sobre resolução de problemas em Física em situação de interlocução entre um especialista e um novato.* Apresentado no VIII EPEF, Águas de Lindóia, SP, junho, 2002.

STIPCICH, M. S., MOREIRA, M. A. *El significado del concepto de interacción en estudiantes de nivel polimodal.* Doutorado (Programa Internacional de Doctorado en Enseñanza de las Ciencias). Burgos, Espanha: PIDEC/Universidad de Burgos, 2002.

VERGNAUD, G. A classification of cognitive tasks and operations of thought involved in addition and subtraction problems. *In:* CARPENTER, T.; MOSER, J.; ROMBERG, T. *Addition and subtraction. A cognitive perspective.* Hillsdale, N. J.: Lawrence Erlbaum, 1982. p. 39-59.

VERGNAUD, G. Quelques problèmes theóriques de la didactique a propos d'un example: les structures additives. *Atelier International d'Été: Recherche en Didactique de la Physique.* La Londe les Maures, França, 26 de junho a 13 de julho, 1983a.

VERGNAUD, G. Multiplicative structures. *In:* LESH, R.; LANDAU, M. (Eds.). *Acquisition of Mathematics Concepts and Processes.* New York: Academic Press Inc., 1983b. p. 127-174.

VERGNAUD, G. *Problem solving and concept development in the learning of mathematics.* E. A. R. L. I. Second Meeting. Tubingen, 1987.

VERGNAUD, G. Multiplicative structures. *In:* HIEBERT, H.; BEHR, M. (Eds.). *Research Agenda in Mathematics Education. Number Concepts and Operations in the Middle Grades.* Hillsdale, N.J.: Lawrence Erlbaum, 1988. p. 141-161.

VERGNAUD. G. La théorie des champs conceptuels. *Recherches en Didactique des Mathématiques,* 10(23): 133-170, 1990.

VERGNAUD, G. *et al.* Epistemology and psychology of mathematics education. *In:* NESHER, P.; KILPATRICK, J. (Eds.). *Mathematics and cognition:* A research synthesis by International Group for the Psychology of Mathematics Education. Cambridge: Cambridge University Press, 1990.

VERGNAUD, G. Teoria dos campos conceituais. *In:* NASSER, L. (Ed.). *Anais do 1º Seminário Internacional de Educação Matemática do Rio de Janeiro,* p. 1-26, 1993.

VERGNAUD, G. Multiplicative conceptual field: what and why? *In*: GUERSHON, H.; CONFREY, J. (Eds.). *The development of multiplicative reasoning in the learning of mathematics.* Albany, N.Y.: State University of New York Press, 1994. p. 41-59.

VERGNAUD, G. Education: the best part of Piaget's heritage. *Swiss Journal of Psychology,* 55(2/3): 112-118, 1996a.

VERGNAUD, G. A trama dos campos conceituais na construção dos conhecimentos. *Revista do GEMPA,* Porto Alegre, 1996b, n. 4: 9-19.

VERGNAUD, G. Algunas ideas fundamentales de Piaget en torno a la didáctica. *Perspectivas,* 26(10): 195-207. 1996c.

VERGNAUD, G. The nature of mathematical concepts. *In*: NUNES, T.; BRYANT, P. (Eds.). *Learning and teaching mathematics, an international perspective.* Hove (East Sussex), Psychology Press Ltd., 1997.

VERGNAUD, G. A comprehensive theory of representation for mathematics education. *Journal of Mathematical Behavior,* 17(2): 167-181. 1998.

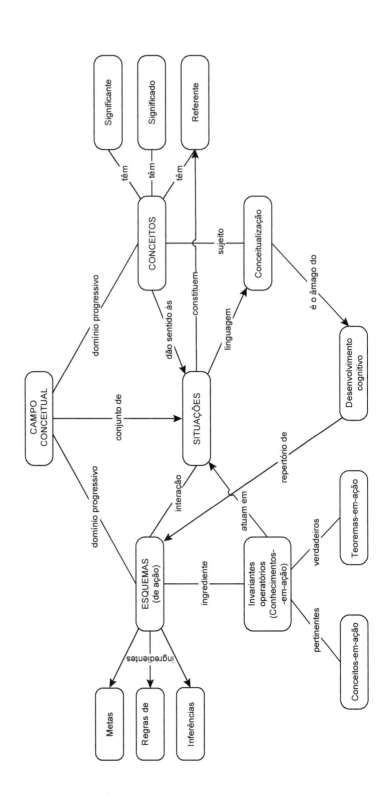

Capítulo 17

A teoria da aprendizagem significativa crítica de Moreira[1]

TEORIAS DE
TEORIAS
TEORIAS
TEORIAS
TEORIAS
**TEORIAS DE
APRENDIZAGEM**
APRENDIZAGEM
APRENDIZAGEM
APRENDIZAGEM
APRENDIZAGEM
APRENDIZAGEM

Objetivo

Este texto tem por objetivo abordar a aprendizagem significativa clássica ausubeliana desde uma perspectiva crítica. A ideia é que, na contemporaneidade, a captação e internalização de significados de novos conhecimentos não deve ser passiva, sem criticidade. Significados não são únicos nem permanentes.

Introdução

No último capítulo de seu livro *Teaching as a subversive activity* (Ensino como atividade subversiva), Postman e Weingartner diziam, em 1969, que, embora devesse preparar o aluno para viver em uma sociedade caracterizada pela mudança cada vez mais rápida de conceitos, valores e tecnologias, a escola ainda se ocupava de ensinar conceitos fora de foco, dos quais os mais óbvios eram (*op. cit.*, p. 217):

1. *O conceito de "verdade" absoluta, fixa, imutável, em particular desde uma perspectiva polarizadora do tipo boa ou má.*

2. *O conceito de certeza. Existe sempre uma e somente uma resposta "certa", e é absolutamente "certa".*

3. *O conceito de entidade isolada, ou seja, "A" é simplesmente "A", e ponto final, de uma vez por todas.*

---

1 Versão revisada e estendida de conferência proferida por M. A. Moreira no *III Encontro Internacional sobre Aprendizagem Significativa*. Lisboa (Peniche), 11 a 15 de setembro de 2000. Publicada nas atas desse encontro, p. 33-45, com o título original de *Aprendizagem significativa subversiva*.

4. *O conceito de estados e "coisas" fixos, com a concepção implícita de que quando se sabe o nome se entende a "coisa".*

5. *O conceito de causalidade simples, única, mecânica; a ideia de que cada efeito é o resultado de uma só, facilmente identificável, causa.*

6. *O conceito de que diferenças existem somente em formas paralelas e opostas: bom-ruim, certo-errado, sim-não, curto-comprido, para cima-para baixo etc.*

7. *O conceito de que o conhecimento é "transmitido", que emana de uma autoridade superior, e deve ser aceito sem questionamento.*

Concluem, então, dizendo que seria difícil imaginar qualquer tipo de educação menos confiável para preparar os alunos para um futuro drasticamente em transformação do que aquela que promovesse conceitos e atitudes como esses da lista. Dessa educação, resultariam personalidades passivas, aquiescentes, dogmáticas, intolerantes, autoritárias, inflexíveis e conservadoras que resistiriam à mudança para manter intacta a ilusão da certeza (*ibid.*).

Ao contrário, as estratégias intelectuais de sobrevivência nessa época de energia nuclear e de viagens espaciais dependeriam de conceitos como *relatividade, probabilidade, incerteza, função, causalidade múltipla* (ou não causalidade), *relações não simétricas, graus de diferença* e *incongruência* (ou diferença simultaneamente apropriada). Tais conceitos deveriam ser promovidos por uma educação que objetivasse um novo tipo de pessoa, com personalidade inquisitiva, flexível, criativa, inovadora, tolerante e liberal que pudesse enfrentar a incerteza e a ambiguidade sem se perder – e que construísse novos e viáveis significados para encarar as ameaçadoras mudanças ambientais. Todos esses conceitos constituiriam a dinâmica de um processo de busca, questionamento e construção de significativos – o que poderia ser chamado de "aprender a aprender" (*ibid.*).

Isso foi há cinquenta anos, quando a chegada do ser humano à lua e a chamada era nuclear simbolizavam grandes mudanças. Hoje, tais mudanças parecem até pequenas frente àquelas que nos atropelam diariamente. A educação, no entanto, continua a promover vários dos conceitos que Postman e Weingartner criticavam e classificavam como fora de foco. Ainda se ensinam "verdades", respostas "certas", entidades isoladas, causas simples e identificáveis, estados e "coisas" fixos, diferenças somente dicotômicas. E ainda se "transmite" o conhecimento, desestimulando o questionamento. O discurso educacional pode ser outro, mas a prática educativa continua a não fomentar o "aprender a aprender" que permitirá à pessoa lidar frutiferamente com a mudança e sobreviver.

Em vez de ajudar os alunos a construir significados para conceitos como *relatividade, probabilidade, incerteza, sistema, função, assimetria, causalidade múltipla, graus de diferença, representações, modelos,* a educação, a meu ver, parece ter agregado novos conceitos fora de foco à lista de Postman e Weingartner. Por exemplo:

1. *O conceito de informação como algo necessário e bom; quanto mais informação, melhor – estamos em plena era da informação.*

2. *O conceito de idolatria tecnológica; a tecnologia é boa para o ser humano e está necessariamente associada ao progresso e à qualidade de vida.*

3. *O conceito de consumidor cônscio de seus direitos: quanto mais consumir, melhor; quanto mais objetos desnecessários comprar, melhor – mas deve fazer valer seus direitos de consumidor.*

4. *O conceito de globalização da economia como algo necessário e inevitável; o livre comércio sem restrições é bom para todos.*

5. *O conceito de que o "mercado dá conta"; por exemplo, a educação é uma mercadoria que pode ser vendida por qualquer instituição – "o mercado se encarrega" da oferta, da procura, da qualidade.*

A escola ainda transmite a ilusão da certeza, mas procura atualizar-se tecnologicamente, competir com outros mecanismos de difusão da informação e, talvez não abertamente ou inadvertidamente, preparar o aluno para a sociedade do consumo, para o mercado, para a globalização. Tudo fora de foco.

Mas qual seria o foco? Qual seria a saída?

Parafraseando Postman e Weingartner, talvez a "Aprendizagem significativa como atividade subversiva". Mas a subversão aqui referida é, sobretudo, uma postura crítica como estratégia de sobrevivência na sociedade contemporânea. Logo, a saída poderia ser a *aprendizagem significativa crítica.*

Aprendizagem significativa

Sabe-se que a aprendizagem significativa caracteriza-se pela *interação* entre o novo conhecimento e o conhecimento prévio. Nesse processo, que é não literal e não arbitrário, o novo conhecimento adquire significados para o aprendiz e o conhecimento prévio fica mais rico, mais diferenciado, mais elaborado em termos de significados, adquirindo mais estabilidade (Moreira e Masini, 1982; Moreira, 1999, 2000, 2006).

Sabe-se também que o conhecimento prévio é isoladamente a variável que mais influencia a aprendizagem. Em última análise, só se pode aprender a partir daquilo que já se conhece. David Ausubel já chamava atenção para isso em 1963. Hoje, todos reconhecem que nossa mente é conservadora: aprende-se a partir do que já se tem na nossa estrutura cognitiva. Como dizia ele, já nessa época, caso se queira promover a aprendizagem significativa, é preciso averiguar esse conhecimento e ensinar de acordo.

Na aprendizagem significativa, o aprendiz não é um receptor passivo – longe disso. Ele deve fazer uso dos significados que já internalizou de maneira substantiva e não arbitrária para poder captar os significados dos materiais educativos. Nesse processo, ao mesmo tempo que está progressivamente diferenciando sua estrutura cognitiva, está também fazendo a reconciliação integradora de modo a identificar semelhanças e diferenças e reorganizar seu conhecimento. Quer dizer, o aprendiz constrói seu conhecimento, produz seu conhecimento.

Em contraposição à aprendizagem significativa, em outro extremo de um contínuo está a aprendizagem mecânica, na qual novas informações são memorizadas de maneira arbitrária, literal, não significativa. Esse tipo de aprendizagem, bastante estimulado na escola, serve para "passar" nas avaliações, mas tem pouca retenção, não requer compreensão e não dá conta de situações novas.

Sabe-se igualmente que a aprendizagem significativa é progressiva, quer dizer, os significados vão sendo captados e internalizados progressivamente – e nesse processo a linguagem e a interação pessoal são muito importantes (Moreira, Caballero e Rodríguez Palmero, 2004).

Além de saber o que é aprendizagem significativa, conhece-se princípios programáticos facilitadores – como a *diferenciação progressiva*, a *reconciliação integradora*, a *organização sequencial* e a *consolidação* (Ausubel *et al.* 1978, 1980, 1983) – e algumas estratégias facilitadoras – como os *organizadores prévios*, os *mapas conceituais* e os *diagramas Vê* (Novak e Gowin, 1984, 1988, 1996; Moreira e Buchweitz, 1987, 1993).

Mas, se já se sabe o que é aprendizagem significativa, quais são as condições para que ocorra e como facilitá-la em sala de aula, o que falta para que se possa promovê-la como uma *atividade crítica*?

Na verdade, falta muito – a começar pela questão da predisposição para aprender. Como provocá-la? Muito mais do que motivação, o que está em jogo é a relevância do novo conhecimento para o aluno. Como levá-lo a perceber como relevante o conhecimento que queremos que construa?

Aprendizagem significativa crítica

Aprendizagem significativa crítica é aquela perspectiva que permite ao sujeito fazer parte de sua cultura e, ao mesmo tempo, estar fora dela. Trata-se de uma perspectiva antropológica em relação às atividades de seu grupo social que permite ao indivíduo participar de tais atividades, mas, ao mesmo tempo, reconhecer quando a realidade está se afastando tanto que não está mais sendo captada pelo grupo. É esse o significado de subversivo para Postman e Weingartner (*op. cit.*, p. 4), mas, enquanto eles se ocupam do ensino subversivo, o autor opta por pensar mais em aprendizagem subversiva e acredita que a *aprendizagem significativa crítica* pode subjazer a esse tipo de subversão. É pela aprendizagem significativa crítica que o aluno poderá fazer parte de sua cultura e, ao mesmo tempo, não ser subjugado por ela, por seus ritos, mitos e ideologias. É por meio dessa aprendizagem que poderá lidar construtivamente com a mudança sem deixar-se dominar por ela, manejar a informação sem sentir-se impotente frente a sua grande disponibilidade e velocidade de fluxo, usufruir e desenvolver a tecnologia sem tornar-se tecnófilo. Por intermédio dela, poderá trabalhar com a incerteza, a relatividade, a não causalidade, a probabilidade, a não dicotomização das diferenças, com a ideia de que o conhecimento é construção (ou invenção) nossa, que apenas representamos o mundo e nunca o captamos diretamente.

Para o autor, somente a aprendizagem significativa crítica pode subversivamente subjazer à educação de pessoas com essas características. O ensino subversivo de Postman e Weingartner somente será subversivo se resultar em aprendizagem significativa crítica.

A facilitação da aprendizagem significativa crítica

Analogamente aos princípios programáticos de Ausubel para facilitar a aprendizagem significativa, o autor propõe alguns princípios, ideias ou estratégias facilitadoras da aprendizagem significativa crítica, tendo como referência as propostas de Postman e Weingartner – porém, de maneira bem menos radical e bem mais viável. Segundo ele, tudo o que é proposto a seguir parece viável de ser implementado em sala de aula e, ao mesmo tempo, crítico (subversivo) em relação ao que normalmente nela ocorre.

1. Princípio da interação social e do questionamento. Ensinar/aprender perguntas em vez de respostas

A interação social é indispensável para a concretização de um episódio de ensino. Tal episódio ocorre quando professor e aluno compartilham significados em relação aos materiais educativos do currículo (Gowin, 1981). O compartilhar significados resulta da negociação de significados entre aluno e professor, mas essa negociação deve envolver uma permanente troca de perguntas em vez de respostas. Como dizem Postman e Weingartner "o conhecimento não está nos livros à espera de que alguém venha a aprendê-lo; o conhecimento é produzido em reposta a perguntas; todo novo conhecimento resulta de novas perguntas, muitas vezes novas perguntas sobre velhas perguntas" (*op. cit.* p. 23).

Um ensino baseado em respostas transmitidas primeiro do professor para o aluno nas aulas e, depois, do aluno para o professor nas provas, não é crítico e tende a gerar aprendizagem não crítica, em geral mecânica. Ao contrário, um ensino centrado na interação entre professor e aluno enfatizando o intercâmbio de perguntas tende a ser crítico e suscitar a aprendizagem significativa crítica. Como sugerem os autores em foco: "Uma vez que se aprende a formular perguntas relevantes, apropriadas e substantivas aprende-se a aprender e ninguém mais pode impedir-nos de aprendermos o que quisermos" (*ibid*).

O que mais pode um professor fazer por seus alunos do que ensinar-lhes a perguntar se está aí a fonte do conhecimento humano?

Quando o aluno formula uma pergunta relevante, apropriada e substantiva, utiliza seu conhecimento prévio de maneira não arbitrária e não literal, e isso é evidência de aprendizagem significativa. Quando aprende a formular esse tipo de questão sistematicamente, a evidência é de aprendizagem significativa crítica: uma aprendizagem libertadora, crítica, detectora de bobagens, idiotices, enganações, irrelevâncias. Consideremos, por exemplo, a propalada disponibilidade de informações na *internet*. Ora, na *internet* qualquer um disponibiliza a informação que bem entender. Para utilizar essa enorme disponibilidade de informação, é preciso estar munido daquilo que Postman e Weingartner chamam de "detector de lixo" (*crap detector*) e que me parece ser uma decorrência imediata da aprendizagem significativa crítica. Esse tipo de aprendizagem também permitirá detectar, por exemplo, as falsas verdades e dicotomias, as causalidades ingênuas. Contudo, deve ficar claro que esse princípio não implica negar a validade de momentos explicativos em que o professor expõe um assunto, explica algo. Com dizia Freire (2003), o fundamental é que professor e alunos tenham uma postura dialógica, aberta, curiosa, indagadora e não apassivada enquando falam ou ouvem. "O que importa é que professor e alunos se assumam epistemologicamente curiosos" (*ibid.*, p. 86). Essa curiosidade epistemológica é, para ele, atingida criticando a curiosidade ingênua – a das crianças e do senso comum – de modo a aproximar-se cada vez mais metódica e rigorosamente do objeto cognoscível.

Também deve ficar claro que a aprendizagem significativa crítica não decorre só de aprender a perguntar, pois aí se cairia exatamente no que se critica, i.e., na causalidade simples, facilmente identificável. Há outros princípios facilitadores dessa aprendizagem.

2. Princípio da não centralidade do livro de texto. Do uso de documentos, artigos e outros materiais educativos. Da diversidade de materiais instrucionais

O livro de texto simboliza aquela autoridade de onde "emana" o conhecimento. Professores e alunos se apoiam em demasia no livro de texto. Parece, como dizem Postman e Weingartner, que o conhecimento está ali à espera de que o aluno venha a aprendê-lo sem questionamento. Artigos científicos, contos, poesias, crônicas, relatos, obras de arte e tantos outros materiais representam muito melhor a produção do conhecimento humano. São maneiras de documentar de maneira compacta o conhecimento produzido. Descompactá-lo para fins instrucionais implica questionamento. Qual é o fenômeno de interesse? Qual é a pergunta básica que se tentou responder? Quais são os conceitos envolvidos? Qual é a metodologia? Qual é o conhecimento produzido? Qual é o valor desse conhecimento? Essas perguntas foram propostas por Gowin em 1981 (p. 88). Seu conhecido Vê epistemológico (*op. cit.;* Moreira e Buchweitz, 1993) é uma forma diagramática de responder a tais questões. Os mapas conceituais de Novak (1998, 2000; Moreira e Buchweitz, 1993) são também úteis na análise de conhecimentos documentados em materiais intrucionais.

A utilização de materiais diversificados e cuidadosamente selecionados em vez da "centralização" em livros de texto é também um princípio facilitador da aprendizagem significativa crítica. Educação para a diversidade é uma das narrativas defendidas por Neil Postman em um de seus livros mais recentes – *The end of education: redefining the value of school* (1996) – para dar um fim à educação na escola. Aqui, a diversidade de materiais instrucionais é defendida em substituição ao livro de texto, tão estimulador da aprendizagem mecânica, tão transmissor de verdades, certezas, entidades isoladas (em capítulos!), tão "seguro" para professores e alunos. Não se trata propriamente de banir da escola o livro didático, mas de considerá-lo apenas um entre vários materiais educativos. *Seguramente, há bons livros didáticos em qualquer disciplina, mas adotar um único como livro de texto vai contra a facilitação da aprendizagem significativa crítica. É uma prática docente deformadora em vez de formadora – tanto para alunos como para professores.*

3. Princípio do aprendiz como perceptor/representador

Muitas práticas escolares têm sido criticadas por considerarem os alunos como *receptores* da matéria de ensino. Na teoria da aprendizagem significativa, argumenta-se que a aprendizagem receptiva – *i.e.*, aquela em que o novo conhecimento é recebido pelo aprendiz sem necessidade de descobri-lo – é o mecanismo humano por excelência para assimilar (reconstruir internamente) a informação (Ausubel *et al.*, 1978, 1980, 1983; Ausubel, 2000), porém ela não implica passividade: ao contrário, é um processo dinâmico de interação, diferenciação e integração entre conhecimentos novos e preexistentes. Mas a questão não é essa, pelo menos no momento atual. *A questão é que o aprendiz é um perceptor/ representador, i.e., ele percebe o mundo e o representa. Quer dizer, tudo que o aluno recebe ele percebe.* Portanto, a discussão sobre a recepção é inócua: o importante é a percepção. E o que se percebe é, em grande parte, função de percepções prévias. Parafraseando Ausubel, poder-se-ia dizer que, se fosse possível isolar um único fator como o que mais influencia a percepção, dir-se-ia que seria a percepção prévia. Em outras palavras, o perceptor decide como representar em sua mente um objeto ou um estado de coisas do mundo e toma essa decisão baseado naquilo que sua experiência passada (*i.e.*, percepções anteriores) sugere que irá "funcionar" para ele.

Uma das suposições básicas da Psicologia Cognitiva é a de que seres humanos não captam o mundo diretamente: o *representam* internamente. Johnson-Laird (1983), por exemplo, diz que essas pessoas constroem *modelos mentais, i.e.,* análogos estruturais de estados de coisas do mundo. A fonte primária para a construção de tais modelos é a percepção, e seu compromisso essencial é a funcionalidade para o construtor (perceptor). Isso significa que é improvável que sejam mudados os modelos mentais com os quais as pessoas representam o mundo a menos que deixem de ser funcionais para elas. Mas isso é o mesmo que dizer que é improvável que sejam alteradas suas percepções a menos que frustrem suas tentativas de fazer algo a partir delas. É também o mesmo que dizer que as pessoas não modificarão suas percepções, independentemente de quantas vezes disserem a elas que estão "erradas", se essas percepções "funcionam", *i.e.,* se alcançam seus objetivos representacionais. Por outro lado, isso não significa que necessariamente serão alterados esses modelos (percepções) se eles não forem funcionais, mas sim que está disponível a alternativa de mudar percepções pessoais. Nesse sentido, a capacidade de aprender poderia ser interpretada como a capacidade de abandonar percepções inadequadas e desenvolver novas e mais funcionais. (Postman e Weingartner, 1969, p. 90).

A ideia de percepção/representação traz a noção de que o que "se vê" é produto do que se acredita "estar lá" no mundo. As pessoas veem as coisas não como são, mas como elas são. Sempre que se diz que uma coisa "é", ela não é. Em termos de ensino, isso significa que o professor estará sempre lidando com as percepções dos alunos em um dado momento. Mais ainda, como as percepções dos alunos vêm de suas percepções prévias, as quais são únicas, cada um perceberá de maneira única o que lhe for ensinado. Acrescente-se a isso o fato de que o professor é também um perceptor e o que ensina é fruto de suas percepções. Quer dizer, a comunicação só será possível na medida em que dois perceptores – no caso, professor e aluno – buscarem perceber de maneira semelhante os materiais educativos do currículo. Isso corrobora a importância da interação pessoal e do questionamento na facilitação da aprendizagem significativa.

Certamente, a ideia de que a aprendizagem significativa é idiossincrática não é nova, mas considerar o aprendiz como um perceptor/representador em vez de um receptor é um enfoque atual que vem da Psicologia Cognitiva Contemporânea, que não é a Psicologia Educacional de Ausubel, e que explicita, de maneira gritante, a inutilidade de ensinar respostas certas, verdades absolutas, dicotomias, simetrias, localizações exatas, se o que se quer promover é a aprendizagem significativa crítica, que pode ser entendida como a capacidade de perceber a relatividade das respostas e das verdades, as diferenças difusas, as probabilidades dos estados, a complexidade das causas, a informação desnecessária, o consumismo, a tecnologia e a tecnofilia. A aprendizagem significativa crítica implica a percepção crítica e só pode ser facilitada se o aluno for, de fato, tratado como um *perceptor* do mundo e, portanto, do que lhe for ensinado – e, a partir daí, um *representador* do mundo e do que se lhe ensina.

A percepção, no entanto, é, em grande parte, muito mais do que se pensava – função das categorias linguísticas disponíveis ao perceptor (*op. cit.*, p. 91). Isso leva a outro princípio: o da linguagem.

4. Princípio do conhecimento como linguagem

> A linguagem está longe de ser neutra no processo de perceber, bem como no processo de avaliar nossas percepções. Estamos acostumados a pensar que a linguagem "expressa" nosso pensamento e que ela "reflete" o que vemos. Contudo, esta crença é ingênua e simplista; a linguagem está totalmente implicada em qualquer e em todas nossas tentativas de perceber a realidade (Postman e Weingartner, 1969, p. 99).

Cada linguagem, tanto em termos de seu léxico como de sua estrutura, representa uma maneira singular de perceber a realidade. Praticamente tudo o que chamamos de "conhecimento" é linguagem. Isso significa que a chave da compreensão de um "conhecimento" ou de um "conteúdo" é conhecer sua linguagem. Uma "disciplina" é uma maneira de ver o mundo, um modo de conhecer, e tudo o que é conhecido nessa "disciplina" é inseparável dos símbolos (tipicamente palavras) em que é codificado o conhecimento nela produzido. Ensinar Biologia, Matemática, História, Física, Literatura ou qualquer outra "matéria" é, em última análise, ensinar uma linguagem, um jeito de falar – e, consequentemente, um modo de ver o mundo (*op. cit.*, p. 102).

Está claro que aprender uma nova linguagem implica novas possibilidades de percepção. A tão propalada ciência é uma extensão – um refinamento – da habilidade humana de perceber o mundo. Aprendê-la implica aprender sua linguagem e, em consequência, falar e pensar diferentemente sobre o mundo.

Novamente, entra aqui a ideia de uma aprendizagem significativa crítica. Aprender um conteúdo de maneira significativa é aprender sua linguagem, não só palavras – outros signos, instrumentos e procedimentos também –, mas principalmente palavras de maneira substantiva e não arbitrária. Aprendê-la de maneira crítica é perceber essa nova linguagem como uma nova maneira de perceber o mundo. O ensino deve buscar a facilitação dessa aprendizagem, e aí entra em cena o *princípio da interação social e do questionamento*: a aprendizagem da nova linguagem é mediada pelo intercâmbio de significados, pela clarificação de significados – enfim, pela negociação de significados que é feita por meio da linguagem humana. "Não existe nada entre seres humanos que não seja instigado, negociado, esclarecido, ou mistificado pela linguagem, incluindo nossas tentativas de adquirir conhecimento"

(Postman, 1996, p. 123). A linguagem é a mediadora de toda a percepção humana. O que se percebe é inseparável de como se fala sobre o que se abstrai.

5. Princípio da consciência semântica

Este princípio facilitador da aprendizagem significativa crítica implica várias conscientizações. A primeira delas – e talvez a mais importante de todas – é tomar consciência de que *o significado está nas pessoas, não nas palavras*. Sejam quais forem os significados que tenham as palavras, eles foram atribuídos a elas pelas pessoas. Contudo, as pessoas não podem dar às palavras significados que estejam além de sua experiência. Observa-se aí, outra vez, a importância do conhecimento prévio, *i.e.*, dos significados prévios na aquisição de novos significados. Quando o aprendiz não tem condições de (ou não quer) atribuir significados às palavras, a aprendizagem é mecânica, não significativa.

A segunda conscientização necessária – e muito relacionada à primeira – é a de que as palavras não são aquilo ao qual elas ostensivamente se referem. Quer dizer, *a palavra não é coisa* (Postman e Weingartner, 1969, p. 106). Sempre que se diz que uma coisa é, ela não é. A palavra significa a coisa, representa a coisa.

É preciso também ter consciência de que é variável a correspondência entre palavras e referentes verificáveis, ou seja, há níveis de abstração variáveis. Algumas palavras são mais abstratas ou gerais, e outras são mais concretas ou específicas. Relacionado com isso está o que se pode chamar de *direção do significado:* com palavras cada vez mais abstratas ou gerais (*i.e.*, cada vez mais distantes de referentes concretos), a direção do significado é de fora para dentro, *i.e.*, mais intensional (interna), subjetiva, pessoal; com palavras cada vez mais concretas e específicas (*i.e.*, com referentes cada vez mais facilmente verificáveis), a direção do significado vai de dentro para fora, *i.e.*, mais extensional, objetiva, social. Significados intensionais, subjetivos e pessoais são ditos *conotativos*; significados extensionais, objetivos e sociais são considerados *denotativos* (*op. cit.*, p. 107).

Outro tipo de consciência semântica necessária à aprendizagem significativa crítica é o de que, ao se usar palavras para nomear as coisas, é preciso não deixar de perceber que os significados das palavras mudam. O mundo está permanentemente mudando, mas a utilização de nomes para as coisas tende a "fixar" o que é nomeado. Quer dizer, *a linguagem tem um certo efeito fotográfico*. Com as palavras, tira-se "fotos" das coisas. Essas "fotos" tendem a dificultar a percepção da mudança. Tende-se a continuar "vendo" a mesma coisa na medida em que se dá um nome a ela. Algo similar ocorre quando se usa nomes para classes de coisas: é dificultada a percepção de diferenças individuais entre membros da classe nomeada. Por exemplo, quando se usa o nome "adolescente" para uma determinada classe de indivíduos, tende-se a percebê-los como se fossem todos iguais. O preconceito é uma manifestação comum da falta desse tipo de consciência semântica. A supersimplificação – ou seja, a atribuição de uma única causa a problemas complexos – também o é (*op. cit.*, p. 109).

O princípio da consciência semântica, embora abstrato, é muito importante para o ensino e aprendizagem. Talvez seja mais fácil falar em significados. Como diz Gowin (1981), um episódio de ensino se consuma quando aluno e professor compartilham significados sobre os materiais educativos do currículo. Para aprender de maneira significativa, o aluno deve relacionar, de maneira não arbitrária e não literal, à sua estrutura prévia de significados, aqueles que captou dos materiais potencialmente significativos do currículo. Mas, nesse processo, professor e aluno devem ter consciência semântica (*i.e.*, o significado está nas pessoas, as palavras significam as coisas em distintos níveis de abstração, o significado tem direção, há significados conotativos e denotativos, os significados mudam). No ensino, o que se busca – ou o que se consegue – é compartilhar significados denotativos a respeito da matéria de ensino, mas a aprendizagem significativa tem como condição a atribuição de significados conotativos, idiossincráticos (é isso que significa incorporação não literal do novo conhecimento à estrutura cognitiva). *Porém, na medida em que o aprendiz desenvolver aquilo que chamamos de consciência semântica, a aprendizagem poderá ser significativa e crítica, pois, por exemplo, não cairá na armadilha da causalidade simples, não acreditará que as respostas têm que ser necessariamente certas ou erradas ou que as decisões são sempre do tipo sim ou não. Ao contrário, o indivíduo que aprendeu significativamente dessa maneira pensará em escolhas em vez de decisões dicotômicas, em complexidade de causas em vez de supersimplificações, em graus de certeza em vez de certo ou errado.*

6. Princípio da aprendizagem pelo erro

É preciso não confundir aprendizagem pelo erro com o conceito de aprendizagem por ensaio e erro, cujo significado é geralmente pejorativo. Na medida em que o conhecimento prévio é o fator determinante da aprendizagem significativa, ela automaticamente deixa de ser o processo errático e ateórico que caracteriza a aprendizagem por ensaio e erro. A ideia aqui é a de que o ser humano erra o tempo todo. É da natureza humana errar. A pessoa aprende corrigindo seus erros. Não há nada errado em errar. Errado é pensar que a certeza existe, que a verdade é absoluta, que o conhecimento é permanente.

O conhecimento humano é limitado e construído pela superação do erro. O método científico, por exemplo, é a correção sistemática do erro. Basta dar uma olhada na história da ciência. Claro, "sabemos coisas, mas muito do que sabemos está errado, e o que o substituirá poderá também estar errado. Mesmo aquilo que é certo e parece não necessitar correção é limitado em escopo e aplicabilidade" (Postman, 1996, p. 69).

O conhecimento individual é também construído superando erros. Por exemplo, a moderna teoria dos modelos mentais (Johnson-Laird, 1983; Moreira, 1996) supõe que, quando se compreende algo (no sentido de ser capaz de descrever, explicar e fazer previsões), é porque é construído um modelo mental desse algo. Mas a característica fundamental do modelo mental é a recursividade, ou seja, a capacidade de autocorreção decorrente do erro, da não funcionalidade do modelo para seu construtor. Quer dizer, é construído um modelo mental inicial e corrigido recursivamente até que se alcance uma funcionalidade que satisfaça o construtor.

A escola, no entanto, pune o erro e busca promover a aprendizagem de fatos, leis, conceitos e teorias como verdades duradouras (professores e livros de texto ajudam muito nessa tarefa). Parece *non-sens*, mas a escola simplesmente ignora o erro como mecanismo humano por excelência para construir o conhecimento. Para ela, ocupar-se dos erros daqueles que pensavam ter descoberto fatos importantes e verdades duradouras é perda de tempo. Ao fazer isso, ela dá ao aluno a ideia de que o conhecimento que é correto ou definitivo é o conhecimento que se tem hoje do mundo real – quando, na verdade, ele é provisório, ou seja, errado.

Quer dizer, o conhecimento humano tem historicidade. Como dizia Freire (2003), "ao ser produzido, o conhecimento novo supera outro que antes foi novo e se fez velho e "se dispõe" a ser ultrapassado por outro amanhã. Daí que seja tão fundamental conhecer o conhecimento existente quanto saber que estamos abertos e aptos à produção do conhecimento ainda não existente" (*ibid.*, p. 28).

Nessa escola, os professores são contadores de verdades e os livros estão cheios de verdades. Postman (1996, p. 120), no entanto, sugeriria outra metáfora: professores como *detectores de erros* que tentassem ajudar seus alunos a reduzir erros em seus conhecimentos e habilidades. Quer dizer, tais professores buscariam ajudar seus alunos a serem também detectores de erros. Isso remete, outra vez, à ideia de aprendizagem significativa crítica: buscar sistematicamente o erro é pensar criticamente, é aprender a aprender, é aprender criticamente rejeitando certezas, encarando o erro como natural e aprendendo pela sua superação.

7. Princípio da desaprendizagem

Este princípio é importante para a aprendizagem significativa crítica por duas razões. A primeira delas tem a ver com a aprendizagem significativa subordinada. Nesse processo, como já foi dito, o novo conhecimento interage com o conhecimento prévio e, de certa forma, ancora-se nele. É por meio dessa interação que o significado lógico dos materiais educativos se transforma em significado psicológico para o aprendiz. Tal mecanismo, que Ausubel chama de assimilação, é o mecanismo humano por excelência para adquirir a vasta quantidade de informações que constitui qualquer corpo de conhecimento. Para aprender de maneira significativa, é fundamental que se perceba a relação entre o conhecimento prévio e o novo conhecimento. Porém, na medida em que o conhecimento prévio impede de captar os significados do novo conhecimento, se está diante de um caso no qual é necessária uma desaprendizagem. Por exemplo, há muita gente que aprende mapa conceitual como um quadro sinóptico de conceitos ou um organograma de conceitos – ou, ainda, um diagrama de fluxo conceitual. O que ocorre aí é uma forte aprendizagem significativa subordinada derivativa – de modo que o mapa conceitual é visto como uma mera corroboração ou exemplificação do conhecimento prévio (quadro sinóptico, organograma ou diagrama de fluxo). Para aprender de maneira significativa o que é um mapa conceitual, seria, então, necessário desaprendê-lo como quadro sinóptico, organograma ou diagrama de fluxo. *Desaprender está sendo usado aqui com o significado de não usar o conhecimento prévio (subsunçor) que impede que o sujeito capte os significados compartilhados a respeito do novo conhecimento.* Não se trata de "apagar" algum conhecimento já existente na estrutura cognitiva – o que, aliás, é impossível se a aprendizagem foi significativa –, mas sim de não usá-lo como subsunçor. Outro exemplo é o da aprendizagem da Mecânica Quântica: muitos alunos parecem não captar os significados de conceitos da Física Quântica porque não conseguem desaprender (*i.e.*, não utilizar como ancoradouro) certos conceitos da Física Clássica (Greca, 2000; Moreira e Greca, 2000).

A segunda razão pela qual é importante aprender a desaprender está relacionada com a sobrevivência em um ambiente que está em permanente e rápida transformação. Quando o ambiente é estável ou muda muito lentamente, a sobrevivência depende fundamentalmente da aprendizagem de estratégias e conceitos desenvolvidos no passado. A missão da escola, nesse caso, é a de transmitir e conservar tais estratégias e conceitos. No entanto, quando o meio está em constante, profunda e rápida transformação, ocorre o inverso: a sobrevivência depende crucialmente de ser capaz de identificar quais dos velhos conceitos e estratégias são relevantes às novas demandas impostas por novos desafios à sobrevivência e quais não são. Desaprender conceitos e estratégias irrelevantes passa a ser condição prévia para a aprendizagem (Postman e Weingartner, 1969, p. 208). *Desaprendizagem tem aqui o sentido de esquecimento seletivo.* É preciso esquecer (no sentido de não usar, tal como no caso da aprendizagem significativa subordinada derivativa referida antes) conceitos e estratégias que são irrelevantes para a sobrevivência em um mundo em transformação – não só porque são irrelevantes, mas porque podem se constituir, eles mesmos, em ameaça à sobrevivência. *Aprender a desaprender é aprender a distinguir entre o relevante e o irrelevante no conhecimento prévio e libertar-se do irrelevante, i.e., desaprendê-lo.* Aprendizagem desse tipo é aprendizagem significativa crítica. Sua facilitação deveria ser missão da escola na sociedade tecnológica contemporânea.

8. Princípio da incerteza do conhecimento

Este princípio é, de certa forma, síntese de princípios anteriores – em particular daqueles que têm a ver com a linguagem. "Definições, perguntas e metáforas são três dos mais potentes elementos com os quais a linguagem humana constrói uma visão de mundo" (Postman, 1996, p. 175). A aprendizagem significativa desses três elementos só será da maneira que está sendo chamada de crítica quando o aprendiz perceber que as definições são invenções (ou criações) humanas, que tudo o que se sabe tem origem em perguntas e que todo conhecimento humano é metafórico.

Perguntas são instrumentos de percepção. A natureza de uma pergunta (sua forma e suas suposições) determina a natureza da resposta. "Poder-se-ia dizer que as perguntas constituem o principal instrumento intelectual disponível para os seres humanos" (*op. cit.*, p. 173). O conhecimento é, portanto, incerto, pois depende das perguntas que se faz sobre o mundo. Mais ainda: para responder, muitas vezes observa-se o mundo, mas a observação é função do sistema de símbolos disponível ao observador. Quanto mais limitado for esse sistema de símbolos (*i.e.*, essa linguagem), menos ele é capaz de "ver" (Postman e Weingartner, 1969, p. 121) – já no primeiro princípio desta série, foi destacada a extrema importância do questionamento crítico para a aprendizagem significativa crítica.

Definições são instrumentos para pensar, e não têm nenhuma autoridade fora do contexto para o qual foram inventadas. No entanto, os alunos não são ensinados de modo a perceber isso. Desde o início da escolarização até a pós-graduação, os alunos simplesmente "recebem" definições como se elas fossem parte do mundo natural – como as nuvens, as árvores e as estrelas. Aprender alguma definição de maneira significativa crítica não é apenas dar-lhe significado por meio da interação com algum subsunçor adequado: é também percebê-la como uma definição que foi inventada para alguma finalidade e que talvez definições alternativas também servissem para tal finalidade (Postman, 1996,

p. 172). O conhecimento expresso por definições é, então, incerto. Quer dizer, poderia ser diferente se as definições fossem outras.

As *metáforas* são igualmente instrumentos que usamos para pensar.

> Metáfora é muito mais do que uma figura poética. Não só os poetas usam metáforas. Biólogos, físicos, historiadores, linguistas, enfim, todos que tentam dizer algo sobre o mundo usam metáforas. A metáfora não é um ornamento. É um órgão de percepção. A luz, por exemplo, é onda ou partícula? As moléculas são como bolas de bilhar ou campos de força? (*op. cit.*, p. 173-174).

A Psicologia Cognitiva Contemporânea tem como um de seus pressupostos fundamentais a metáfora do computador, *i.e.*, a mente como um sistema de cômputo. A Física deve ter também algumas metáforas em seus fundamentos – a energia talvez seja a principal delas. Os modelos físicos são metafóricos. Há modelos que supõem que as entidades físicas se comportam como se fossem partículas perfeitamente elásticas ou que tenham partículas de massa nula, além de campos elétricos que se comportam como se fossem constituídos por linhas de força imaginárias. Na verdade, todas as áreas de conhecimento têm metáforas em suas bases. Entender um campo de conhecimento implica compreender as metáforas que o fundamentam. Mas novamente aí não se trata apenas de aprender significativamente a metáfora no sentido de ancorá-la em algum subsunçor. Ninguém vai entender Psicologia Cognitiva se não entender a metáfora do computador de maneira crítica – quer dizer, ao mesmo tempo que dá significado à ideia de mente como sistema de cômputo por meio da metáfora do computador, entende que, justamente por se tratar de uma metáfora, a mente não é um computador. Considere-se também o caso da metáfora do sistema planetário usada para o átomo: o átomo é, metaforicamente, um sistema planetário, mas entender que, justamente por isso, os elétrons não são planetoides e o núcleo não é um pequeno sol, é ter consciência de que o conhecimento humano é metafórico e, portanto, incerto – depende da metáfora utilizada.

O princípio da incerteza do conhecimento nos chama atenção ao fato de que nossa visão de mundo é construída primordialmente com as definições que criamos, com as perguntas que formulamos e com as metáforas que utilizamos. Naturalmente, esses três elementos estão inter-relacionados na linguagem humana.

É preciso, contudo, não confundir esse princípio da incerteza do conhecimento com indiferença do conhecimento, ou seja, que qualquer conhecimento vale. O que ele está chamando atenção é para o fato de que o conhecimento humano é construção do ser humano e, portanto, por um lado, pode estar errado – e, por outro, depende de como é construído.

9. Princípio da não utilização do quadro de giz. Da participação ativa do aluno. Da diversidade de estratégias de ensino

Este princípio é complementar ao segundo. Assim como o livro de texto simboliza a autoridade de onde "emana" o conhecimento, o quadro de giz simboliza o ensino transmissivo no qual outra autoridade – o professor – parafraseia ou simplesmente repete o que está no livro ou resolve exercícios para que os alunos copiem, "estudem" na véspera da prova e nela repitam o que conseguem lembrar. É difícil imaginar ensino mais antiaprendizagem significativa – e muito menos crítica – do que esse: o professor escreve no quadro e os alunos copiam, decoram e reproduzem. É a apologia da aprendizagem mecânica, mas, ainda assim, predomina na escola.

Naturalmente, eliminar o quadro de giz não resolve o problema porque outras técnicas poderão manter vivo esse tipo de ensino; até mesmo o moderno canhão eletrônico (*datashow*), com coloridas apresentações em *PowerPoint*, poderá servir para isso. Mas o quadro de giz simboliza e estimula um ensino no qual o aluno espera que nele o professor escreva respostas certas, e este acredita que deve fazê-lo porque assim estará ensinando. Por isso, o uso do quadro de giz deve ser minimizado – ou abandonado de vez.

Assim como a ideia que está por trás do princípio da não centralidade do livro de texto é a da diversidade de materiais educativos, a que subjaz ao princípio da não utilização do quadro de giz é a da diversidade de estratégias instrucionais. O uso de distintas estratégias instrucionais que impliquem participação ativa do estudante e, de fato, promovam um ensino centralizado no aluno é fundamental para facilitar a aprendizagem significativa crítica.

Não é preciso buscar estratégias sofisticadas. A não utilização do quadro de giz leva naturalmente ao uso de atividades colaborativas, seminários, projetos, pesquisas, discussões, painéis – enfim, a diversas estratégias, as quais devem ter subjacentes os demais princípios. Na verdade, o uso dessas estratégias de ensino facilita tanto a implementação dos demais princípios em sala de aula como a atividade mediadora do professor.

Conclusão

O fator isolado mais importante para a aprendizagem significativa é o conhecimento prévio – a experiência prévia ou a percepção prévia –, e o aprendiz deve manifestar uma predisposição para relacionar de maneira não arbitrária e não literal o novo conhecimento com o conhecimento prévio. Mas isso não basta, pois dessa maneira se pode aprender significativamente coisas fora de foco – como foi dito na introdução – mesmo envolvendo as mais modernas tecnologias. Por uma questão de sobrevivência, é preciso mudar o foco da aprendizagem e do ensino que busca facilitá-la. O argumento, parafraseando Postman e Weingartner (1969), é que esse foco deveria estar na *aprendizagem significativa subversiva* (ou *crítica*, como parece melhor): aquela que permitirá ao sujeito fazer parte de sua cultura e, ao mesmo tempo, estar fora dela; manejar a informação, criticamente sem sentir-se impotente frente a ela; usufruir a tecnologia sem idolatrá-la; mudar sem ser dominado pela mudança; viver em uma economia de mercado sem deixar que esta resolva sua vida; aceitar a globalização sem aceitar suas perversidades; conviver com a incerteza, a relatividade, a causalidade múltipla, a construção metafórica do conhecimento, a probabilidade das coisas, a não dicotomização das diferenças, a recursividade das representações mentais; rejeitar as verdades fixas, as certezas, as definições absolutas, as entidades isoladas.

Para isso, é preciso:

1. Aprender/ensinar perguntas em vez de respostas. (*Princípio da interação social e do questionamento*).

2. Aprender a partir de distintos materiais educativos. (*Princípio da não centralidade do livro de texto*).

3. Aprender que as pessoas são perceptoras e representadoras do mundo. (*Princípio do aprendiz como perceptor/representador*).

4. Aprender que a linguagem está totalmente implicada em qualquer e em todas as tentativas humanas de perceber a realidade. (*Princípio do conhecimento como linguagem*).

5. Aprender que o significado está nas pessoas, não nas palavras. (*Princípio da consciência semântica*).

6. Aprender que o ser humano aprende corrigindo seus erros. (*Princípio da aprendizagem pelo erro*).

7. Aprender a desaprender, a não usar conceitos e estratégias irrelevantes para a sobrevivência. (*Princípio da desaprendizagem*).

8. Aprender que as perguntas são instrumentos de percepção e que definições e metáforas são instrumentos para pensar. (*Princípio da incerteza do conhecimento*).

9. Aprender a partir de distintas estratégias de ensino. (*Princípio da não utilização do quadro de giz*).

Cabe, ainda, registrar nesta conclusão que, nesta teoria, o autor focaliza dois dos chamados lugares-comuns dos eventos educativos: a aprendizagem e o ensino – deixando de lado outros três (o currículo, o contexto e a avaliação). Assim o faz porque seu foco é a aprendizagem – significativa e crítica –, e não há como separá-la do ensino (subversivo, facilitador da aprendizagem significativa subversiva/crítica). Porém, não se deve ignorar que, sem um currículo e um contexto (meio social, sistema educativo) que favoreçam a implementação dos princípios facilitadores da aprendizagem significativa crítica e sem uma avaliação coerente com tais princípios, pouco do que é proposto nesta teoria poderá ser posto em prática e a aprendizagem escolar (em todos os níveis) continuará sendo mecânica – talvez significativa em alguns casos, mas nunca crítica no sentido antropológico e subversivo proposto na teoria.

Concluindo, a teoria da aprendizagem significativa crítica está diagramada conceitualmente na Figura 17.1.

Bibliografia

AUSUBEL, D. P. *The psychology of meaningful verbal learning*. New York: Grune and Stratton, 1963. 685 p.

AUSUBEL, D. P. *The acquisition and retention of knowledge*: a cognitive view. Dordrecht: Kluwer Academic Publishers, 2000. 212 p.

AUSUBEL, D. P.; NOVAK, J. D.; HANESIAN, H. *Psicologia educacional.* Rio de Janeiro: Interamericana. Tradução para o português do original *Educational psychology:* a cognitive view, 1980. 625 p.

AUSUBEL, D. P.; NOVAK, J. D.; HANESIAN, H. *Psicología educativa:* un punto de vista cognoscitivo. México: Editorial Trillas. Tradução para o espanhol do original *Educational psychology:* a cognitive view, 1983. 623 p.

AUSUBEL, D. P.; NOVAK, J. D.; HANESIAN, H. *Educational psychology:* a cognitive view. 2. ed. New York: Holt, Rinehart and Winston, 1978. 733 p.

FREIRE, P. *Pedagogia da autonomia.* 27. ed. São Paulo: Paz e Terra, 2003. 148 p.

GOWIN, D. B. *Educating.* Ithaca, N.Y.: Cornell University Press, 1981. 210 p.

GRECA, I. M. *Construindo significados em Mecânica Quântica:* resultados de uma proposta didática aplicada a estudantes de Física Geral. Tese de Doutorado. Porto Alegre: Instituto de Física da UFRGS, 2000.

JOHNSON-LAIRD, P. N. *Mental models.* Cambridge, MA: Harvard University Press, 1983. 513 p.

MOREIRA, M. A.; BUCHWEITZ, B. *Mapas conceituais:* instrumentos didáticos de avaliação e de análise de currículo. São Paulo: Moraes, 1987. 83 p.

MOREIRA, M. A.; BUCHWEITZ, B. *Novas estratégias de ensino e aprendizagem:* os mapas conceituais e o Vê epistemológico. Lisboa: Plátano Edições Técnicas, 1993. 114 p.

MOREIRA, M. A.; GRECA, I. M. *Introdução à Mecânica Quântica:* seria o caso de evitar a aprendizagem significativa (subordinada)? Trabalho apresentado no III Encontro Internacional sobre Aprendizagem Significativa. Peniche, Portugal, 11 a 15 de setembro.

MOREIRA, M. A. Modelos mentais. *Investigações em Ensino de Ciências.* Porto Alegre, 1(1): 193-232, 1996.

MOREIRA, M. A. *Aprendizagem significativa.* Brasília: Editora da UnB, 1999. 129 p.

MOREIRA, M. A. *Aprendizaje significativo:* teoría y práctica. Madrid: VISOR, 2000. 100 p.

MOREIRA, M. A. *A teoria da aprendizagem significativa e sua implementação em sala de aula.* Brasília: Editora da UnB, 2006.

MOREIRA, M. A.; MASINI, E. A. S. *Aprendizagem significativa:* a teoria de aprendizagem de David Ausubel. São Paulo: Editora Moraes, 1982.

MOREIRA, M. A.; CABALLERO, C.; RODRÍGUEZ PALMERO, M. *Aprendizaje significativo:* interacción personal, progresividad y lenguaje. Burgos, Espanha: Servício de Publicaciones de la Universidad de Burgos, 2004. 86 p.

NOVAK, J. D.; GOWIN, D. B. *Learning how to learn.* Cambridge: Cambridge University Press, 1984.

NOVAK, J. D.; GOWIN, D. B. *Aprendiendo a aprender.* Barcelona: Martínez Roca, 1988. Tradução para o espanhol do original *Learning how to learn.*

NOVAK, J. D.; GOWIN, D. B. *Aprendendo a aprender.* Lisboa: Plátano Edições Técnicas, 1996. Tradução para o português do original *Learning how to learn.* 212 p.

NOVAK, J. D. *Conocimiento y aprendizaje. Los mapas conceptuales como herramientas facilitadoras para escuelas y empresas.* Madrid: Alianza Editorial, 1998. Tradução para o espanhol do original *Learning, creating, and using knowledge. Concept maps as facilitating tools in schools and corporations.* 315 p.

NOVAK, J. D. *Aprender, criar e utilizar o conhecimento. Mapas conceptuais como ferramentas de facilitação nas escolas e empresas.* Lisboa: Plátano Universitária, 2000. 252 p. Tradução para o português do original *Learning, creating, and using knowledge. Concept maps as facilitating tools in schools and corporations.*

POSTMAN, N.; WEINGARTNER, C. *Teaching as a subversive activity.* New York: Dell Publishing Co., 1969. 219 p.

POSTMAN, N. *Technopoly:* the surrender of culture to technology. New York: Vintage Books/ Random House, 1993. 222 p.

POSTMAN, N. *The end of education:* redefining the value of school. New York: Vintage Books/ Random House, 1996. 208 p.

222 Teorias de Aprendizagem

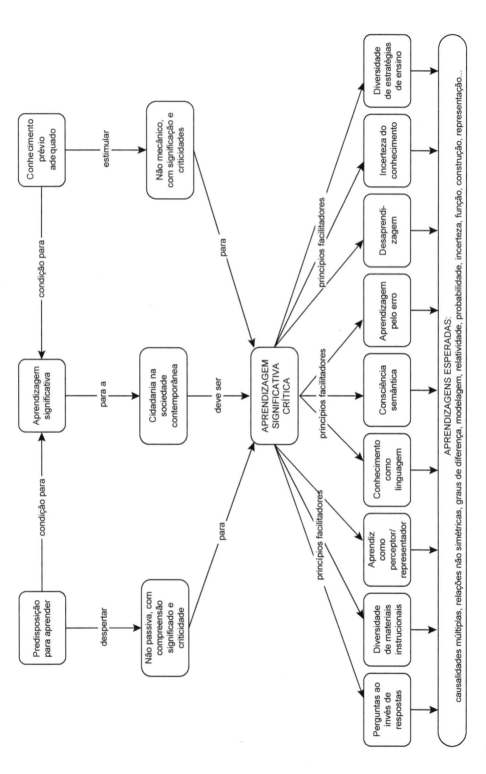

Figura 17.1 Um diagrama conceitual para a Teoria da Aprendizagem Significativa Crítica, na perspectiva de seu autor.

Capítulo 18

A teoria da carga cognitiva de Sweller

TEORIAS DE
TEORIAS
TEORIAS
TEORIAS
TEORIAS
**TEORIAS DE
APRENDIZAGEM**
APRENDIZAGEM
APRENDIZAGEM
APRENDIZAGEM
APRENDIZAGEM
APRENDIZAGEM

Objetivo

A Teoria da Carga Cognitiva/TCC (Cognitive Load Theory/ CLT, em inglês) – originalmente proposta por John Sweller (1988, 1994), Professor Emérito da Universidade de New South Wales, Austrália – tem muito a ver com ensino e aprendizagem, pois é guiada pela suposição básica de que materiais e estratégias de ensino e aprendizagem devem levar em conta o que se sabe sobre como funciona a mente humana. Mas essa suposição no âmbito da TCC não implica aprofundamentos em neurociências, como deverá ficar claro ao longo deste capítulo. Por outro lado, deve também ficar claro que seu objetivo é fazer uma introdução à Teoria da Carga Cognitiva que seja útil para docentes da educação básica ou superior.

Introdução

A TCC[1] tem como conceitos/construtos centrais *carga cognitiva, memória de trabalho e memória de longo prazo*. Não são novos, mas são abordados na perspectiva da aprendizagem e do ensino, o que é uma necessidade permanente, embora não seja novidade. Como ensinar sem inferir minimamente o que está se passando na memória de trabalho de quem aprende? Como facilitar esse processo? E como chegam (ou não chegam) novos conhecimentos à memória de longo prazo? A TCC pode ajudar na busca de respostas a essas questões, subjacentes ao ensino e à aprendizagem dos mais diversos conteúdos.

Segundo Moreno e Park (2010, p. 1), a TCC é uma teoria psicológica porque tenta explicar fenômenos psicológicos ou comportamentais resultantes da instrução, procura identificar possíveis relações entre construtos psicológicos e fenômenos consequentes

---

1   A sigla TCC é usada também para a Teoria dos Campos Conceituais de Vergnaud; é importante não confundi-las.

observáveis. Na TCC, carga cognitiva e aprendizagem são os principais construtos psicológicos de interesse; essa teoria foi desenvolvida para explicar efeitos do desenho instrucional sobre esses dois construtos. Para Sweller, Ayres e Kalyuga (2011, p. v), sem conhecimento de processos cognitivos humanos, o desenho instrucional é cego.

Memória de trabalho

É a parte do cérebro humano que processa o que se está fazendo e pensando. É onde começa a aprendizagem de novos conhecimentos, declarativos e/ou procedimentais. Uma vez processados cognitivamente na memória de trabalho, esses conhecimentos podem ser transferidos à memória de longo prazo e ser lá "armazenados".

Mas esses novos conhecimentos podem ser descartados, ou seja, não "guardados" na memória de longo prazo porque a aprendizagem significativa sempre depende de uma intencionalidade do ser que aprende.

O modelo original de Sweller (Bates, 2019, p. 30) para o processamento cognitivo inclui também uma *memória sensorial*, além das de trabalho e longo prazo. A ideia é que o ser humano é permanentemente "bombardeado" com informações sensoriais que são filtradas por um mecanismo cognitivo chamado memória sensorial. Quer dizer, não processamos todas as informações sensoriais que recebemos diariamente. Filtramos essas informações e passamos à memória de trabalho o que nos parece relevante, importante – ou que somos requisitados a aprender, como, por exemplo, conteúdos disciplinares/curriculares na escola ou na universidade.

O que acontece quando as informações que "passaram pelo filtro sensorial" chegam à memória de trabalho? Como foi dito antes, é onde começa a aprendizagem na perspectiva da cognição humana. Mas é também onde há um grande problema: *a memória de trabalho é limitada*.

George Miller (1920-2012), psicólogo cognitivo, estudando processos mentais, chegou ao resultado de que a memória de trabalho está limitada a processar simultaneamente somente sete mais ou menos 2 bits (*chunks*) de informação. Esse resultado – cunhado por Miller (1956) como "o mágico número sete" – segue vigente.

É claro que essa limitação tem tudo a ver com a carga cognitiva do que está sendo processado ou se pretende processar. Mas, antes de entrar nessa questão, cabe registrar outro resultado importante em relação à memória de trabalho: os modelos mentais de Johnson-Laird (1983):

> Para dar conta de uma situação nova ou um problema novo, a primeira ação cognitiva de um ser humano é construir um modelo mental na memória de trabalho. Modelo mental é um análogo estrutural da situação-problema: é recursivo, ou seja, pode ser modificado até que se torne funcional para quem está mentalizando; pode ser descartado ou pode se estabilizar e ser levado à memória de longo prazo e armazenado como um esquema.

Pensando na instrução e no ensino, pode-se dizer que sua função é aumentar o conhecimento na memória de longo prazo. Contrariamente à memória de trabalho, que é bastante limitada, a memória de longo prazo tem alta capacidade de armazenamento de conhecimentos e chega a ser considerada incomensurável, mas esse armazenamento de conhecimentos (declarativos e procedimentais, grande e de longa duração) deve antes ser processado na memória de trabalho – e aí entra a carga cognitiva.

Carga cognitiva

Construtos psicológicos são atributos ou habilidades que acontecem no cérebro humano. Na Teoria da Carga Cognitiva, os principais construtos são *carga cognitiva e aprendizagem* (Moreno e Park, 2010, p. 9).

Carga cognitiva pode não ser um conceito novo, mas tem especificidades típicas da teoria que leva seu nome – como é o caso das *categorias de carga cognitiva*: intrínseca, estranha[2] e germane.

Carga cognitiva *intrínseca* refere-se ao esforço associado à aprendizagem de um determinado tópico; *estranha* é relativa à maneira como a nova informação ou tarefa é apresentada ao aprendiz; e *germane* relaciona-se ao trabalho necessário para armazenar mentalmente um novo conhecimento.

Resumindo, em situações de ensino e aprendizagem, aprendizes devem processar na memória de trabalho o que lhes está sendo ensinado, e a carga cognitiva imposta pelos materiais instrucionais pode ser dividida em categorias independentes: *intrínseca* e *estranha*. A terceira categoria, *germane*, depende da intrínseca porque se refere a como o aprendiz vai lidar cognitivamente com a tarefa de aprendizagem.

As categorias intrínseca e estranha definem a carga cognitiva total de uma tarefa de aprendizagem. Reside aí um grande problema instrucional: se a carga cognitiva de uma tarefa for maior do que a capacidade de processamento da memória de trabalho, a aprendizagem será prejudicada – ou até mesmo impedida.

A primeira dessas categorias é chamada de intrínseca porque algumas tarefas de aprendizagem são intrinsecamente difíceis de serem aprendidas, particularmente porque implicam interatividade de vários elementos que devem ser processados simultaneamente na memória de trabalho, a qual é limitada ao "mágico número sete".

A segunda, definida como estranha, também depende da interatividade de elementos na memória de trabalho; porém, nesse caso, esses elementos não são implícitos nas tarefas de aprendizagem, mas dependem da maneira como são propostas e das atividades nas quais devem se envolver os aprendizes.

A terceira (a *germane*), por sua vez, não é imposta pela natureza e estrutura dos materiais instrucionais e das tarefas de aprendizagem, mas sim pela própria memória de trabalho de quem aprende: são fontes/formas de processamento de informação dos aprendizes.

No ensino, na preparação de materiais instrucionais, é indispensável levar em conta a carga cognitiva intrínseca dos conteúdos (declarativos e/ou procedimentais) a serem

---

2 Estranha pode ser interpretada como externa, relevante, à intrínseca, porque depende de como é proposta uma tarefa de aprendizagem, não da tarefa em si.

abordados e a maneira (carga cognitiva estranha) como isso será feito a fim de reduzir a carga cognitiva total. Sem isso, será um ensino às cegas.

O conhecimento prévio

Como foi destacado na seção anterior, a memória de trabalho tem um papel fundamental na aprendizagem de novos conhecimentos. Tudo começa na memória de trabalho. Mas começa como? Se a memória de trabalho é limitada, como se pode dizer que a aprendizagem começa na memória de trabalho?

Pois bem, essa postura é metafórica, ou seja, tudo se passa como se toda a aprendizagem começasse na memória de trabalho. Na prática, a aprendizagem de novos conhecimentos depende muito da memória de longo prazo.

Para aprender, dar significado e entender o que está chegando à memória de trabalho, o aprendiz recorre inevitavelmente a conhecimentos que estão armazenados na memória de longo prazo, ou seja, a conhecimentos prévios. Vejamos algumas citações nesse sentido.

> De acordo com a arquitetura cognitiva humana, a base esquemática de conhecimentos existentes na memória de longo prazo representa o maior fator crítico influenciando a maneira como aprendemos novas informações. Na ausência de uma base relevante para uma tarefa específica, fazemos uma pesquisa aleatória para selecionar ações apropriadas. (...) Estruturas de conhecimento previamente adquiridas constituem o fator que mais influencia a aprendizagem de novos materiais (Kalyuga, 2011, pp. 47 e 59).

> Segundo a Teoria da Carga Cognitiva, a magnitude da carga mental na aprendizagem depende de esquemas previamente construídos pelo aprendiz. Assim, embora especialistas em um certo domínio não tenham maiores capacidades, na memória de trabalho, do que não especialistas, podem ter menor carga cognitiva na memória de trabalho porque têm mais estruturas organizadas de conhecimento (ou chunks de informação) armazenados na memória de longo prazo (Plass *et al.*, 2011, p. 67).

> Se tivesse que reduzir toda a psicologia educacional a um só princípio, enunciaria este: De todos os fatores que influem na aprendizagem, o mais importante é o que o aluno já sabe. Averigue-se isso e ensine-se de acordo (Ausubel, 1978).

Citações como essas reforçam teorias e resultados de pesquisa que indicam que conhecimentos prévios "armazenados" na memória de longo prazo são determinantes na aprendizagem de novos conhecimentos.

Memória de longo prazo

Interpretar a memória de longo prazo como uma parte do cérebro humano onde são "armazenados", "guardados" ou "estocados" conhecimentos já adquiridos pode levar a uma concepção errônea do que é essa memória. A memória de longo prazo não é um simples repositório de conhecimentos. Ela é a estrutura central da cognição humana: é dinâmica, e os conhecimentos que lá estão podem ser modificados, melhorados, obliterados; pode conter muitos ou poucos conhecimentos dependendo das aprendizagens ocorridas – e muito além disso.

Os conhecimentos que constituem a memória de longo prazo não são simplesmente quantidades de informação. Podem ser conceitos, proposições, nomes, datas, definições, algoritmos, regras de ação e muito mais. No entanto, componentes-chave da memória de longo prazo são os *esquemas*. A ideia não é nova – vem de Piaget –, mas foi ignorada pelo behaviorismo. Segundo Piaget, a assimilação designa o fato de que a iniciativa na interação do sujeito com o objeto é da mente. O ser humano constrói esquemas de assimilação mentais para abordar a realidade. Todo esquema de assimilação é construído, e toda abordagem à realidade supõe um esquema de assimilação.

> Na *Teoria da Carga Cognitiva*, esquemas representam conhecimentos como padrões estáveis de relações entre elementos descrevendo algumas classes de estruturas abstraídas de instâncias específicas e usadas para categorizar essas instâncias. Múltiplos esquemas podem ser associados e organizados em estruturas cognitivas hierárquicas. Essas estruturas organizadas constituem mecanismos fundamentais para dar significado a novos conhecimentos e armazená-los na memória de longo prazo, contornando limitações da memória de trabalho, aumentando a capacidade de memória, guiando a recuperação de conhecimentos e facilitando conexões com o conhecimento prévio (indispensáveis para a aquisição significativa de novos conhecimentos (Kalyuga, 2011, p. 48).

> Praticamente todo o conhecimento que pode ser encontrado na memória de longo prazo de um indivíduo é adquirido. Na verdade, é adquirido imitando ações de outras pessoas, ouvindo o que disseram (e.g., aulas), lendo o que escreveram (*e.g.*, livros). É como se nossa base de conhecimentos fosse inteiramente "emprestada" da memória de longo prazo de outras pessoas. No entanto, o que tomamos "emprestado" é quase que invariavelmente alterado, reorganizado, reconstruído cognitivamente em nossa memória. A construção de esquemas tem um papel essencial nessa reorganização cognitiva. Esquemas permitem que vários elementos de informação sejam trabalhados como se fossem apenas um, dependendo da maneira em que serão usados. Por exemplo, um esquema de solução de problemas permite classificar problemas de acordo com o modo de resolvê-los (Sweller, 2011, p. 33).

Essa construção tem uma função essencial também como mecanismo de aprendizagem, quer dizer, aprender implica a construção de esquemas na memória de longo prazo, os quais são acionados e usados na aquisição de novos conhecimentos que chegam à memória de trabalho.

Implicações para o ensino

De um modo geral, a Teoria da Carga Cognitiva nos chama atenção ao fato de que as tarefas de aprendizagem têm carga cognitiva intrínseca e extrínseca (estranha), a memória de trabalho do ser humano é limitada a sete mais ou menos dois "*chunks*" de informação, e a memória de longo prazo é praticamente ilimitada, mas deve estar organizada em esquemas – sem os quais não cumprirá seu papel de ser o fator mais importante para a aquisição de novos conhecimentos.

Para entender cientificamente esses conceitos e processos, seria necessário recorrer à neurociência, mas, pensando no ensino e na aprendizagem de qualquer conteúdo, podemos inferir implicações da teoria sem esse aprofundamento. Vejamos algumas.

A memória de trabalho é limitada. Não tem sentido propor aos alunos tarefas de aprendizagem que vão além de sua capacidade de processamento na memória de trabalho. Além de ser limitada, alguns alunos podem operar no limite superior (9 elementos simultaneamente) e outros no limite inferior (5 elementos ao mesmo tempo) – e muitos em valores intermediários (6 a 8). É preciso tentar identificar, pelo menos minimamente, onde estão os alunos em termos de memória de trabalho. Atividades iniciais que ainda não fazem parte do conteúdo a ser ensinado podem ajudar. Simplesmente ignorar a limitação da memória de trabalho é um erro instrucional.

As tarefas de aprendizagem têm uma carga cognitiva intrínseca que pode ser reduzida ou aumentada dependendo da maneira como são propostas (ou impostas) nos materiais instrucionais. Essa maneira de abordar os conteúdos pode ser interpretada como extrínseca (ou estranha à intrínseca). Diferentemente da carga cognitiva intrínseca, a extrínseca pode ser organizada de modo a reduzir a carga cognitiva total de quem está procurando aprender ativando sua memória de trabalho. Tarefas instrucionais – sejam aulas, atividades práticas, problemas ou outras – podem ser apresentadas de maneira mais agradável e motivadora do que pesada, difícil e aborrecedora. Com isso, é possível reduzir a carga cognitiva total das tarefas.

Outra implicação clara é a da importância do conhecimento prévio que está na memória de longo prazo. Esse conhecimento é o que mais influi na aprendizagem de novos conhecimentos, pois necessariamente tem que ser acionado, recuperado e resgatado na memória de longo prazo para dar significado a esses novos conhecimentos.

Mas, se o conhecimento prévio estiver desorganizado – sem significado – na memória de longo prazo, não servirá para nada: novos conhecimentos serão aprendidos mecanicamente e sem significado. Então, no ensino, é preciso também dar atenção à memória de longo prazo, que deve ser construída de modo ter uma arquitetura de esquemas cognitivos. São esses esquemas que serão acionados como conhecimentos prévios nas situações de aprendizagem.

Conclusão

Este capítulo teve como objetivo fazer uma introdução à Teoria da Carga Cognitiva voltada a docentes de educação básica e superior. Foram abordadas, sem aprofundamento, a memória de trabalho, a carga cognitiva e a memória de longo prazo no contexto da teoria. Esses conceitos estão no diagrama apresentado na Figura 18.1. Para entrar mais a fundo na teoria, recomenda-se as obras de Sweller e colaboradores constantes na bibliografia.

Além disso, foram feitas várias alusões a possíveis implicações da TCC ao ensino, à preparação de materiais instrucionais e à aprendizagem. Mas não foram apresentados "roteiros didáticos" a serem seguidos, pois cabe sempre aos docentes organizar seu ensino e os materiais e recursos didáticos a serem utilizados em suas práticas, sempre buscando promover a aprendizagem significativa dos conteúdos abordados. Teorias de aprendizagem podem ajudar muito nessa tarefa docente, e a TCC tem esse potencial.

Concluindo, vale a pena registrar que a Teoria da Carga Cognitiva de John Sweller (1988) tem certa compatibilidade com a Teoria da Aprendizagem Significativa de David Ausubel (1968), pois ambas consideram o conhecimento prévio como a variável que mais influencia a aprendizagem de novos conhecimentos. Contudo, a TAS tem uma segunda variável fundamental: a predisposição para aprender – ou seja, o aprendiz deve ter uma intencionalidade, um querer aprender. Essa intencionalidade não está explícita na TCC, mas deve estar implícita, pois não teria sentido argumentar que novos conhecimentos têm carga cognitiva e são processados inicialmente na memória de trabalho, usando esquemas existentes na memória de longo prazo, e depois armazenados na memória de longo prazo. Nada disso ocorreria se o aprendiz não quisesse – ou tentasse – aprender.

Bibliografia

AUSUBEL, D. P. *Psicología educativa*: Un punto de vista cognoscitivo. México: Editorial Trillas, 1978. 769p. Tradução ao espanhol do original em inglês *Educational Psychology*: A cognitive view (1968). New York: Holt, Rinehart, and Winston.

BATES, B. *Learning Theories Simplified*. 2ⁿᵈ ed. London: SAGE Publications, 2019. 358 p.

GARNETT, S. *Cognitive Load Theory*: A Handbook for Teachers. Wales, UK: Crown House Publishing Limited, 2020. 123 p.

JOHNSON-LAIRD, P. *Mental models*. Cambridge, MA: Harvard University Press, 1983. 513 p.

KALYUGA, S. Schema acquisitions and sources of a cognitive load. *In*: SWELLER, J.; AYRES P.; KALYUGA, S. *Cognitive Load Theory*. New York, N.Y.: Springer, 2011. p. 48-64.

MILLER, G. A. The magical number seven, plus or minus two: some limits on our capacity for processing information. *Psychological Review*, 63(2): 81-97, 1956.

MORENO, R.; PARK, B. *Cognitive Load Theory*: Historical Development and Relation to other Theories. *In*: PLASS, J. L.; MORENO, R.; BRÜNKEN, R. *Cognitive Load Theory*. New York, N.Y.: Cambridge University Press, 2010. p. 1-28.

PLASS, J. L.; MORENO, R.; BRÜNKEN, R. *Cognitive Load Theory*. New York, N.Y.: Cambridge University Press, 2010. 275 p.

SWELLER, J. Cognitive load during problem solving: Effects on learning. *Cognitive Science*, 12: 257-285, 1988.

SWELLER, J. Cognitive Load Theory, learning difficulty and instructional design. *Learning and Instruction*, 4: 295-312, 1994.

SWELLER, J. Cognitive Load Theory: Recent theoretical advances. *In*: SWELLER, J.; AYRES, P.; KALYUGA, S. *Cognitive Load Theory*. New York, N.Y.: Springer, 2011. pp. 29-47.

SWELLER, J.; AYRES, P.; KALYUGA, S. *Cognitive Load Theory*. New York, N.Y.: Springer, 2011. 274 p.

230 Teorias de Aprendizagem

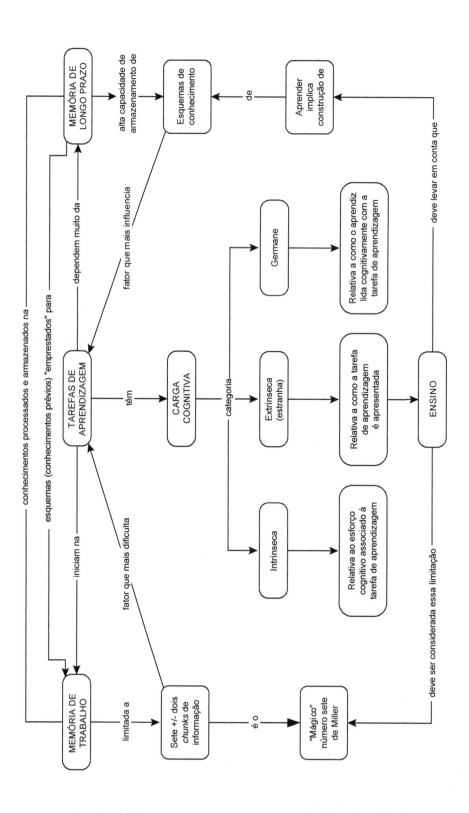

Figura 18.1 Um diagrama conceitual para a Teoria da Carga Cognitiva de John Sweller.